旅游工艺品设计与开发实践

杨丰齐 伍欣 著

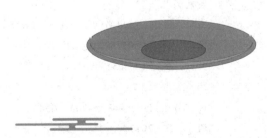

吉林人民出版社

图书在版编目 (CIP) 数据

旅游工艺品设计与开发实践 / 杨丰齐, 伍欣著 . --
长春 : 吉林人民出版社 , 2019.8
ISBN 978-7-206-16583-2

Ⅰ . ①旅… Ⅱ . ①杨… ②伍… Ⅲ . ①旅游商品 – 手
工艺品 – 设计 – 研究 Ⅳ . ① F762.7 ② J528

中国版本图书馆 CIP 数据核字 (2019) 第 286130 号

旅游工艺品设计与开发实践

LVYOU GONGYIPIN SHEJI YU KAIFA SHIJIAN

著　者：杨丰齐　伍　欣

责任编辑：王　丹　　　　　　　　封面设计：优盛文化

吉林人民出版社出版 发行 (长春市人民大街 7548 号)　邮政编码：130022

印　　刷：定州启航印刷有限公司

开　　本：710mm×1000mm　　　　　1/16

印　　张：12.75　　　　　　　　字　　数：230 千字

标准书号：ISBN 978-7-206-16583-2

版　　次：2019 年 8 月第 1 版　　　印　　次：2019 年 8 月第 1 次印刷

定　　价：58.00 元

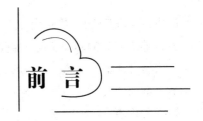

前　言

　　我国的设计教育，经过几十年的发展正逐步走向成熟。旅游工艺品设计作为设计活动的子对象，在倡导旅游业持续健康发展的今天，旅游工艺品设计对旅游发展的作用日益明显，得到了更多企业和旅游行业管理机构的认同。

　　旅游工艺品设计与开发同旅游业的发展息息相关，也反映了人类文明的进程及人类与自然的关系。优秀的旅游工艺品源于艺术与文化、艺术与工艺、艺术与材质的完美融合。每一个景区的品位及内涵，都会随着高水准旅游工艺品的开发而得以辅助提升；每一个工艺品作坊或企业的经济效益，都离不开高艺术水准旅游工艺品热销的维系；每一个游客的美好回忆，都离不开对特色旅游工艺品的审美回味。

　　成功的旅游纪念品的系统开发设计，既能带动旅游区经济的发展，又能起到很好的宣传旅游区文化的作用。随着我国旅游产业的飞速发展，旅游品的开发设计愈显重要。如何从民俗及文化内涵的角度挖掘有特色的现代工艺品，是一个很重要的课题。虽然我国旅游资源非常丰富，但是旅游经济却远远落后于发达国家，仅从欧美旅游区经济调查的数据就可以看出，经济发达国家的旅游产业收入中旅游纪念品销售额占到30%之多，而且近几年还有上升的趋势，但我国旅游区品的销售收入却不足整体旅游经济收入的5%，差距可见一斑。每年到中国来旅游的外宾常感叹找不到具有特色的旅游品带回去做纪念，中国从南到北，各地工艺品商店千篇一律的商品，不注意个性特色的开发与专利保护，更乏人带头组织中国工艺品和旅游品到国外开店专卖。就算是在旧金山老式华埠的商店里，也还是充斥着传统的祈福瓷器，如财神、菩萨、龙凤花烛、真假古坑等，难觅新设计的中国优秀旅游品及工艺品。

　　本书基于上述问题，从旅游工艺品设计的理论出发，并结合旅游工艺产品设计的实践，选取典型的旅游工艺产品开发示例，对旅游工艺品的设计与制作的基本理论、要素组成、设计管理、程序方法、工艺与材料等方面均有精要的阐述。本书由六章组成，第一章介绍了设计的基本概念及设计的起源与分类；第二章对旅游商品的设计与开发进行了简单阐述，并提出了不同类型旅游地的旅游纪念品的创新开发策略；第三章介绍了旅游工艺品的概念、艺术特征及设计流程等；第四章详细介绍了旅游工艺品的制作工艺，包括工艺品设计的构思、工具、技法等；第五章对旅游工艺品设计中的市场开发策略进行了阐述，并对现代市场营销方式进行了总结概括；第六章以"五溪流域"为例，对其民族民间文化下的旅游工艺品设计与开发进行了介绍与总结。

　　由于笔者的水平和学识有限，书中难免存在缺点和不足，衷心期待读者批评指正。

目 录

第一章 认识设计

第一节 设计的概念

什么是设计？这是我们在学习设计时首先要明确的问题。

设计是一个极为普遍的现象。在人们的日常生活与工作中，小到一个纽扣、一个杯子、一把椅子、一辆汽车，大到一栋建筑、一座城市的规划，甚至一个组织机构、一个社会教育体制、一个生态平衡模式，都包含着设计的过程。可以说，古往今来，人类所创造的物质财富与精神文明无不与设计息息相关。很明显，设计涉及的领域十分广泛，是一个通用的词汇。因此，我们在学习设计前，有必要先去寻找自己的立足点，由此去观察设计的特征、理清其概念、明确其目标，然后才能充满自信地学习。

一、设计：创造生活

（一）设计与人类生活

为透彻理解设计，让我们先从人类的生活中撷取若干事例。

"民以食为天"，碗作为每天都要使用的食具，和人类的生活有着直接的联系，这种联系在中国一直延续了很多年。从最早的陶碗开始，后来又发明了漆碗、瓷碗，随着科技的发达，又出现了许多新材料的碗。不仅是碗，与之相配套的杯、碟、盘、勺及壶、罐、瓮、缸，乃至衣、食、住、行、用的各个方面都直接服务于生活，为人们的生活提供便利。

为了维持生命，人们必须做各类活动：饮食、休息、工作、生产、交往、交流，这些均因社会、时代、环境和个体的条件不同而各不相同。这就构成了具体的生活内容和方式。这种人类生活的内容和方式，应该是我们从事设计工作的一个重要的出发点。

设计大师索特萨斯提倡设计者要研究生活，只有生活才能最终决定设计。生活的领域十分广泛，在不同的社会和时代里，人们在一定的技术条件的制约下，在一定的价值观念和规范下设计制作物品，形成满足自身需要的生活内容和形式。

在人类早期，狩猎者自己设计制作狩猎的工具；捕鱼者自己设计制作舟船和网罟；农耕者自己设计制作石斧、石镰。他们是生产者又是设计者，凭着丰富的生活经验来设计制作自己所需的生活用品和生产工具，包括房屋、陶器、服装等。

设计源于人类生存的需要，是人类所创造享用的生活文化，在各个特定的时代、民族和地域中产生与发展，为人类的日常生活服务。设计一旦产生，就会成为规范或影响人们行为和心理的一种基本力量，同时逐渐形成人们的一种生活方式。

从生活的角度看，设计是对物的设计，经过设计的物与生活结合，会对生活产生一定的影响，由此带来了生活方式的变化。就中国而言，20世纪80年代的改革开放，使社会生产力得到空前解放，现代产品的生产领域不断扩大。以前，人们在生活中追求的所谓"老三件"：手表、自行车、缝纫机，后来逐渐被时装、汽车、手机、电脑、别墅等新的时尚追求所替代。消费行为和娱乐生活多元化，并逐步向着个性化、感性化发展，人们开始选择适合自己的生活方式。在消费意识中，出现了以欲求代替真正需求的倾向，人们购买物品不仅是为了满足一般生活所需，而且也是个人经济支付能力的表示，象征个人的身份、能力和地位。过去传统的、单一的、紧密的家庭生活方式在生活多元化的趋势下变得松散起来，人们将更多的闲暇时间用于外出娱乐、健身、上网和结伴旅游，生活方式迅速朝着现代化方向迈进。

设计在当代，从物质向着服务、程序等一系列非物质的扩展，将使设计对生活方式的影响日益增强，不只是使用、操作这些物质层面，更会渗透到审美、伦理、道德、语言等这些精神层面。

因此，中国设计的发展，重要的是要研究当代中国人的生活状况，不能一味地提倡高消费和超前消费，要强调设计与生活、设计与自然、设计与人的和谐发展的价值观，使设计真正为生活服务，提高人民群众的生活质量和精神境界。我们对设计的根本观点，即"设计是生活的内容""设计是一种生活方式""设计就是创造生活"。"创造生活"是一切设计的核心，这也是我们先不强调设计物本身的基本理由。

（二）一切为人而设计

一切设计的根本出发点是人而不是物。

古希腊神话中有一个著名的"普洛克罗格斯之床"，说的是一个拦路抢劫的强盗普洛克罗格斯的故事。他在一条大道旁安放了一张床，凡是从此路过的人都必须要在这张床上躺一躺，比床长的人要被他切掉长出的部分，比床短的人要被拉得和床一样长。这则故串深刻地揭示了人类造物的一条原则，就是以人为尺度，一切为人而设计。如果以物度人，就会成为"普洛克罗格斯之床"。

无独有偶，中国成语故事"削足适履"和"截趾适履"可谓与"普洛克罗格斯之床"有异曲同工之处。《淮南子·说林训》："夫所以养而害所养，譬犹削足而适履，杀头而便冠。"《后汉书·荀爽传》："截趾适履，孰云其愚。"两则成语说的都是用割截脚肉来迎合鞋子大小的愚蠢行为。

一个好的设计，无论是现代高精尖产品，还是普通日常用品，只有工程技术知识是远远不够的，还必须有其他学科如生理学、心理学等知识的配合。于是，一门新的学科——人体工程学应运而生。

美国人体工程学专家查里斯·C.伍德认为设计必须适合人的各方面因素，以便在操作上付出最小的代价而求得最高的效率。这门学科就是在综合各门有关人的科学成果的基础上，研究人在生活、生产或操作过程活动的科学。它要求根据人的特征设计出最符合人操作的机器、最适合手动的工具、最方便使用的物品、最适宜的工作环境等，其目的在于获得最高的工作效率和使用时感到安全和舒适。

人与物的关系是一个综合体的相互关系，其中，人始终是有目的地操作着物；而物是人的工具，服从于人、执行人的意志。人与物是否协调，决定于物本身是否适应人的特性，而环境一般总会制约着这种关系。"人—物—环境"是一个综合的统一体，而人与物的关系是其中的中心环节。如何有效地为人服务，是人体工程学的主要任务。

人类诞生以来，人类的生活就离不开物，因此，人类社会一开始就有了最初的人与物的关系。虽然古代没有系统的人体工程学的确定方法，但人们所创造的生活器具和生产用具是符合人体工程学的原理的。在漫长的历史进程中，人们遵循着一定的设计规范，创造出符合实际生产、生活目的的适用品。

现代设计注重人体工学，体现出产品的熟识性与操作的便利性。但不能忽视人的生理特性之外的另外两个方面，即人的心理特性和社会特性。恩格斯在《自然辩证法》中指出："人是社会性的动物。"每个人都在特定的群体中充当某种社会角色。因此，一切为人而设计，不仅是考虑人的物理尺度，也要考虑人的心理尺度和来自社会因素的尺度。人为了改变自己的生存环境创造了物，同时也改变了自己的生活方式，使人类自身的形态、力量、气质和精神状态发生相应的变化。因此，人与物的关系，不是一个固定的、一成不变的模式，而是一个不断变化、不断发展的开放系统。历史上辉煌一时的物品，由于时代与环境的变化，在当今社会再也不能发挥其功能与作用了。彩陶何等精美、青铜器何等灿烂、长袍马褂何等潇洒，我们今天统统不再使用了。先辈们曾经推过的独轮车、赶过的马车，如今也都进了博物馆，代之摩托车、汽车、磁悬浮列车等。

现代设计在高科技的作用下，在注重市场效应、强调消费的同时，必须考虑社会性的规划，即考虑道德、伦理、风尚的维护。设计为人提供"适用"的物品，但"适用"的意义在不同的社会情况下是变化的。同一功能的物品在不同地域、不同群体、不同身份的人有不同的"适用"范围、要求和目的。例如，抽水马桶是现代生活中不可缺少的物品，而在非洲一些地区最初因其功能而用来冲洗采摘下来的葡萄。同样，喝一杯茶，在家中、在办公室、与朋友聊天，气氛效果都是不一样的，茶具也应有所区别。正常人和病残卧床者对杯子的使用要求也会各有不同。忽视这些社会因素的设计艺术，难免会成为商品的附庸，无法真正实现设计，为人服务的目的。所以，应该深化设计为人服务的思考层面，一切为人而设计更重要的意义在于设计活动本身包含着形成社会生活体系的因素。设计必须包括对于社会的综合性的思考，在可持续发展的前提下，使产品与人、产品与环境、产品与社会之间的关系得到和谐发展，使设计更符合人的要求，更有利于人类的社会生活。

（三）艺术设计与设计艺术

关于"设计"一词是汉语语汇还是外来语，人们有不同的看法。有人考证设计并不是现代社会发明的术语，它原本就是一个古老的汉语语汇。翻开史书，我们可以找到设计这个词，以及许多与设计有关的词汇，如"运筹设计""意匠经营""好谋而成""多算而胜""以奇计为谋，以绝智为主"，等等。这里的"设计""意匠""经营""谋""算"等都表现出一种古朴的设计思想，有"设下计谋""出谋划策"的意思，属于设想、运筹、计划与预算的范畴。奇怪的是，虽然出现了"设计"一词，却很少有人直接使用，因此"设计"在古汉语中并没有成为一个固定的词汇广泛地运用。设计成为专业术语是现代的事，是从国外引进的外来词汇。

这个外来词就是英文 Design，有意思的是，将 Design 的概念引入中国经历了三个不同的阶段，有三个相应的语汇：图案、工艺美术和设计。

最初将 Design 翻译成"图案"，这是 20 世纪初的事。当时，随着西方工业文明进入中国，中国传统的手工业品很快失去了竞争力，面临着"千古变局"的危机，中国的有识之士为求存和图强，提出了"自强""求富"的口号，努力发展民族工业，开始了以变革工业生产为中心的一系列"求变"活动，并注重产品的装饰与设计，资本主义的生产经营方式及思想观念逐渐被引入中国，"图案"便是其中之一。所谓图案，就是"图样与方案"，包括平面的装饰、纹样和立体的设想、模型，这是一个很宽的概念。"图案"一词的确立，改变了中国手工业生产的方式，开始了长达一个世纪由手工业向工业化艰辛转变的历程。

20世纪二三十年代，人们注意到西方的装饰艺术与工业生产的关系，了解了英国手工艺运动对英国工业产品有促进作用，对产品的装饰设计有了更为深刻的认识。一些学者把经美术装饰的日常生活用品称作"工艺美术""美术工艺"或"实用美术"。之后，工艺美术、图案和实用美术这些词被长期广泛使用。1956年11月，中国诞生了历史上第一所设计高等学府——中央工艺美术学院，就是以"工艺美术"命名的。工艺美术、图案与Design属于同一个概念，翻译时均受到日本的影响。

历史的车轮驶入20世纪80年代，中国进入改革开放的新时期。这时人们发现，第二次世界大战后的西方，Design发展很快，从教育到实践，围绕着商品生产和市场竞争，形成了庞大的应用型学科，服务于现代化工业生产。反观中国的工艺美术却仍停留在手工业基础上徘徊不前，远远落后于西方。为了加快工业现代化的步伐，人们重新审视了这一造物活动，提出以"设计"替代图案与工艺美术。这是一个必然的过程，而其关键在于观念的转变。人们针对以前工艺美术重在技术、工艺性和单纯的美化，立足于人的创造性与物的现代性，用"设计"的观念去审视造物活动。视角的转向和观念的转变改变了造物活动的性质，使之映射出人的本质力量和人的创造作用。可以说"设计"一词的确定是在思想观念发生巨大变动的背景下产生的。

如果从英文的语源来看，"设计"一词发源于拉丁语"Designara"，几经演变，成为"Design"。"Design"作为名词，有图样、意图之意；作为动词，有计划、构想之意。关于设计的定义，众说纷纭：

·设计是在做某项工作之前，根据一定的目的要求，预先制定方案、图样等。（《现代汉语词典》）

·设计是通过行为而达到某种状态，形成某种计划。（《实用英汉辞典》）

·设计常指拟订计划的过程，又特指记在心中或者制成草图或模式的具体计划。（《大不列颠百科全书》）

·设计是一种针对目标的问题求解活动。（阿切尔，《设计者运用的系统方法》）

·设计是一种复杂的，半科学性的，有功能作用的实战模式。（罗杰·斯克鲁登，《建筑美学》）

·设计是一种创造性活动——创造前所未有的，新颖而有益的东西。（李斯威克，《工程设计中心简介》）

·设计像科学那样，是观察世界和使世界结构化的一种方法。因此，设计可以扩展应用到我们希望给以设计者身份去注意的一切现象。（阿克，《设计研究的本质述评》）

综合以上定义，"设计"一词指的是人类为实现一定的目的而进行的设想、规划、方案等创造性的活动，几乎涉及人的行为活动的所有方面，如政府制定方针政策、科学技术的发展规划、学校的教学计划、工厂的生产与企业的销售计划等各个方面的决策和方案，都可以称作"设计"。这就很难理解我们所从事的设计活动的内涵，很难确定其具体的内容范畴。因此，西方将"设计"加于"工业"的限制，称"工业设计"（Industrial Design）。1980年，国际工业设计学会联合会在巴黎的年会上将"工业设计"定义为："就批量生产的工业产品而言，凭借训练、经验及视觉感受而赋予材料、结构、形态、色彩、表面加工及装饰以新的品质和资格，叫作工业设计。根据当时的具体情况，工业设计师应在上述工业产品全部侧面或其中几个侧面进行工作，而且，当需要工业设计师对包装、宣传、展示、市场开发等问题付出自己的技术知识和经验及视觉评价能力时，这也属于工业设计的范畴。"

范围缩小了，内容也十分明确。但在中文里，"工业设计"一词的概念，依然有些含糊不清。因为"工业设计"似乎也包括工业发展的布局，工业化的进程，工厂生产的规程、管理等内容，而这些并不是我们所要从事的工作。而且，一般认为，"工业设计"是大工业生产的产物，又容易将传统的手工艺设计排除在外。因此，考虑到汉语表义的精确性，我国在1998年用"艺术"一词对设计加以限制，称"艺术设计"或"设计艺术"。

从学科的角度看，"艺术设计"可以区别于其他设计学科，有明确的、具体的、自己的领域，不同于机械设计、工程设计、网络设计、社区设计等，其活动范围限定在人类艺术性的设计方面。

从艺术的角度看，又可称作"设计艺术"，可与绘画艺术、雕塑艺术、戏剧艺术、电影艺术、音乐艺术、舞蹈艺术等并列，成为艺术的一个门类，是艺术大家庭中的一个成员。

"艺术设计"也好,"设计艺术"也罢,两者的对象领域是相同的,不存在任何差异,更没有哪个"对"、哪个"错"、哪个"高"、哪个"低"的区别。"设计"与"艺术"两个词孰前孰后的组合,是在不同的情况下表述的不同而已,就像俗话所说的"半斤"与"八两",在内涵上则是完全相同的。这是一个意义明确,蕴涵着现代的思维成果和艺术整体思想的科学范畴。当然,由于我们在生活中、行文上已经习惯了"设计"一词,作为简称,也是完全可以使用的。

具体地说,我们可以从以下四个方面进一步理解设计的内涵:

第一,从设计的性质看,设计是一项极为复杂的综合性系统工程,一方面类似于理性的科学活动,另一方面又类似于艺术创造活动。就一件产品设计而言,那些材料配备、工艺技术、性能与功效、使用与操作等,属工程类工作,是科学技术的范畴;那些造型、色调、风格、装饰及包装和推销这一产品的广告等,又属于艺术类工作,是艺术创造的范畴。而两者是很难区分的,对技术与艺术的综合运用,是设计成功的关键。

第二,从设计的特征看,一个好的设计,基本能体现出实用性与审美性的完美结合。以实用目的的实现为基点,杯子盛水、衣服防寒,只要合用,所谓"物以致用",就达到了目的。但绝不是单纯发挥实用功能的特性,还要考虑人的情趣和审美,使物质功能的追求与精神功能的追求统一起来。从设计发展的历史来看,都体现出这个统一的本质特征。无论将来设计如何发展,这种物质与精神的双重追求永远不会停止。

第三,从设计的过程看,一个完整的设计,基本上包含了需求、筹划、生产、消费四大步骤。从人的需要出发,通过筹划、制定方案,然后运用材料、技术实施生产,再包装、运输,最终进入市场送到消费者手中。其中,筹划设计扮演着一个重要的角色,成为生产与消费的决策者。任何一种设计都具有这一完整过程。

第四,从设计的范围看,设计普遍存在于人类的生活生产活动之中,人类的衣、食、住、行、用的各个方面都需要设计。

二、设计:适用的艺术

(一)艺术的母型

不知有多少人曾经被艺术所感动,可是,又有多少人能够关注自己身边的艺术呢?也许人们总觉得这些是日常生活用品,并不是艺术品。那么,什么是艺术呢?设计与艺术又是一种什么关系呢?这些问题是必须要弄清楚的。

艺术世界复杂诡异、气象万千。到了 20 世纪末，人们发现艺术的范围已不断扩大，甚至人本身也是艺术。在地上铺上画布，当众全身涂满颜料，在画布上打转、滚动，便是一件艺术作品。将一段海岸铺上几百米甚至几千米的塑料布，也是一件艺术品。这些五花八门的东西之所以被称为艺术，就在于它能使人从中得到精神的和审美的体验，如果谁公然敢于否定这些，通常会被看作艺术观念落后或缺少艺术细胞而遭受嘲讽。

那么，建筑、服装及各类生活实用品这种大工业制造出来的东西能否叫作艺术品呢？从这类物品存在着物质生产与精神生产的双重性，具有一定的审美价值来看，作为艺术，似乎没有什么问题。

但是，还是有另外一种声音，认为设计的产品不能称为艺术品，不属于艺术的范畴，这种认识有什么理由呢？总结起来看，这些理由包括：

第一，设计品是实用的，凡带有功利性的东西都不属于艺术。

第二，设计品是机械化批量生产的，不具有唯一性，因而成不了艺术品。

第三，设计涉及生产、制造、加工等工程技术，属工科范畴，不属于艺术的范围。

单看每一条，好像都很在理。设计是带有功利特点的，是为人服务的，具有很强的目的性。如果以艺术的"无用性"来对抗日常生活用品的"有用性"，以此凸显艺术的独特性格，并借此区别艺术与非艺术，那么，就忽视了一点，即那些没有功利特点的艺术，像音乐、绘画、雕塑等真的是不带有任何实用功利的吗？拿一般认为最纯粹的音乐来说吧，有一种专为恢复人们的身体健康用于医疗目的的音乐疗法；有一种针对奶牛播放的音乐，目的是为了增加产奶量等等，显然都带上了很强的功利性。那么，第一条理由并不成立。

谈到批请生产，实质上就是复制，有人对数码时代的"无限复制"表示了担忧："如果卢浮宫的名画能像自来水那样，龙头一开，就哗哗地（免费）流进你家，你对艺术的态度会发生变化吗？"这里担忧的是艺术价值被复制所摧毁。但是，复制是生命得以存续的本能；诋毁复制，不但否定了生命体，也否定了人类文明艺术。印刷术使文学、年画、版画艺术走进千家万户，有利于读书人而不利于收藏家。批量生产的生活用品有利于广大的普通民众，沮丧的只可能是少数权贵与富翁，因为只有他们才能买得起价值昂贵的奢侈品。我们应该明白，印刷、照相、录音，哪一个离开了复制？影视艺术、数字艺术、磁带、光碟哪一样离开了复制？所以，第二条理由也不成立。

将设计排斥在艺术范畴之外，是对设计的一种误解。设计是科技的产物，与工程技术、制造业密切相关，从原材料到制造销售各环节均需要工程技术等各方面人员联合参与才能完成。但是，设计不能被技术所束缚，更不能扼杀艺术。信息时代将比以往任何时代更能激发人的创造性，它将高科技通过艺术的方式，创造完美的人性化的艺术设计世界。因此，第三条理由也不成立。

看一件东西、一种行为和一个现象是不是艺术，可从两个方面展开：一是从其自身逻辑分析中作出科学规定；二是需要从艺术品与非艺术品的界限的划分来作出界定。一般认为，艺术具有三种不同的层次与类别：一是与物质生产联系密切的艺术，如建筑、环艺、服装及各类生活实用品等；二是与其他精神生产领域如宗教、教育、认识、伦理等联系密切的艺术形态，如宗教艺术、科普艺术、教育性艺术等；三是以人的审美愉悦为目的，作为一种特殊精神生产的艺术，如小说、电影、音乐、舞蹈、戏剧、绘画、雕塑等。

艺术的三个层次有一定的逻辑关系：

第一层次的艺术为一般生产，第二层次的艺术为特殊生产，第三层次的艺术为特殊精神生产。作为第三层次的音乐、绘画、戏剧等艺术是从第二层次中分化出来的。而第二层次的宗教、认识、教育性艺术是从第一层次中分化出来的。很显然，就第一层次的生活用品设计而言，它是艺术的母体。纯审美艺术和强调精神性的艺术都是从这里转化过来的，这是符合艺术发展变化的客观进程的。

艺术的三个层次不存在高低之分，也不存在简单的替代关系，精神性艺术和纯审美艺术一旦脱离其母体独立出来，也就同原有的艺术母型并行发展。原来兼有实用与精神双重性的艺术设计并没有被分解消失，其延续长达数千年，并不断扩大自己的领域，品类越来越丰富，与人类生活的关系也越来越紧密。事实说明，人类最先创造的艺术是设计艺术，其他艺术是从中分化出来的，设计不仅是艺术的一个类型，而且也是艺术的母型。

（二）需求与多样化

需求是发明之母。有一则著名的伊索寓言：从前有只口渴得要死的乌鸦，好不容易找到一只底部积有水的水罐。但它那短喙却够不到水面，又无力把重重的水罐弄倒。在绝望之时，乌鸦忽然想到了一个聪明的办法。它将附近地面上的小石子用喙一颗一颗往水罐里填。罐子底的石子越来越多，水面也随之升得越来越高。不一会儿乌鸦就喝到了水。

需求刺激发明活动，人类的创造行为也像伊索寓言《乌鸦喝水》一样，运用造物设计的手段来满足生存上的迫切需要。因此，需求也是设计之母。如人类需要护身保暖，于是设计出衣帽服装；人类需要食物填腹，于是设计出弓箭、锅、碗、盆；人类需要居住歇息，于是造房屋、做家具；人类需要迁徙、交流，于是设计发明舟船、车辆；人类需要防卫保护，于是挖沟筑堤，修建堡垒城池。所有这些说明，为人而设计，实际上也是为满足人们的各种需要而设计。

那么，如何确定人类有哪些方面的需求呢？作为生物体和社会性的人，需求是多方面的。这些年来，设计理论界经常引用美国心理学家马斯洛提出的著名的"需求理论"，借以说明人的需求的多层次性和阶段性。马斯洛认为，人的需求是由低级到高级向上发展变化的，为五个基本层次，形成一个阶梯状金字塔形：

第一层次是生理需求。

第二层次是安全需求。

第三层次是交往需求。

第四层次是尊重需求。

第五层次即自我实现的需求。

从上述"需求理论"来看，人的需求具有基本层次的物质需求和较高层次的精神需求两大类。精神需求表现了人类超越生物性的追求，充分体现了人的社会本质。从设计的角度来看，人的设计活动既要考虑人类生物的规定性，又要考虑作为人所具有的社会、文化、精神特征，从而真正实现人类生活的全部价值。

在现代社会，需求和设计的关系是通过市场相联系的。现代市场理论认为，市场是具有需求和支付能力并希望进行购买的消费群体。也就是说"市场就是消费者"，市场对设计的需求，就是消费者对设计的需求。市场由消费者组成，每个消费者都有各自的特点；主要有：① 居住区域：消费者所在的不同地理位置、气候、人口密度、城乡变化等；② 人口因素，包括年龄、性别、家庭人口、经济收入、职业、文化程度、民族、宗教等；③ 心理因素，其中的性格类型很重要，如理智型、经济型、情绪型、自由型、顺从型等；④ 行为因素，包括购买动机、购买频率、购买状态等。

从总体上看，消费者对设计产品的需求千差万别，那么，市场对商品的需求也是多种多样的，需求的丰富性带来了设计的多样性。

将设计物品十分准确地分门别类是很难做到的，对不同种类的设计物品精确计数更是不可能的。不过，1998 年底，联合国全球发展影响小组和美国环保局联手调查的结果，可作为设计世界多样性的指示器。这个联合调查的结果表明，如今陈列在全世界商场和超级市场里的商品种类的数量，已经超过了地球上生物种类的数量。人类用自己的双手设计出的消费产品的种类第一次超过了自然界原生的生物的种类。

人类所创造的物品种类如此惊人，从石器到芯片、从手推车到宇宙飞船、从图钉到摩天大楼，如此众多的物品都是通过人的努力设计而服务于我们的生活的。早在 1867 年，马克思就发现在英国伯明翰有 500 种不同的锤子，而且马克思惊奇地了解到，这 500 种锤子都能在工业和手工业生产中有不同的应用。

科学家们在为商品种类超过生物种类表示出忧虑的同时，也表示出乐观的情绪。格罗根认为，在生态系统和商品系统中，各物种都是互相关联的，所以，一个物种的消失就会引起其他多个物种的消失，而这种恶性循环一旦开始，就会难以控制。幸运的是，这种过程反过来同样有效，即一个成功新品的出现会引发其他相关物品的出现。比如，某些自然材料如木材、棉、丝的短缺与减少会导致合成纤维和塑料这些全新材料的发明；再比如，如果没有垂直吸尘器的设计发明，就不会有吸挂毯的吸尘器问世；没有有线的台式麦克风的发明，就不会有无线衣领麦克风的诞生。造物设计生长演化的循环就是这样的。

三、设计的哲学思考

（一）谁是造物主

在古希腊，柏拉图提出了在现实世界之外，另有一个理念世界。现实世界是对理念世界的模仿，是理念的"影子"。理念是宇宙万物的创造者。他以床为例，说明画家所画的床只能看，不能睡，是对木匠所做的床的描绘；木匠所做的床虽然是实在的，却是根据理念世界的"床"所制作的。木匠制作的床与画家画的床与"理念之床"都不是最初的那个本然的床，把床的原创也推给了神。

那么，谁是真正的造物主呢？应该是普通的工艺匠人，在中国古代称之为"百工"。但在造物设计的历史上，称之为"百工"的工艺匠人从未凸显过，甚至始终处于被看轻、奴役、压制的地位。这与封建制度有关，统治者重本抑末的国策，决定了只有农仆才是国家发展之本，而其余一切，包括手工业者都是末，是有损于本的。手工制造业的被歧视造成了对造物史上真正造物主读解的断裂。

在设计历史的具体进程中，"百工"的作用是巨大的，不仅对于某一物品、某一品类的发展缓还是疾，而且对于设计的变革风格、发展技术都至关重要。如元代黄道婆从海南崖州传来纺棉工具和技术，在松江推广轧花机、弹花机、脚踏纺机和织布机。她还将从黎族那里学来的织花设计技法传授给当地乡亲，极大地促进了松江一带棉织业及棉织物设计的发展，使元末松江成为全国最大的棉纺织中心，松江布因此而有"衣被天下"的美称。黄道婆的织物设计成就与巨大的科技成就一样，有其不可动摇的历史地位。

再如，宋代创造活字印刷术的毕昇，元代发明了木刻活字和"转轮排字架"的王祯，都使印刷设计发生了巨大变革。

作为"百工"的工艺匠人所表现出的智慧和创造，用马克思所说的是"人的本质力量的显现"。什么是人的本质力量？这是哲学思考的问题。卡西尔认为："如果有什么关于人的'本性'或'本质'的定义的话，那么，这种定义只能被理解为一种功能性的定义，而不能是一种实体性的定义。我们不能以任何构成人的形而上学本质的内在原则来给人下定义。我们也不能用可以靠经验的观察来确定的天生能力或本能来给人下定义。人的突出特征，人与众不同的标志，既不是他的形而上学本性，也不是他的物理本性，而是人的劳作（work）。正是这种劳作，正是这种人类活动的体系，规定和划定了'人性'的圆周。语言、神话、宗教、艺术、科学、历史都是这个圆的组成部分和各个扇面。"❶这实际上解释了人的本质力量，是通过劳作即劳动创造实现的，它表现在认识自然的过程中，更表现在改造自然的实践活动中。

《考工记》中说："知（智）者创物，巧者述之。""智者""巧者"大概都是指造物主，但也有所区别。"智者"即设计者，认识自然的人；"巧者"即制作者，改造自然的人。在手工业时代，一般来说，一件物品的完成，从设计到制作都出自同一位工匠，两者的区分并不明显。

"智者创物，巧者述之"表明在造物设计活动中，"人的本质力量"：一方面体现在智慧、创造、设计上，不论什么物品，归根到底就是设计与创造，没有设计，也就没有创造、没有物品，最终目的也就无法达到；另一方面也体现在技巧、技术、方法上，缺少技巧，没有方法，设计理想就无法达到。造物活动是实践性的"劳作"活动，是求"真"的过程，智慧、设计在其中起主导作用，技巧、方法则是实现其功利以达其目的的手段。

当今的"智者""巧者"就是设计者与制造者。现代社会由于高科技的发展，设计与制作的分工已十分明显，但两者之间是相互补充的，设计中的新知识、新

---

❶ 卡西尔.人论[M].上海：上海译文出版社，1985：87.

创意有些就来自技术的创新，而设计新方法、新思路又是技术创新的基础。所谓"操千曲而后晓声，观千剑而后识器"。现代"智者"在明确了创新、设计目的之后，要正确掌握其原则，熟识其规律，寻求解决问题的能力和方法。现代"巧者"在专业技术的十八般武艺之外，也要寻求艺术与创造智慧，从中受到启迪。只有这样，才能真正成为当代的造物主，真正体现出人的本质力量。

（二）人化的自然

在仰韶文化时期，有一种叫作"尖底瓶"的陶器，是实用的提水器。为便于取水，将瓶底设计成尖形；为装水适度，将系绳的钮装在腹下，安置时只需在地上挖个洞，就可以放得很稳。作为一件具体的器物，除了它的实用性，并不能说明什么。随着生活方式的变化，这种尖底瓶渐渐被人遗忘了。可是到了孔子的时代，"尖底瓶"被赋予了一种象征意义，又重新出现，不过，这一次，它有了一个新的名字，叫作"欹"，也称"宥坐"。安置在座位右侧，起座右铭的作用，目的是以为鉴戒。

同一种瓶子表露出两种不同的人与物的关系：前为"物以致用"，后是"寄物喻人"，表现出物质向精神的转化。这一方面使"物"人格化了，现实与人的实践、善和合目的性相关联，对人有利、有益、有用，具有了社会功利的性质；另一方面使"美"对象化了，设计实践与现实、真和合规律性相关联，具有感性的美的形式和理性的精神意义。总的来说，是实现了自然的人化过程。人化的自然是马克思在《1844 年经济学哲学手稿》中的一个基本观点。"自然的人化"过程就是人们按照客观规律实现主观目的的实践过程，也是合规律性与合目的性的统一实现过程。

人化的自然就是第二自然，是人为的自然；第一自然是未加雕琢的大自然，是天、地、山、石、树、水、土、空气。第二自然是人用自己的智慧力量去创造的，是"人工物"，由人工合成。房屋、建筑、道路、桥梁、生产工具及一切衣、食、住、行、用的物品器具都属第二自然，可以依其功能、目的和适应性变化来表征。第二自然即人化的自然，既是外在自然的人化，也是内在自然的人化，即客体自然与主体自然的双重人化。内在自然的人化使人具有了精神审美的能力，外在自然的人化使客体自然成为人为自然，体现出人的本质力量，实现了人的目的，在感性的形式中积淀社会理性的内涵，成为美的形式。

"人化自然"是与设计、劳动、生产相关的人类的基本社会实践活动，人类在漫长的生存过程中，学会了通过科学技术认识自然并改造自然，人成为掌握和控制自然的主人。但是，"人化自然"的实践过程，并非始终按人类认识客观自然的规律办事，现代工业文明由于一味地、盲目地追求高速度、高发展而脱离了自然发展规律，导致资源浪费、环境破坏、生态失调的悲剧。现代设计也随着不断的求异、求变，最大限度地刺激消费，而在设计整体上忽视了人与人、人与自然的关系，忽视了社会意义上的人文化规划。

想一想孔子时代的"座右铭"，那个提水瓶子的"欹"器，就会明白"满招损"的道理，人类须面临一次新的选择。

设计师在创建"人化的自然"的活动中，应力求遵循人与自然的平等关系原则，树立人类文化价值与自然价值并重的设计价值观。前面说过，"人化的自然"是合规律性、合目的性的统一实现的过程。在设计中，我们在着眼于提高产品商业竞争的战略时，也应时常回到设计的原点，重新审视这一过程是否合规律性、合目的性。设计必须以人类长远的根本利益为出发点，自觉珍惜人类共同的财富，维护自然资源，建立健康的、科学的生活方式和一个有益于人类生存发展的环境，尽可能抵制那些有害于人类生存环境的无节制的开发、生产和消费行为。通过设计，影响并调节人的生活行为，建立有益于人类共同生活的方式。还需关心不同区域、不同民族、不同群体的经济和生活发展，尤其要为不发达地区的弱势群体提供恰当的、切实的服务，真正地体现出设计的"人文关怀"。

认识自然规律并按规律办事体现出"真"，实现设计目的、为人服务体现出"善"，而其最终结果使人在自然面前获得自由，实现了"美"的理想。那么，"人化的自然"就应是真、善、美三者的统一。

（三）共生的设计观

在文化、建筑、环境的研究中，"共生"这个词使用的频率越来越高。本来在自然科学研究中作为生物名词，指两种生物互不侵犯、互相补充、彼此共存的状态。这一自然科学中的概念引申到人文社会学科中，就转化为一种文化哲学上的"共生"的思想。即把这一个辩证的、互补的、循环的观念用于对科学与艺术、历史与未来、外来文化与本土文化的认识。

如果追溯这一思想的根源，在中国先秦时代的哲学思想中，有一种"和"的概念与"共生"的概念相似。

"和而不同""和而生物"，表现出有差异的东西并存在一起，并不处于两极相对，而是和谐相处，在和谐相处中产生新的东西。新旧是存在于延续的共生关系中的。

在现代设计中，最早提出"共生"思想的是日本建筑师黑川纪章，他的"共生的建筑"通过"新陈代谢"运动表达出来，他认为建筑物是社会、自然的一部分，不应是一件不变的艺术品，需要经常更换一些可变化的部分，一方面可以节约能源，另一方面可以保持人的特性。同时，重新肯定被现代主义建筑抛弃的成分：历史价值、装饰及地方性，力求取得过去和未来之间的共生，并通过体现地方特色来表明不同文化共生的重要性。

共生的哲学也就是主张对被现代性所抛弃的双重含义或多重含义的性质重新评价的哲学。共生的设计原则是运用东方文化的思想，将西方现代设计中忽视的或被放弃的那些重要的方面，重新认识并加于恢复。共生的设计观是积极的、多元的、创造的、辩证的和循环的哲学观。

共生的设计在生活中常能碰到，只是我们没有注意罢了。如一条小溪流穿过一幢建筑是内部空间外部化，是内外空间共生的手法。老子"有无""虚实"的论述也具有共生的思想"埏埴以为器，当其无，有器之用"，意为揉泥土作陶器，器物中间是虚空的，才能发挥陶器的作用。这里的虚与实是共生的，没有泥土这个实，便不能限定中间的虚，没有中间的虚就不能发挥作用。这些是从造型空间方面来讲的例子，如果着眼于大的方面，共生的设计观有以下五个方面：

第一，共生不是历史虚无主义，不否定传统。吸收人类文明历史进程中的优秀成果，选择传统或历史形式作为一种符号标志或构件，赋之以新的含义，将其与现代技术有意识地交织在一起。避免设计成为无根之木、无源之水，仅是孤立的现代躯壳。传统与现代、历史与未来的共生，能创造一种完全不同于西方的现代设计，不同于以往经验的设计新形式。

第二，共生是有意识地把异类物混合在一起，使之产生多重含义，有时运用装饰的手法，有时通过无形的要素，如审美精神、文化意义等表达，使设计审美不再是单一的现代机械美，而是功能美、技术美、装饰美、古典美组合在一起呈现出美的综合体，以此来扩展设计的精神功能，从设计产品自身美感的表达转而适当考虑使用者情感和精神接受的方式，使设计具有多样的、细微的、个性的或感性的意义。

第三，共生强调人性的设计。设计的本来目的是为人所需，但当代社会在市场竞争获取最大利润的驱使下，颠倒了关系，设计成为赚钱的工具。共生的人性化在设计中的表现是多方面的，自然材料的运用，手工艺的恢复可以体现人性的特征。自然材料与现代材料相互协调，可以避免现代材质的冷漠感。手工艺的技术与现代工业化技术相结合，可以显现设计的个性特征，消除过多的工业化痕迹。人性的设计不只体现在材料上与技术上，更多的是体现在设计伦理中。正常人与生活有障碍者的产品设计，发达地区与不发达地区的产品设计，男性与女性的产品设计等都涉及设计的伦理问题，这也是人性设计的一个方面。共生的设计观具有相互交流、补充、完善、创造的特性，人性伦理的体现是共生设计科学性、辩证性的精髓。

第四，共生是寻求自然与人类和谐生存的方式。好的设计虽为人工所造，但宛如天工所开，符合自然与人共同具有的天然与自由本性，所谓"人法地、地法天、天法道、道法自然"。那些不顾生态环境规律，一味扩张个体意志的设计实践，摆脱不了狭隘的心胸和观念的局限。共生设计观以大生态的眼光，以爱人类、爱自然、爱一切生命的胸怀，倡导在人的理性原则下的生态设计。

第五，共生打破了地域的界限，开阔设计视野，将本土化与国际化设计共存，重在不同文化之间的独立存在。文化是可以通过交流产生互补作用甚至融合在一起的、共生的设计观，还提倡文化的独立性和纯粹性。共生主张设计应具有地域特征，同时又兼容接纳国际化设计，以求设计文化的多元化发展。

第二节　设计的起源与分类

艺术设计是在人类文明发展过程中逐渐生成发展的，如同一棵大树，从发芽到生长成形总有一个过程。由于设计的专业应用性很强，我们在教学上受西方影响又很重，甚至误认为中国过去没有艺术设计，这就不但割断了历史，也会使设计成为无源之水，出现数典忘祖的现象。相对于西方传统艺术设计而言，中国传统艺术设计有一个延续不断的过程，可以说，中国传统艺术设计是工业革命前世界艺术设计史上最完整也是最成功的典范。

设计之树的生成，又不同于自然之树的生成，因为其生成的各种因素十分复杂。在设计起源问题上，我们应注意"设计"意识的产生和物的定型。在设计发展问题上，我们应关注一个最为关键的地方，就是手工艺传统设计是如何向工业化现代设计转换的，这一转换过程是在什么时候完成的，有哪些环节，目前的发展趋势是什么，从而明确我们的任务，为中国艺术设计之树注入新的活力，期望从根基处生长出新的枝干和新的绿叶，真正长成一棵参天大树，给人类社会与我们的生活带来浓荫。

一、设计的诞生

（一）最初的"设计"意识

在中国，北京猿人阶段，即距今 70 万年前，已能有目的地选用坚硬合适的石材，用多种加工方法打制不同类型的石器，以适应各种不同的使用目的。

在北京猿人 10 万件石制品中，我们惊奇地发现，几乎所有的石器都选取同一种原料——砾石。砾石是一种椭圆形的岩石，它本是山上的岩石，经河流的冲击、带动，沉积到低平的河滩上，故又称"河卵石"。砾石光润、对称、流畅的形式在现代人看来极符合人的视觉尺度，但原始先民选择砾石是因为它比自然岩石更合用，打制一头形成锋利的尖棱刃口作功能使用，而保留圆滑的另一头以便手握，正合人的操作使用目的，也符合"人体工学"的原理。

不只是北京猿人的石器，我国及全世界发现的旧石器大多选用砾石。西候度、元谋、蓝田、丁村、许家窑等遗址出土的旧石器所用的原料以砾石为主。法国古生物学家桑志华 1920 年在甘肃庆阳找到的一件石核和两件石片也是在黄土底部的砾石层中发现的。坦桑尼亚奥杜韦峡谷发现的距今 200 万年前最典型的石器工具也是选择砾石打制的。何以会如此？这种"砾石文化"是如何产生的？是怎样按照人预设的形状来选择的？

选择砾石制作石器工具是原始人的一种"设计"，而这种"设计"意识早就存在于漫长的人使用自然工具的过程中。在自然界，因温差、流水、风蚀、崩塌、冰川、海洋的自然作用，会造成石块的自然破碎，这些因自然因素破碎的石块，先民们也可能拿来作为自然工具使用过，但终因不适宜持握（伤手、不便操作）而最终放弃了。但自然破碎的石块和自然圆润的石块给人启示，使工具制作从自然物中脱离出来。由于砾石集中在河滩，河滩就成了原始人选择石料的最佳场所。古人类学家所说的人类创造的"第一把石刀"也许就是在河滩上诞生的。

原始人选择打制用石料还有四个标准：① 产量多；② 硬度高；③ 具有切性；④ 兼有脆性。量多以便能不断更换易损的工具；硬度高是为延长使用寿命；韧性和脆性好的石料，在打制时因脆性而呈介壳状断口，具有锋利的刃口，而且在使用中因韧性好又不易断口。

可以推断原始先民在造物的第一步就充分体现出了一种"设计"能力。

选材是早期人类根据目的，预先考虑筹划的一种"设计"。后来人类追求的对称、几何形，以及由圆到方的演化，都是从这里开始的。当石料确定之后，就按计划,按一定步骤去打制。遗存的北京猿人石制品为我们提供了我国打击石片技术的三种主要方法:砸击法、锤击法和碰砧法。其中体现出了北京猿人设计能力的发展。如砸击法是在地上置放扁平的砾石作石砧,将石核垂直置于石砧上,一手握石核,另一手握石捶反复砸击石核上端,产生石片,石片两端因受砸击力和石砧反作用力的影响呈薄而锐的状态,其长度在 20 ~ 40 毫米,宽度在 10 ~ 20 毫米,厚度在 10 毫米以下,所得石片无疤痕和波浪纹。这是北京猿人技术设计的一个特色。北京猿人的设想通过这种加工技术而逐步实现。

对北京猿人石器的简述,使我们从其整个造物过程看到,需求、筹划、选材、制作、使用等设计的几个层次都已形成。这让我们对设计的发生有了两点基本认识:

第一,石器打制都是有目的的,是按着预见的"形式"去制作的,这种自觉地采取某一种形式实际上就是有了"设计"的意识。

第二,可以推断最初的设计发展的三个阶段:

第一阶段是利用自然物的设计,以自然石块或稍加整修的木棒为主,出现于前猿人时期;

第二阶段是简易的设计,以砾石为基础打制简陋的工具,未脱自然物的痕迹,出现在整个旧石器时代;

第三阶段是制造工具设计,完全是人为的设计创造,发生于旧石器时代晚期和新石器时代。

(二)适应性:环境、创造、进化

"适应"一词,含有"适合客观条件和需要"的意思。生存在地球上的生命形态为何会以各种特殊的形式出现,如飞鸟与长颈鹿的形状,老虎和斑马的纹路,北方动物的白色皮毛,等等。达尔文的《物种起源》将生命形式阐释为进化的结果,是动物利用各种线索进行遗传变异和自然选择的结果,其目的是求得适应。人类的直立行为、手脚分工、洞居山穴,也还没有完全脱离类似动物一样的自然本能的适应生活。

人类学家认为,人直立的行为从生物学的角度看是非常危险的,除非能有特别的因素来"适应"。这一特别因素就是自然石块和树棍的使用。人类学者在非洲发现了距今 1400 万前古猿砸击取食的自然石块,是最早的利用天然工具的例子。从动物学家的各种实验中,我们依稀得知这一时期还有过大量用牙和手修整过的用来攻击、防卫和掘土筑巢的简易木制工具。利用天然工具就是一种自然适应性变化的实现，虽然其中没有多少创造性的东西，却是进入石器时代必要的准备。

最初选择砾石制作石器，就是在"适应"中完成的。随着时间的推移，石器加工出现了间接的打击法，精度越来越高，与粗糙的石器相比，这些是脱离了砾石原形、高度规则化的细石器，是因为对刮、削、切、割的要求越来越严格所致。可以看出"适应"是一个变化的过程，是随着外部环境的不断变化而变化的。

"适应"的概念不仅符合生物学形式，而且也适合设计学应用。石器作为人类造物的开端，标志着人类文化的重大质变。我们从中可以感受到早期人类对他们所处的周围自然与社会环境的细微感情，这不仅为高超的技能所证实，也由石器造型形式、线条和纹饰所体现出的表达人类情感的能力所证实。无论是农耕用具还是祭祀品都多少涉及"适应"的概念。

从进化论的观点来看，设计的产生、发展应该是暗藏于个体的日常活动之中的，一件器物的诞生是追求社会和经济利益的个体之间相互作用的必然结果。"适应"还为我们理解造物的更迭行为提供了线索：很明显，在随着变化的世界的适应中，人类积极地作出了设计品类取舍的决定，石器替代木器、青铜器替代陶器等，都是当时内外环境相互联系、相互适应的例子。"适应"在推进这种交替转换过程中起了主要的作用。

随着社会的发展、人群的迁徙、交往的频繁，设计的功能要求越来越多，设计的形式也越来越多样化。在功能上，最初是合一的，之后又逐渐分离，但合是原始设计的主导。这些功能上的分与合的过程正是造物设计对环境的适应过程。

（三）由圆到方、由对称到均衡

经过二三百万年的漫长岁月，从打制到磨制，从粗制到细琢，从刮挖到钻孔，在一次次地进化变更中，"砾石"母体早已演化为砍砸器、刮削器、尖状器、雕刻器及石锤、石砧、石核、石叶、石球等不同的品类。进入新石器时代又演化成石斧、石凿、石锛、石钺、石铲、石刀、石镰。

各种系统种类，组成一个复杂多样的庞大的"石器家族"，这是一个最古老的设计类型。而且从"石器家族"中又发展出"玉器家族"来，同时骨器也形成了一个完整的系统，其他如织物也有复杂多变的品类。而在木器系统中又引发出漆器来，从新兴的陶器品的烧制过程中又引发出青铜器来。

我们考察其中任何一个设计类型都会发现有成百成千的种类，其复杂多样性超出人们的预计。造物的多样性，标志着中国设计开始进入第一个全面繁荣的时代。新石器晚期设计多样性包括造型形态的多样性、装饰纹样的多样性和类型品种的多样性。它们既有差别又有联系，既呈现出不同的特点又具有共同特征。

但是，复杂多样的形，其实都来自同一个形。

我们不妨勾画一下石器造型的演变过程。就磨制石器而言，造型已达到了高度几何化的程度，这些几何形都源自最初磨制石器的方形，而方形是在由打制到磨制的过程中，从砾石的圆形基础上发展起来的。我们可以勾画出由圆形到几何形的序列：圆形—方形—几何形。

这一序列揭示了造型由圆而方再几何化的发展过程。从圆的基础上产生出方形，可以从石器斧钺的变化中找出。仰韶文化、大汶口文化、马家浜文化遗址出土的大量石斧、石钺的器形都圆中见方，刃部由于磨制技术而改变成高度的弧线，其余圆形轮廓逐渐趋向于直线，由圆而方的源流大体是清楚的。

石器最初直接脱胎于圆形砾石。圆形是对称的，对称的事物具有平衡感。在长期的造物活动中，人的视觉系统习惯或适应了这类对称平衡。我们观察石器由圆到方再到几何化的过程都是具有对称的形式。对称在几何学上是可测定的，有肩石钺、有孔石钺，在制作上都明显地感到有一个对称的中轴线存在。除了几何学的对称之外，还有相应的对称，在造型上称均衡。均衡是不断丰富、不断在更高的层次上追求平衡化的形态。大量晚期石器及其他类型的造型及纹饰都以均衡的形态出现。从发生的前后时段看，可示为：对称—非对称—对称（均衡）。

石器造型圆形对称形式既可以当作目前所知的最早的"初始造型"，也可以看作是以后相当长时期设计形态具有基础性质的"元造型"。即使在以后演化出更多的造型形式，实际上只也是圆形和对称形在空间上的组合、变换、繁衍等各种复杂化的过程，在不断地丰富和复杂化的同时，又不断地趋于统一、单纯化。石器时代以来的每一件设计造型都被置于一个几何化的序列之中，彼此之间组成有机的关联，从而构成了造型多样性与统一性、共同性与独特性的辩证关系。

原始设计各类型装饰发展的成因，很大程度在于各类型的文化渊源不同。以彩陶为例，彩陶最早的几何宽带纹和纽索纹源自编织物的纹样或一般陶器制作过程中留下的刻画印纹，是对编织结构和纹理组织的模拟。由简而繁的刻画，由点、线的构成到纂绘具体物象，符合造型发展的规律。不过，随着造物文化的全面展开，某个时期，某种纹样系列由繁而简、由简而繁、由具象而抽象、由抽象而具象的情况也时有发生，从而构成了造物文化的多样性。

如庙底沟鸟纹演变特征鲜明、节奏快、序列完整。单独鸟纹有正侧两类。正面鸟纹一开始就是一个抽象的表现，一个圆点、一个弧形三角和三条短竖线，以示头、身和三足。之后三足被省略，弧形三角改直线表示；侧面鸟纹接近原形，在简化过程中保留了头和身、翅，用点和三根弧线表示。这种分散在形态上已经表现出了趋同性，之后通过简单的平移和叙合手法，形成二方连续几何纹，给人有节奏的飞动感。值得注意的是，由飞鸟翅纹演化而来的弧线在组合中成为结构斜线，而形成图案格式，使复杂多变的图形在这种制约中统一起来，给人和谐的感觉。

庙底沟纹饰的基本特征包括单独格式、适合格式、二方连续格式和散点格式，这是目前可以看得到的最早、最丰富的图案构成形式。令庙底沟先民始料不及的是，他们在 6000 年前在多样统一的基础上所创立的图案格式，成为后世人们在装饰中广泛应用的重要图案组织形式。现在，我们经常运用的图案形式，包括国外引进的"构成"，都没有超过庙底沟纹饰的构成模式。

二、设计的历史转换

（一）传统设计的特征

当我们面对设计的历史时，最直接的存在形态是博物馆中无数优秀的设计造型。但是，造型仅是载体，设计不仅是造型，更是文化、审美、历史、生产等各个方面的综合，我们需要从中寻找其特征，才能对传统设计有一个全面的认识。那么，传统设计有哪些主要特征？我们结合设计的历史发展来做一番观察。

第一，传统设计的手工业生产的特征。这是从设计的生产方式上所作的观察。

人类社会从采集、狩猎到农业的出现，标志着从攫食性经济过渡到了生产性经济的时代，直到工业革命发生之前，人类的生产活动基本上就是手工业生产活动。不只是石器、陶器、骨器是手工制作的，包括那些复杂化、规模化的快轮制陶、冶铜、琢玉、制车制船等也都是工艺匠人手工生产的。不过，一些规模大且复杂的制作已经从农业生产中分离出来，成为独立的手工业行业。

在中国，由于古代国家形态实行的是中央集权制，政府具有广泛的经济职能，可以直接经营工商业，因此，手工业生产形成了官营、民营和家庭经营三种基本类型。在家庭副业的基础上出现了独立的私人民营手工业，从统治者自身需要出发，产生了官营手工业。

官营手工业规模庞大，组织严密，机构固定，集中了大批优秀工匠，不惜工本，制造了大量服务于统治者的精美绝伦、极度豪奢的高档产品。如宋代的官营手工业有少府监、将作监、军器监和专为皇帝贵妃服务的内侍省四个系统。少府监下有文思院、绫锦院、染院、裁造院、文绣院，都在京城开设了大规模的手工作坊。仅绫锦院就有按军队编制的工匠 1000 多人，可见是一个庞大的密集型的手工业生产机构。

古代中国的民营于工业处于官营手工业和家庭手工业两头的挤压之中，在资金运作上不如官营手工业，在灵活应变上又不如家庭手工业，因而未能有突出的表现。

家庭手工业是最基本的手工业生产形式，普通生产与生活所据的产品，基本上都是自己制作，不能制作的才通过物物交换获得。《颜氏家训·治家篇》上说："生民之本，要当稼穑而食，桑麻以衣。蔬果为畜，园场之所产；鸡豚之善，埘圈之所生。爰及栋宇器械，樵苏脂烛，莫非种植之物也。至能守其业者，闭门而为生之具以足。"可见，闭门而作的一切原材料、工具、技艺都是自己种植、自己准备、家庭传授的。所以，古代普通的生活用品设计基本上是在家庭中进行的，家庭是一个手工生产制作单位，是造物场所，有时又是物品交换的地方。农忙时务农，空闲时制作，是"男耕女织"形式的持续表现。

在欧洲的传统社会中，也存在着三种手工业生产的基本类型：一种是家庭手工业，农民家庭通常也进行一些手工业生产；一种是庄园中的专业手工业，是庄园经济的一部分；另一种是城市手工业。中世纪的欧洲，手工业逐渐集中到城市，这种城市手工业是以市场调节的，受行会的控制。在工业革命之前，西方的设计生产方式也是以农民和城市的家庭手工业为主导。

第二，传统设计的礼乐化、宗教化的特征。这是从设计的社会角度所作的观察。

在中国传统社会中，礼乐之道支配着一切，形成了所谓"礼乐文化"的特殊结构。在西方传统社会里，宗教有独立而迅猛的发展形式，使西方文化带有强烈的宗教特征，甚至有人认为西方文化就是基督教文化。这些都给中西传统设计打上了深深的烙印。设计与礼乐宗教的关系可以远溯至新石器时期特殊的生产用具，石斧、石锛、石刀等开始具有精神性，专用于祭祀敬神，成为礼乐、宗教用品。进入青铜时代，世界各文明区域如西亚、埃及、中国、印度、希腊的设计艺术在礼乐、宗教上并无严格的区分，都演绎着表现神灵上帝的共同的发展模式，走着一条几乎是趋同的道路。随着人类文明的发展，文字、学校、法律、政治、礼仪、伦理等精神文明逐步健全完整起来，东西方传统设计终于在中国的春秋战国时期、欧洲古希腊时期显示出了各自不同的历史走向，由此奠定了东西方设计文化的基础。

在中国，始于原始社会的祭祀文化至周朝形成了一套规范的"礼乐之制"，其中包含着对设计器物的种种严格规定，所谓"藏礼于器"就说明了礼乐与设计的关系。经过春秋战国的世变时异，"礼乐"之道深入世俗民间，汉代之后，衣冠之制凡器百用在礼乐的整合下，一切服务于"礼""道"。"藏礼于器"一直影响了两千多年中国设计艺术的发展。

西方艺术设计在远古时期就受东方的影响，也具有浓厚的宗教祭祀、政治伦理观念。到古希腊时期，艺术设计逐渐摆脱政治伦理规范的束缚，有了自由的独立发展，但宗教仍然影响着设计，所谓"神人同一"，就是将宗教的神用世俗的人来表现。进入中世纪，西方设计彻底宗教化，产生出圣·索菲亚教堂、巴黎圣母院这样杰出的设计作品。文艺复兴时期和后来的资产阶级革命时期设计在整体上尽力摆脱宗教的制约和控制，但其影响依然存在。直到 20 世纪初，西方设计才真正解除了宗教的束缚。

第三，传统设计的地域性与个体化的特征。这是从设计的文化角度所作的观察。

最初人从自然的蛮荒中开拓出一个人造物的世界时，就与某一地域特定的自然、地理、人文条件相结合，形成设计的地域性特点。两河流域的圆形印章、埃及的金字塔、希腊陶瓶、罗马玻璃及中国《考工记》所载的郑之刀、宋之斤、鲁之削、吴粤之剑等，在古代传统设计中，几乎找不到不带地域特点的物品。

人类文化初期，一般只能利用或顺应肥力渔产节亩的"自然富源"，而一些难于转化开发的资源，如橘树过淮水北只能变成不堪入口的"枳"，貉南渡汶水就会死亡。"地形适宜"有一个优良的环境，可以产生独特的物品。就中国的陶瓷而言，定窑、汝窑、耀州窑、钧窑、景德镇窑、龙泉窑、吉州窑的区别就是以地域名称来表达的，而刺绣也是以地名来称呼：苏绣、粤绣、蜀绣、湘绣、京绣。

设计的地域性不仅指地形地貌、自然资源，还渗透着一种人文资源。从地域性设计的形成看，其中必有一些个体的独特创造表现在设计形式之中。表现为手工艺人突破家庭作坊的封闭，在一定的地域范围内交流扩展。著名的丝绸纹样设计家窦师纶原是一个低级官员，曾在四川管理皇家制物，被封为"陵阳公"。他以动物为题，以对称形式设计锦绫纹样十多种，有对鸡、对羊、对鹿并配以树木花卉，形成独具个体特色的设计，被称为"陵阳公样"，流行一时。地域性设计的建立必然会烙上从事这一工作的具体工匠的印记。传统设计手工业的生产特征，也必然会带上个体化的特点，同一物品的设计制作，会因工艺匠人的技术，运用材料的方式，文化知识和传承来源的不同而有个体差异。

第四，传统设计文化延续与断裂的特征。这是从设计的历史过程所作的观察。

延续性是中国传统设计的一大特征，所谓"源远流长"就是指整体上的延续性。据历史学家研究，世界较早的文明区域如两河流域、波斯、埃及、玛雅都没能将古代文明延续下来，象征着文明程度的物质文化也随文明的断裂而中断。埃及在波斯、希腊、罗马先后入侵后中断了悠久的设计传统，两河流域和波斯在亚历山大入侵后也中断了自己的设计传统。之后虽然有些地区时有传统的恢复，但终究无法真正衔接起来。

中国艺术设计的历史，虽起伏不定，但从没有过那种断裂现象。可以毫不夸张地说，中国传统艺术设计是工业革命前世界设计史上成功的典范，在几千年的设计实践中建立起一种延续机制，具体体现在规范与思想、技术与形式的延续上，无论社会如何变化都能在延续中发展前进。

而以古希腊文化为基础的西方文化也多次发生断层现象。古希腊文化的断裂却带来了文化上的再生和创新。早期希腊有过 400 年的黑暗时期，之后迎来了希腊的古典时代，艺术设计全面繁荣发展。罗马帝国灭亡后欧洲进入中世纪，漫长的1000 年被认为是黑暗时代，之后又迎来文艺复兴时代，艺术与设计再次繁荣起来。

无论延续还是断裂，都包含着变的因素，延续并不是一成不变的，延续中有变化，在适应社会时势，生活变迁中延续。断裂也不全是消亡，有的是变革前的休克，有的在低谷中有所突破。

第五，传统设计的综合性与系统性特征。这是从设计自身的规律所作的观察。

中外传统设计在早期都能表现出综合的特征，如中国良渚文化时期的玉兽面纹纹琮就表现出了人、虎、鸟三者的组合。中国龙的造型"角似鹿、头似驼、眼似鬼、项似蛇、腹似蜃、鳞似鲤、爪似闻、掌似虎、耳似牛"，是九种动物的综合体。西亚的斯芬克斯是人面、牛身、鹰翅的组合。巴比伦城门上设计的龙：头似蜥蜴、角似羊、眼似豹、鳞似鱼、前爪似拂、后爪似鹰、尾似蛇，也有七种动物的特征。

综合性造型源于农耕文明整合各种事物融为一体的文化模式，以为这类综合造型能化育万物，使稷黍丰收，人丁兴旺。之后，综合性不只是简单的造型与纹饰的组合、拼凑，而是吸收、消化各种文化整合在一起形成多元的、有特色的设计形式。

传统设计的系统性表现在设计过程中，如《考工记》记载"冶铸""舟车"等制作均有详尽的系统设计过程。据《天工开物》所述，能协调设计制作各环节：从选料、能源消耗到成品产率及器物尺寸、重量、所需工时、技术规范等都有明确安排，细致的步骤、往复时间控制，以保证环环相扣，确保效率，虽不能与现代设计中的系统规划相比，但在一定程度上与现代设计也有相符之处。

（二）工业革命的影响

现代设计与工业革命具有不解之缘。18世纪中叶，工业革命在英国发生，以蒸汽能源为中心的新能源的采用导致产业革命的发生，并引发了设计史上的巨大变革，一场史无前例的设计转型就以工业革命为背景在西方展开。

在设计的历史上，工业化产生之前的设计活动是基于手工业为中心的，设计者与制作者同是一个人，并无过多的职业分工。支撑这一设计活动的一部分为生活与市场所需，另一部分往往是以宫廷、贵族、教会为服务对象，为满足他们奢侈的生活需求而设计，巴洛克、洛可可及维多利亚风格的设计就是这样产生的。

进入工业化初期，资产阶级在社会经济上所起的作用日益增大。在思想领域，伏尔泰、卢梭等一批资产阶级思想家提出了平等、博爱、自由的新思想，这与当时盛行的古代考古发现相结合，一起产生出古典复兴主义的设计风格，代表了新生资产阶级形式象征的企图与期望。之后，新古典主义、哥特风格复兴等设计风格风行一时，田园牧歌式的理想风格，使不少知识分子找到了摆脱工业化厌恶的避风港。不满于古代风格的重现，对未来设计充满希望，成为现代设计产生的社会基础。

工业革命以来，新技术和新材料的运用也是现代设计赖以发展的重要基础之一。钢铁、玻璃在19世纪初期开始在欧洲的部分地区应用。1836年，英国建筑设计师帕克斯顿设计了位于英国查斯沃斯的一个大型温室，采用玻璃和钢构件，之后他又用同样的材料与手法设计了1851年伦敦世界博览会，俗称水晶宫，成为具有划时代意义的设计作品。

工业革命带来的机械化生产方式，促使产品生产逐渐脱离手工工场制度的支配，产品制造商采用新式的机器大量生产低廉的产品。过去那种优美、精湛的手工技艺被机械操作所代替，手工艺人的设计方法在咄咄逼人的工业化面前无法施展而日显萎缩。工业革命在生产方式上打破了几千年以来的手工艺传统，蒸汽机完全改变了人类原有的生产方式。随着工业化进程的推进，集中式的机械化组织与生产形式取代了分散式的手工艺家庭组织形式，工业革命所引起的最令人注目的巨大变化是设计从传统的手工艺生产方式转向了现代的工业化生产方式。

当然，这一过程不是在短期内一蹴而就的，而是经过了一个较长时期的演变，其中交杂着一些复杂的因素，甚至出现企图以手工艺传统来抵抗工业化的方式。

从历史的角度看,新旧交替的过程中产生一些问题也是必然的。手工艺的产品形式和风格长期以来已成一种定势,一般人们总是以这种传统形式去衡量用不同材料、不同技术生产的同一产品。因此,旧风格、旧形式在新产品中出现是不可避免的,在伦敦举行的第一次世界博览会上,各国参展的机器制品凸显了这一类问题。新材料、新技术、新生产方式使参展的产品设计处于一种极端混乱的状态之中,一部分产品由于没有经过设计,外形相当粗糙拙劣,另一部分产品为了遮掩粗劣的外部造型,在产品表面涂画木纹,或将哥特式洛可可纹样铸成构件,贴附于产品表面。有的产品过度装饰,庸俗不堪,甚至把矫饰做作的维多利亚装饰风格搬到工业产品中,烦琐俗气。凡此种种,显示出在早期工业化的过程之中设计的无序状态。

刚刚兴起的机械技术没能解决机器设备对人的生理和心理上的适应性,只注重产品的功效而忽视了产品的外观艺术性,或者不顾设计的目的,为装饰而装饰,因此遭到有识之士的尖锐批评。博览会产品设计的不成功,促使人们重新思考产品设计与艺术的关系,导致了英国发起"手工艺运动"和继之波及欧洲的一系列设计运动的产生。

(三)从莫里斯到包豪斯

在过去的 100 多年里,西方设计界完成了从手工艺设计向现代工业化设计的转变,给全世界的艺术设计带来了巨大影响。回顾这一段历史,我们会明显地感到其中两个设计运动所起的关键作用:一是英国莫里斯工艺美术运动,二是包豪斯现代设计运动。二者在时间上是演进的,有着截然不同的设计观念,在手工艺与工业化方而,二者都有各自走向极端的明显的特点,但也有十分相似的共同之处,那就是提倡艺术与技术的新结合。

莫里斯生于英国一个商人家庭,自幼喜爱艺术和古代建筑。他从牛津大学埃克塞特学院毕业之后,在一次与友人结伴游历比利时和法国时,深受"拉斐尔前派"艺术的影响,回国后专事绘画,与一批志同道合的朋友成立"拉斐尔前派协会",从事社会活动和艺术研究。1857,莫里斯与友人伯恩·琼斯在伦敦"红狮广场"开设了画室,当他为画室置办家具时,发现伦敦城内所有的家具商店,居然找不到称心满意的家具。他为自己的新婚家居"红房"布置,也买不到自己满意的地毯、餐具及各种生活必备品。这件事对他触动很大,成为他一生事业的一个转折,他深感设计改革的必要性。

早在牛津上学期间,莫里斯参观了 1851 年的世博会,他对机械化的工业生产和这类产品有着一种本能的反感。同时，莫里斯受到了诗人、哲学家拉斯金设计思想的影响。拉斯金主张由美术家从事产品设计，提出美术必须与技术相结合。在工业化与美术的共同发展中，设计要注重实用目的，艺术要为人民服务。拉斯金在设计理论上提出了"回归自然"的观点。这一观点，后来成为指导莫里斯"手工艺运动"的思想纲领。

在设计内容上，莫里斯手工艺运动涉足的设计范围极其宽广，以家具设计、染织品设计、书籍装帧设计为主，兼有陶瓷设计、金属制品设计、室内装饰、雕刻、彩色玻璃镶嵌、壁纸设计等，几乎包括了日常生活用品的全部。这为今后各设计领域走向现代化工业化奠定了基础。

在设计风格上，莫里斯手工艺运动学习哥特式艺术，追求中世纪浓郁的建筑装饰风格。这也是拉斯金"美术与技术结合"思想的体现；同时，他提倡设计崇尚自然，从大自然中汲取设计灵感，采用植物中自然线型作装饰范例，使设计产品与自然生命浑然一体。如莫里斯本人于1895年设计的墙纸，具有典型的自然主义风格特征，缠绕的植物枝蔓与花叶纹样互为呼应，一派大自然的清新、生机盎然的感觉。

1882年世纪行会设计的椅子靠背部，也以一束自然弯曲的郁金香作为装饰，实用功能与艺术完美地结合在一起。对哥特式艺术与自然植物纹样的推崇追求，成为手工艺运动产品设计的主要风格特征。

莫里斯一生贯穿着对资本主义工业化生产方式的批判，他揭露机械化初期技术发展的非人性及产品设计与艺术分离对峙的现象，认为机器是丑陋的"多面兽"，它冷酷无情地吞噬着劳动者的艺术创造性，在这样恶劣的生产环境中，不可能产生出艺术美的工业产品。对机械产品的厌恶，使莫里斯产生了向古典艺术学习的思想，主张用手工艺生产方式替代机械化的生产，从艺术与社会发展规律上看，莫里斯在工业化时代走向"手工艺"似乎是违反其发展规律的。

然而，莫里斯对大工业生产方式的批判具有积极的意义。他并不是让工业产品穿上手工艺的外衣，并不是一种回归中世纪的复古活动，而是在组织管理、设计、生产、销售各个方面进行全面改革，使手工艺具有合乎功能的形态美，让产品进入生活，改变人们的物质生活条件。莫里斯的改革行为自19世纪末到20世纪20年代，促使英国形成了一个工艺美术运动的高潮，并深刻地影响到欧洲大陆的"新艺术运动"，为之后设计向现代化转型奠定了基础。他因在艺术设计上的这种积极进取的精神，在设计史上被尊称为"工业设计之父"。

20 世纪前后，设计新材料、新技术、新观念不断涌现，虽然具有各种功能的机械装置走上历史舞台，大规模的机械化生产在产品制造业中已成为必然，人类的生产方式与生活需求发生了根本的变化。如何适应这一巨大的变化，创造符合现代生存环境的工业产品，真正为大众生活服务，是当时设计界面临的重大课题。

1919 年，著名建筑师格罗佩斯在德国魏玛创立了世界上第一所现代设计学院——包豪斯，由此而引发的现代主义设计运动是 20 世纪影响最广、成就最高的设计运动。这一运动完成了设计从传统向现代的转换过程，因此，包豪斯也是理解设计"现代"意识产生的关键。学习艺术设计离不开对包豪斯的了解，而更为重要的是要了解包豪斯对设计历史所做的贡献。

包豪斯所取得的成就是十分明显的：

第一，完成了设计艺术从手工艺向工业化转变的历史使命，在经历了 14 年的磨炼、探索、斗争之后，抛弃了旧时代的那种奢华、僵硬的设计形式，开拓出一条人类历史上从未走过的道路——现代工业设计之路。

第二，创建了现代设计教育体系，对 20 世纪世界设计教育产生了巨大影响，具体表现在基础课程的改革；理论课程的增加；强调学生在工场中动手工作的指导思想；设计教学与企业生产的密切联系。

第三，倡导"技术与艺术新统一"的设计观念，规定了艺术设计的走向，避免了单纯手工艺设计和不顾审美形式的粗制滥造的工业制品的出现。

第四，强调设计的目的是为人而不是物，是为普通大众服务而不是为少数权贵服务。这一设计民主化倾向，在莫里斯时代是理想主义的，而到包豪斯时代已经成为现实。

第五，作为现代派艺术的摇篮，诞生了一批在世界艺术史上占有重要地位的艺术家和艺术作品。在 20 世纪最具影响的艺术家中，有一部分是在包豪斯任教，他们的艺术探索对现代艺术及其理论、现代设计及其理论都产生了深刻的影响。

对于创建者格罗佩斯来说，确立设计的新方向是他认清了现代工业化的时代趋势所作出的积极的回应。在包豪斯宣言和纲领中，他也提出了"回到手工艺"的思想，这是在第一次世界大战后，在当时设计界追求的有限度地与工业生产协调的情况下提出的，受到莫里斯"手工艺运动"的影响。但是，"回到手工艺"绝不是为了培养特殊的手工艺家，而是将手工劳动作为手段，进行手法和技术能力的多方面的训练。因此，格罗佩斯既重视机械化生产又不轻视手工艺，承认工艺作为基础造型的手段是十分必要的，不对学生进行手工艺训练，就无法向工业界输送有用的、优秀的人才。

当然，"包豪斯绝不希望它是一座手工艺学校，它有意识地寻求与大工业的联系"，正是这种思想引导着包豪斯进行了一场艺术设计的革命，完成了设计的历史性转变。

三、设计的分类

（一）关于设计分类的理论

1. 设计大家族与小家族

为了更好地认识和理解艺术设计世界，我们把艺术设计当作一个大家族，如果我们去访问这个大家族，就会遇到一些小家族和这个家族中的一些成员。例如，产品设计有：生活用品、公共服务用品、工业设备、交通工具等。在生活用品中又常见到饮食用具、家用电器、照明器具、卫生用具、旅行用品等。在饮食用具中常用的又有筷、碗、刀、锅之类具体的物品。这些具体的物品是设计家族的基础，物品与家族的关系是个别与集合、个别与门类的关系，每一门类的设计集合着无数与之有共同关系的个别物品。

如果把艺术设计看作一个大家族，那么产品设计就是小家族，与之并列的还有平面设计、服装设计、室内设计、广告设计这样的小家族，它们都是一些具体的、特殊的设计种类，每一种类又有许多成员，共同组成了艺术设计的世界。

设计在石器时代就已诞生，通过大量考古与文献资料可以知道，在先民们的设计活动中繁殖衍生是一种普遍现象，在材料上、技术上、内容形式上都会发生。设计的延续性也说明了各种不同的物品之间并非是间隔的，而是互有关联的，甚至还会出现变异，形成另一类型的物品。如从石器家族延伸出玉器家族，从陶器家族中诞生出瓷器家族等。

在传统设计的小家族中就可以细分若干个种类。如农具家族，有直插式农具：耒、耜、铫等；有横折式农具：锄、耰等；有拖曳式农具：犁、铧等；还有加工农具：杵、碓、砻、碾、斗、箩、碌碡、木耙、簸箕、风车等；灌溉农具：辘轳、牵车、筒车、翻车、水车、风车等。如果观察日用器具则更为丰富，如厨房用具就有刀、铲、钳、臼、杵、钩、杖、棒、筛、勺、盆、桶、砧板等；居室用具则有桌、椅、床、凳、箱、柜、墩、座、架、扁、牌、帐、幔、毯、帘等。可谓异彩纷呈，繁不胜举，其种类衍生复杂多变，有材料的转化，有造型的演变，还有功能的综合，有原创也有传承。

总之，艺术设计的世界如同人类社会的氏族组织，它由一系列大小不同的家族有序的构成，无论古代还是现代，无论服装还是包装，在设计家族的发展演变过程中，从内部到外部，都有过不同程度的互渗现象，从而产生出新的设计物品和设计门类，甚至诞生出新的设计家族来。如互联网上漂亮的网页就是电脑、摄影、设计、网络的相互渗透与有机结合。

2.设计分类的自然体系与逻辑体系

世界上的万事万物都有它的分类，设计自然也不例外。形形色色、千差万别的物品设计应该如何分类？如果采用的方法不同，分类的结果也会不同。这里我们用两种分类方式：一是按照艺术设计自然属性形成的形式归纳，称自然分类体系；二是把艺术设计作为一个合乎逻辑的整体，用统一的原则来划分，称逻辑分类体系。

自然分类体系可以从古希腊神话说起。在古希腊神话中，一共有九位缪斯女神，她们掌管九种艺术。九位艺术女神的分工是：卡利奥佩司史诗；欧忒尔佩司抒情诗；墨尔波墨涅司悲剧；塔利亚司戏剧和田园诗；埃拉托司爱情诗和表情；波林尼亚司颂歌；忒耳西科瑞司舞蹈；克利奥司历史；乌拉尼亚司天文。这是西方最早的关于艺术的自然分类。缪斯艺术没有把造型艺术和手工艺设计包括进来，而是将历史、天文与艺术混在一起，表现了当时认识上的局限。但从缪斯的首领阿波罗是诗歌、音乐、装饰、舞蹈的守护神这一职责来看，自然的艺术分类正在形成。

在中国古代，也有与之相似的艺术自然分类，如"六艺"所说的"礼、乐、射、御、书、数"，是士大夫阶层必修的六种基本科目，也是对古代艺术的归纳。而其中的"乐"，并不仅仅指现代人理解的音乐，而是包含着装饰、设计、诗歌、舞蹈等艺术形式在内。

在现代，艺术的自然类别一般被分为六类、七类、九类大的归纳。按照美国的托马斯·门罗的分法，把材料、手段、创作技术、产品形式作为分类的依据，他总共罗列了100种艺术类别。不管他的"自然体系"是否过于庞杂，但门罗的分类方法很有意义，可以作为艺术设计自然分类的参照。艺术设计的历程经历了综合、分化的复杂过程，其领域还在不断扩大，现象也日趋丰富多变，难有一个统一的原则来对设计进行系统划分，下面几种是较有影响的设计自然分类（表1-1）。

表 1-1　艺术设计的自然分类体系表

按功能分类	按使用对象分类	按生活领域分类	按材料分类	按地域分类
建筑室内及环境设计 工业产品设计 广告设计 平面设计 服装与染织品设计	个人用品设计 家庭用品设计 公共用品设计 机械产品设计	衣：染织服饰设计 食：厨具食具设计 住：建筑室内设计 行：交通工具设计 用：娱乐文具设计	陶瓷设计 玻璃设计 漆器设计 玉器设计 金属设计等	中国设计 希腊设计 北欧设计 德国设计 意大利设计等

　　设计的形式不是固定的，一成不变的，而是在不断发展的，因此，设计的自然分类体系也就需要不断地调整和充实。

　　我们经常能听到所谓时间艺术、空间艺术及时空艺术的说法，这就是按照演绎的方法，从时间和空间的观念出发，以此作为一个标准，对世界上所有的艺术进行逻辑的划分。与自然分类不同的是，无论出现哪一种新的艺术形式，不管它是多么富有动态的变化，多么新潮，只要从时空观念出发，似乎都能找到其位置。按照这一规律，它总能以直接的或间接的以至变相的方式获得一种对应，成为艺术整体中的一个部分。这就是艺术的逻辑分类体系（表 1-2）。

表 1-2　艺术设计的逻辑分类体系表

本体论分类	认识论分类	符号学分类	功能论分类
平面设计 立体设计	视觉传达设计 视—触觉综合设计 视—听觉综合设计	再现性设计（自然符号） 非再现性设计（人工符号）	符合功能设计 （实用性设计） 单一功能设计 （鉴赏性设计）

　　按照这一体系，艺术设计按本体论分类，从空间的角度可分为平面设计和立体设计；从认识论的原则可分为视觉传达设计、视—触觉综合设计和视—听觉综合设计；用符号学的原则可分为再现性设计与非再现性设计；从功能的角度可分为复合功能设计与单一功能设计，即实用性设计与鉴赏性设计；等等。

　　把设计做上述划分是为了摆脱设计现象中自然形式的束缚，具有高度的逻辑性和明晰性。同时，不纠结在一些零碎细节上，不落入设计的分叉枝节之中，具有高度的宏观性和整体性。尽管逻辑分类体系能够几乎无所不包地兼容所有艺术设计，但是，它简单的二分法和三分法很难解决设计世界复杂的、交叉的、综合的特性问题。因此，对设计艺术世界的认识，在整体性网架之中，还需要有具体的、深入的、细微的分类。

（二）设计的自然分类

1. 建筑室内与环境艺术设计

建筑室内与环境艺术是空间设计的一种，实用、技术、艺术、环境与生态的密切交融是室内与环境艺术设计的基本特点。建筑室内与环境艺术设计不是出现在现代社会的新事物、新设计类型，而是在人类文化的早期就已诞生，古代西亚、希腊都有与建筑、环境密切结合的艺术设计的遗址发现，如巴比伦的空中花园、克里特的克洛索斯王宫等，而古罗马时期则更重视室内外的空间布置和环境的设计。

狭义的室内设计可以理解为人与建筑物；而广义的室内设计本质是环境，是人类所居住的环境，大到整个城市的规划及城市广场、公园景观的设计，小到一个特定的室内环境空间，一个角隅的灯具设计，都是环境艺术家必须关注的。因此，过去的室内设计概念显然不能适应实际的发展，而环境艺术已成为这一门类重要的概念。《园冶》中讲"相地""巧于因借，精在体宜"就是注重地坪环境的空间布局。生态之健全，景观之优美，生活更舒适，已成为现代人类追求的目标，因此环境艺术设计作为艺术设计的一个类型，不仅在于山丘、流水、林木的巧妙运用，更重要的还在于处理好建筑内外空间的关系，甚至一个招牌、一块绿地、一尊雕塑、一盏灯光的设计，都会影响到整个建筑与周边环境。

一座优美的城市离不开合理的艺术总体规划。从两河流域、埃及、中国、意大利等古代遗址中，我们可以看到早期城市都有过整体的统一规划。随着工业文明的兴起与人口的增长，城市的拥挤、杂乱、暴力现象激增，工厂侵蚀住宅、大楼遮挡阳光、交通严重堵塞等一系列问题促使现代城市规划的诞生。城市规划是一个设计综合体，是对城市的建筑物、街道、公园、公共设施及周边环境所做的统筹安排，目标是促进城市发展社会进步。具体包括：① 合理地规划居住区、商业、工业区；② 高效的内外交通秩序的追求；③ 足够的供水供电系统；④ 居住区绿化日照的设计；⑤ 安全、卫生、舒适的生活娱乐环境。

室内与环境设计涉及的基本内容很宽泛，包括建筑内外的装修，墙面、地面、天花板、间隔、门厅入口处等的处理；室内陈设设计，包括家具、灯具、织物、植物、艺术品的布置；与工程有关的通风、保暖、安全系统的设计，外部景观的雕塑、地坪、招牌、画廊、路灯等的设计等。这类设计既是物质的、实用的创造，又要考虑人文的、心理的、审美的参与，使这一物质创造表现出宜人的生活环境，更好地为人服务。

2.工业产品设计

工业产品设计是艺术设计中的一个大的类型，包括从自行车到赛车、从剃须刀到电冰箱、从随身听到安乐椅、从铅笔到空调、从电话到仪器仪表的各种现代工业化产品。其特征是在现代工业批量生产的条件下，运用高科技与艺术形式相结合的方法，将材料、结构、工艺、生产、审美与功能目的紧密联系在一起，在优美的形式中，具有较高品质，符合人体工学又符合使用目的的艺术设计产品。

现代工业产品设计的历史经历了一个复兴手工艺术—反对机械化生产—承认工业化、标准化的过程。之后又经历了强调功能—否定装饰—回归人性化的反复曲折的发展历程。这一历程实际上也反映了艺术设计在西方工业化转型的过程。因此，20世纪中叶，西方在"Design"前面加上"Industrial"，译成中文为"工业设计"，其范围几乎包括了所有的艺术设计类型，甚至园林设计、城市规划、染织、广告、招贴等都在工业设计的范畴之内。

考虑到设计中存在着许多特有的面貌与特征，如平面设计、环境设计、服装设计、广告设计等不能被"工业设计"全部覆盖，从设计学科专业设置的实际状况出发进行概括，将工业设计与平面设计、环境设计、染织服装设计与广告设计并列在一起，同属艺术设计大家族。

工业产品设计种类很多，主要包括：家庭用品类、公共服务类、交通工具类、生产设备类四大类型。

（1）家庭用品类

家庭用品涉及家庭生活的所有品类，有些与室内设计有交叉，如家具灯具。

① 家用电器：电视机、VCD、DVD、音响设备、冰箱、空调、热水器、电吹风、取暖器，等等。

② 饮食器具：餐具、厨具、微波炉、榨汁器、食品粉碎器等。

③ 家具灯具：桌、椅、沙发、厨柜、茶几、吊灯、台灯、射灯之类。

④ 个人生活用具：洗漱用品、化妆用品之类。

⑤ 卫生设备。

⑥ 孩童玩具。

⑦ 旅游用品。

⑧ 体育器械等。

（2）公共服务用品类

这类用品包括社区街道服务设施。

① 商业性服务用品：公用电话机、电话亭、自动售货机、自动取款机、医疗设备等。

② 办公用品类：电脑、扫描仪、打印机、文具、文件柜等办公设备。

③ 社区服务类：办公桌、投影仪等。

（3）交通工具类

交通工具分水、陆、空三大类：

① 陆地交通工具：自行车、摩托车、轿车、卡车、客车、赛车、火车、磁悬浮列车等。

② 水上交通工具：轮船、气垫船等。

③ 空中交通工具：直升机、运输机等。

（4）生产设备类。

与工农业生产有关的机械设备。

① 各类机床。

② 农用机械。

③ 仪器仪表。

④ 通讯装备。

⑤ 起重设备。

⑥ 传送系统等。

3. 平面设计

平面设计的一个重要特征是，以上下左右二度空间为限定，以图形、标上、符号、摄影、插图、纹样等视觉表现方式来传达作品内容。国际把影像媒体包括在内称"视觉传达设计"。在我国，书籍设计、包装设计、字体设计、标志设计、企业形象设计等是平面设计的重要领域。平面设计实际上就是印刷设计。平面设计在当代的发展完全是因现代印刷技术和计算机技术的推动。

（1）书籍设计

《说文解字》云："著于竹帛谓之书。"书在我国春秋两汉期间称简策、帛书，东汉后，竹帛逐渐为纸所替代，形成卷轴形式。唐之后，印刷术的普及使书籍由手抄改为印刷，由卷轴演变为册页形式。清末随西方文化的传入，新式的印刷方式代替了传统的印刷作坊，印刷的传统设计形式转变为现代设计形式。

一般来说，单就一部文字稿是无法与读者见面的，必须通过装帧设计形成书籍形态。装帧设计是预先制定装帧的整体与局部的完整方案，从材料到工艺，从封面到字体，包括开本、装订、印刷、护封、书脊、环衬、扉页、正文和插图等各个环节的设计，以达到使整体和谐的目的。

（2）包装设计

一件商品，为方便储运，促进销售，必须做到"物有包装"。包装设计是针对商品和销售进行的设计，要求图形醒目、大方、简洁明快，适应印刷条件的制约，创造新颖的艺术风格。包装设计有许多分类，按流通中的作用可分为：内包装设计、中包装设计、外包装设计；按用途可分为：通用包装设计、专用包装设计、组合包装设计、系列包装设计；按耐压程度可分为：硬包装设计、软包装设计；按制造材料可分为：木、纸、金属、塑料、玻璃等包装设计。

（3）字体设计

字体的设计既是独立的平面设计，又从属于书籍、包装作品。汉字、拉丁文字及哥特体文字等无疑都是世界上设计最完美的字体。这些文字不仅是文字，也常用来作装饰。通过形象化、意象化设计，将字意和形象所表达的内容融为一体。字体设计丰富了现代平面设计的表现力。

（4）标志设计

标志是平面设计中的小成员，但小中见大，以少胜多，需要高度的形态概括，出奇制胜的构思和强烈的视觉感受。按功能可分为：国家和地区标志、社团组织标志、政府机构标志、纪念标志、公司企业标志、商品产品标志、交通储运标志、安全标志、公共场所标志、体育标志等。

（5）企业形象设计

企业形象设计即 CI 设计，CI 是英文 Corporate Identity（企业识别）的缩写。CI 设计结合现代设计观念和企业经营理念，以视觉传达的形式将概念化的企业经营理念和企业精神文化表达出来。CI 涵括三个层面：MI（理念识别），BI（行为识别），VI（视觉识别）。VI 符号系统是由基础系统和应用系统两部分构成。基础系统包括标志、标准字、标准色、象征图案及组合关系；应用系统是基础系统的开发应用，在企业的产品系统、事务系统、环境系统、包装系统、广告媒体系统、交通系统、服装系统中，实施基础系统中所确立的符号规范。

4.广告设计

广告是人类信息交流的产物，有"广而告知"之意。通常广告以营利为目的，称为"商业广告"。最初的形式是口头的,《韩非子》中卖盾与卖矛者"吾盾之坚莫能陷也","吾矛之利,于物无不陷也",即为广告的原始形式。后有实物与标记广告出现,中国古代最多且有趣的是各类招牌幌子,如帜、旗、标、帘、招幌、瓶瓢、葫芦、杓、碗等。上海博物馆藏宋代"济南刘家功夫针铺"的印刷铜版,有"白兔儿"图形为商标,广告语为"收买上等钢条,造功夫细针"。广州博物馆藏有一件南宋影青印花大盘,花纹间有"做出芙蓉样青品,买卖客人皆富贵"字样,可见这不是普通瓷器,而是供出口贸易的样品广告。

现代科学技术与印刷传媒的进步发达,开创了广告设计的新纪元。自 1597 年意大利佛罗伦萨诞生世界上第一张报纸开始,广告的传播就进入了一个新的历史时期。现代广告设计具有四大功能:传达信息、塑造形象、诱导说明、刺激需求。在信息时代,消费者购买商品选择的是印象,创造商品印象,以喜悦、满足、利益服务于人类生活是广告设计的重要任务。其中,广告策划与创意是广告设计成功的关键。

20 世纪 60 年代,英国波利特广告公司创始人斯坦利·波利特首次提出"广告策划"这一思想,受到国际企业与广告界的高度重视。1998 年,北京王府井百货股份有限公司投资 50 万元人民币,沈阳兴和集团投资 1000 万元人民币分别聘请两家国际最著名的策划公司为其做战略策划。一个完整的广告策划基本包括策划者、策划对象、策划依据、策划方案和策划效果五大要素。这五大要素相互影响、相互制约,构成了一个完整的有机体,其特点是具有目标性、系统性、变异性、创造性、可行性、超前性,以保证广告设计工作有条不紊地进行,保证广告设计活动充满创意,以达到最佳效果。

在 1991 年首届国际广告研讨会上,智威汤逊广告公司的一位资深经理说:"创意能使消费者停下来甚至目瞪口呆。"广告大师伯恩巴克称:"广告创意是赋予广告生命和灵魂的活动。"广告创意是一个复杂的思维过程,需要在发散思维与聚合思维、顺向思维与逆向思维等方面加以训练和培养。

随着科技的发展,广告设计的种类日益多样化,其形式因媒介的不同而有不同的分类,大体上可以分为以下四大类。

(1)报纸杂志广告

这类广告主要有报纸广告和杂志广告两种。报纸广告内容单纯、主题性强、形式感强,以文字标题和插图为主要特征。杂志广告体现在画面的色彩、构图和层次的处理上,较报纸广告更为精致、灵活,有较大的空间可供发挥。两者又同属于平面设计的范畴。

（2）广播电视广告

广播广告是诉诸消费者听觉的广告。运用语言、音响和音乐互相配合，插播在广播播放间隙，其种类有：普通广告、特约广告、专题广告、公益广告等。因缺乏视觉形象而颇受冷落。但其先入为主、先声夺人的优势值得重视。

电视广告是一种视听兼备，最完善、最具发展潜力的广告形式。表现手法多样，明确、易懂、刺激性强，具有综合性、广泛性、强制性、时效性等特点。其种类按播出方式分为：节目型广告、插播型广告、赞助型广告、转借型广告；按制作材料分为：影片型广告、录像型广告。

（3）户外广告

户外广告一般都设在人来人往、车水马龙的公路两侧或公共场地、建筑物和交通工具上，在这样的"抬头不见低头见"的地方作广告，要求画面美观醒目。种类有平面广告牌、招贴广告、电子广告、立体模型广告、车身流动广告、霓虹灯广告、灯箱广告、景物广告等。

（4）其他广告

在上述三大类广告之外，还有一些广告形式正在逐渐发展起来，有的已成为一个独立的门类，这些广告形式有：直邮广告、POP广告、仿真广告等。

广告设计是艺术、技术、商业、文化交融于一体的设计形式，它已跨越经济领域，在改变人们的价值观念、促进社会文化的发展方面起到了重要作用。

5.染织与服饰设计

染织者，是印、染、织、绣的合称。服饰者，是人体衣着及人体装饰品，均属于人类物质生活的基本内容，是设计艺术家族的重要成员。人类的原始衣料，一类获自动物，有兽皮、毛、鸟羽等；另一类取之植物，草叶、葛、麻之类的加工品。目前，在中国，发现了距今5000年前的麻布、丝线和绢片。在南美，秘鲁北海岸发现了距今4000年前的布。从出土物品上还发现了距今3500年前地中海地区的克里特人已经穿着非常华丽漂亮的衣服了。这些考古发现，或多或少地为我们提供了早期人类利用动植物原料织而衣之的信息。

（1）印染

印染可分手工艺印染和工业化印染两种。在中国，手工艺印染有蜡染、扎染、夹缬、蓝印、单色染、多色套印等，为传统工艺印染的生产方式。工业化印染是利用大工业机械生产设备的印染工艺，以设计印花纹饰为主，一般要根据市场、流行趋势及实际用途进行不同的设计。在艺术设计领域，印染设计是最早利用计算机技术开发设计新的花纹纹饰的，这就赋予了印染设计更多的现代气息。

（2）织绣

织绣包括编织和刺绣。编织有：地毯、壁毯、壁挂织物、编织服装、编织饰物等。纺织以提花织物的花纹设计为主，有各自不同的织造方式，如唐之前用经线起花，称"经锦"，唐时用纬线起花，称"纬锦"。还有一种"通经断纬"的织法，如宋代的缂丝。刺绣有传统的手工刺绣，著名的有京绣、苏绣、湘绣、蜀绣、粤绣等。在现代，刺绣发展出大生产方式的机绣，用计算机控制，更灵活多变。大工业生产对织造形式产生了重大影响，传统的壁毯形式发展成大型的"纤维艺术"，不再是单一的壁挂形式，而形成立体的、独立的艺术形式。地毯、编织服装等也由机械化生产替代了手工艺编织，古老的织绣艺术焕发出新的活力。

（3）服装

人类服装数千年的历史，"等贵贱""别尊贵"是古代世界通有的现象。19世纪末，西方社会资本主义的发展，促使政治、社会、经济、审美急剧变化，人们对束缚自己身体的服装进行了改革，经过100年的演变，从手工缝纫到机制成衣，从生活服装到个性时装，服装越来越走向展现个性的"艺术化"表现。中国素有"衣冠王国"的称号，直到清末民初，西风东渐，服装才彻底摆脱了2000多年不变的封建伦理纲常的冠服制度的束缚，走向简便、适体、美观、生活化和个性化。

现代服装设计种类多样，可分为：生活服装、时装、运动服装、工作服装、戏剧服装、特种服装、休闲服装、礼仪服装等。

（4）饰物

服饰设计指的是服装与饰物的设计。饰物作为服装的配饰，是依附于服装的，在服装整体上起着调整、点缀、强调、平衡的作用，饰物与服装的搭配协调不只是造型与色彩的问题，而实际上往往是穿着者内在修养和品位的自然流露。饰物配件虽有依附性，但也具有相对的独立性，按装饰部位一般分为：头饰、牙饰、颈饰、面饰、手饰、挂饰、腰饰、脚饰等。具体物品包括：首饰、鞋子、袜子、腰带、提包、围巾、手套、手帕、领带、伞、眼镜、纽扣等。

（三）设计的逻辑分类

1.本体论分类模式

现在这个标题，是以哲学中本体论的原则为标准，给艺术设计所立的一个分类谱系。本体论是哲学中关于存在的学问，艺术设计作为在空间存在的客体，按照它们在空间中存在形式的不同而做系统划分，也就是所谓的"艺术形象存在方式分类法"，听起来似乎太专业化了，而实际上，是最简单明白的，可将艺术设计分为两大类，即平面设计和立体设计。

设计分为平面设计与立体设计两大类，已被设计界广泛认同。这是艺术设计世界存在的两种基本形式。20世纪80年代在设计教学上流行的平面构成、立体构成课程，就是根据这一分类所作的设计基础的训练。

设计是在空间占有一定位置的造型艺术。空间具有多维的性质，如上下、左右为平面空间，也称二维空间。一般来说，招贴画、字体设计、书籍装帧、插图、标志、包装、CI设计都属于二维的平面空间形式，称平面设计。在二维空间的基础上发展，加上前后关系就成为三维的立体空间了。建筑室内、环境艺术、家具、灯具、交通工具、服装等艺术设计大多数属于立体空间的范畴，称为"立体设计"。

那么，有没有一维空间和四维空间的设计呢？认真分析一下是有的。所谓一维是随时间变化而不具有视觉性质的，如广播广告设计，运用语言、音响和音乐互相配合，呈现时间性。虽然没有空间图形，但也属于广告设计的范围。所谓四维就是在三维的基础上加上时间性，如电视广告、数码设计、霓虹灯广告、网页设计等，具有随着时间变化而运动变化的性质。其实，交通工具的设计、服装设计也都具有运动的性质，但这些现象显得过于复杂，为了有宏观的把握，一分为二，作平面和立体的区分，这是最基本的方法。

2.认识论分类模式

这一分类是按照消费者对设计艺术的认识方式和认知途径的不同为依据的，对设计所做的系统分类，称设计的认识论分类模式或心理学分类模式。它关注于接受者对设计艺术的视觉、触觉与听觉的认识方式的差异，相应地分为视觉传达设计、视—触觉综合设计、视—听觉综合设计。

这一分类模式大体上与上述本体论分类模式相呼应。

第一类：视觉传达设计的内容与平面设计的内容基本相同。招贴画、字体设计、标志设计、书籍装帧等主要是把相关信息通过眼睛传达给人的设计，也是通过视觉来感知的设计。所谓传达，应是"影响他人的所有方法，如文章、说话、音乐、绘画、戏剧、舞蹈，以及人类所有的行为均包含在内"。不过，传达又分为两类，言辞的传达和非言辞的传达。设计属于非言辞传达，视觉设计又属于只通过视觉进行传达的设计。视觉传达设计这一名称是1960年在日本东京举行的世界设计大会上开始流行的，是"给人看的设计"。

第二类：视—触觉综合设计的内容大体上同立体设计相同，是在使用过程中感知，较之第一类视觉传达设计单纯的视觉感受，增加了触摸的身临其境的参与感。如建筑室内、家具灯具、汽车轮船、家用电器等。那些表面的肌理，粗糙的、精巧的、平滑的、柔软的、尖硬的等触觉感受与视觉感受一起构成了特殊的审美感受。

第三类：视—听觉综合设计指的是不仅诉诸视觉，也诉诸听觉的设计，就是指电视广告设计、数码设计、网页设计等，是通过画面和声音两种方式同时传达信息的设计，其接收器官是眼和耳。

用视觉、触觉和听觉的方式来概括人类设计活动的全部，这也是艺术通行的分类方法。

3.符号学分类模式

任何一种设计都必须面对消费者，如果没有消费者的参与、接受、使用、评判，再好的设计也不会生产，如同艺术创作一样，需要与人交流对话，才能发挥其实际作用。那么，设计家用什么样的语言与人交谈呢？根据符号学的标准，有两种设计语言类别，一是"自然"符号，具有模仿和再现现实世界的对象和外貌的特点；二是"人造"符号，是人工的、抽象的，表现了与现实世界完全不同的特性。

按照上述符号学的标准，设计世界可以划分为两大类：一类是自然的"复制"或"翻版"，这类设计就像一个窗口，从中我们可以清楚地看到客观的世界，这个"客观性"就是再现性艺术设计，选择的语言是"自然符号"；另一类则是"特殊的语言"或"抽象习语"，我们从中看到的是一种不同于自然世界的结构形式，这个"主观性"就是非再现性的艺术设计，选择的语言是"人工符号"。

在大艺术的分类中，艺术设计被列为非再现性艺术，与绘画、雕塑这类再现性艺术相对应。而实际上，艺术设计中也有再现性的设计，以电视广告、模型广告、仿真广告和实物广告为代表。另外，在艺术设计非再现性的门类中，如建筑、产品、服装等也常见有模仿自然的象生设计和仿生设计的出现。平面设计中也常见有摄影、绘画等自然再现的造型语言运用。因此，艺术设计就不是单一的非再现性艺术，而可以一分为二了。

那么，如何区分哪些门类的艺术设计属于再现性设计，哪些属于非再现性设计呢？如果要一一对应则是很困难的，因为在一类设计中运用两种语言的情况很多。就如同雕塑在大艺术的分类中被列入再现性艺术，但在雕塑作品中，无论古今中外非再现性的抽象形式到处可见。在设计中同样如此，因此，不会有统一的、明确的定论，而通过这种两分的类型，使人对艺术设计有一个宽阔的视野和整体性的认识。

4.功能论分类模式

设计的使命是什么？设计的目的功能往往决定着设计的本质，也决定着设计家族的成员组成。马克思说过："使用价值表示物和人之间的关系，实际上是表示物为人而存在。"自然，艺术设计的价值也是如此。设计为人，确切地说有两个方面：一是为人的物质需要，包括精神需要而设计，被称为"实用性设计"或"复功用设计"；二是脱离了原有的实用性专为满足人的精神需要而存在，但仍保留着实用的形式，被称为"鉴赏性设计"或"单功用设计"。以设计在人类生活中所发挥的这些作用为标准，进行系统逻辑的划分称功能论分类模式。

一般来说，艺术设计的功能大多是复合的，包含着物质实用和精神审美。因此，在大艺术的分类中，艺术设计被划入了特殊的复合功能艺术类型，其余艺术均为单一功能艺术类型。所谓单一，则是以精神审美为唯一目的，不带任何实用性。然而，并非一切艺术设计都具有实用性。在古代，四大名绣实际上就是以画绣为主，缂丝也以绘画书法为对象，以欣赏为目的。在现代，陶艺设计、漆艺设计就是脱离了实用性，突出审美性而进入鉴赏艺术的范畴。另外，许多陈设设计品、装饰设计品基本上没有什么实用价值，而成为以点缀生活、以观赏为主的艺术设计。这一部分鉴赏性设计虽然不多，但也不能忽视其存在，也不可划入纯艺术的范围而排除在艺术设计之外。因为其功能虽然单一，但技法、形式、材料、方法、特征仍与设计相同，它是设计中派生出来的一个分支，与复功用设计互相影响，是设计完全艺术化的产品形式。

第二章　旅游商品的设计与开发

第一节　旅游商品概述

　　旅游商品是旅游经济发展的重要组成部分，其发展水平是衡量旅游业发展的重要标准之一。然而，目前用于统计的关于旅游商品销售的指标多是旅游购物收入。国际旅游组织专家指出，旅游购物收入占旅游总收入的百分比，是对一个地区旅游业成熟度评价的重要标准；据统计，在旅游业发达的国家和地区，旅游购物收入一般占旅游业总收入的40%以上，如新加坡占到59.6%、美国占到54.7%、法国占到52.1%。相比之下，中国地区这一比例较小。这里所谈的旅游购物收入包括哪些内容？是否可以使用旅游商品收入来代替？我们通过学习本章的知识来寻找答案。

一、旅游商品及其本质

　　随着旅游业的蓬勃发展，旅游商品的研究越来越受到政府部门及理论界的关注。旅游商品属于商品构成的一部分，具备一般商品的属性，又有不同于一般商品的特性。因此，我们要明确旅游商品的概念、特征、构成等内容，首先要了解商品的概念及其本质。

（一）商品及其本质

　　商品是人类社会生产力发展到一定历史阶段的产物，是用于交换的劳动产品。恩格斯曾明确指出，商品首先是私人产品。但是只有这些私人产品不是为自己的消费，而是为社会的消费而生产时，它们才能成为商品。

　　商品具有使用价值和价值两种基本属性。商品生产者有目的的具体劳动，形成了商品的使用价值，而抽象劳动则形成了商品的价值。

　　1.商品的概念

　　现代商品概念可以用商品球模型（图2-1）来形象地表示，它包括四个层次的内容。

图 2-1 现代商品概念模型

（1）商品的功能和效用。消费者购买商品的最终目的并非是购买商品本身，而是购买商品的功能和效用。商品的功能和效用是指商品为满足消费者的一定需要所能提供的可靠的、必需的职能或效用，如洗衣机的功能和效用是清洗衣物，空调的功能和效用是调节室内温度，验钞机的功能和效用是验证钞票的真伪等。商品正是通过在消费过程中所提供的功能和效用来满足消费者的需要的。

（2）商品体。商品体是商品功能和效用的物质载体，是人们利用原材料，通过有目的、有效的劳动投入而创造出来的具体劳动产物。

（3）有形附加物。商品的有形附加物包括商品包装与标识、商品名称、商标及注册标记、专利标记、质量和安全及卫生标志、环保标志、商品使用说明标签、检验合格证、使用说明书、保修卡、购货发票等。

（4）无形附加物。商品的无形附加物是指人们购买有形商品时所获得的各种附加服务和附加利益。例如，购买房产或汽车等大额消费品时所提供的信贷服务，购买家用电器等商品时所提供的送货上门、安装调试、售后维修等服务，规定期限内由商家或第三方所提供的保险服务等。如何完善并创新商品无形附加物是很多商品生产者和经营者关注的重要问题，这样不仅可以为消费者提供更多的实际利益，也更有利于企业在激烈的市场竞争中突显自己商品的优势，提高企业及自身商品的竞争力。

2.商品的特征

商品区别于物品和产品具有如下特征。

（1）商品是具有使用价值的劳动产品。自然界中存在的许多天然物品虽然具有使用价值，但因其并非劳动产品，因而不能称其为商品，如阳光可以提供光明和温暖、空气可以供人呼吸、雨水可以浇灌农田等，但它们都不能称为商品。此外，失去了使用价值的劳动产品也不能算作商品，如失效的药品、变质的食品等。

（2）商品是供他人消费的劳动产品。商品是供别人消费的，即供社会消费的，而不是供生产者或经营者自己消费的。马克思曾经指出，谁用自己的产品来满足自己的需要，他生产的产品就只是使用价值，而不是商品。要生产商品，不仅要生产使用价值，而且要为别人生产使用价值，即生产社会的使用价值。

（3）商品是为交换而生产的劳动产品。商品对于生产者或经营者来说并没有直接的使用价值，而是交换价值的物质承担者，只有通过市场交换才能实现对于生产者或经营者与消费者的双重使用价值。需要注意的是，一种产品究竟是否是商品，并不能在依据经济理论进行认定后才进入市场交换，而往往是先进入市场进行交换，然后再被承认为商品。例如，以往只承认物质形态的劳动产品才能成为商品，而现代社会中各种纷杂的如知识形态产品、劳务形态产品、资金形态产品等一旦进入市场进行交换，所形成的各种科技成果、各类服务、股票及债券等也都成了商品。

（二）旅游商品的概念及特征

目前，国内旅游学者们对旅游商品概念做了一些研究，但总体而言，尚未形成统一的认识，各种概念之间界限模糊，在实际应用及学术讨论过程中仍常常出现互相替代的称谓。

1.研究现状

目前，国际上的旅游组织机构等研究体只是对旅游购物给出了概念性的范畴阐释，尚未对旅游商品（tourism commodity）这一概念给出明确的定义，如世界旅游组织对"旅游购物支出"的定义是"旅游者做准备或者在旅途中购买的物品（不包括服务和餐饮）的花费"，其中包括衣服、工具、纪念品、珠宝、报刊书籍、音像资料、美容产品及个人物品、药品等。不包括任何一类游客出于商业目的而进行的购买，即为了转卖而做的购买。

在我国，从20世纪80年代末期以来，众多学者如周达人（1988）、张爱国（1990）、王克坚（1991）、张文祥（1992）、陶汉军（1994）、田伦（1998）、樊姝玉（1999）、张文敏（2000）、李艳（2001）、黄继元（2004）、苗学玲（2004）、钟志平（2005）、刘敦荣（2005）、陈胜容（2006）、资春花（2008）、郭鲁芳（2008）、王泓砚（2009）、张勇（2010）、陈昕（2013）、路科（2014）、许楠楠（2016）、卢凯翔（2017）等对旅游商品的概念做了深入探讨，给出的定义有 20 余个，下面列举 10 个有代表性的定义（按阐述年代排序）。

周达人（1988）认为：旅游商品是一个综合的概念，它指的不是旅游者在旅游过程中所购买的某项产品或服务，也不是指他所购买的产品和服务的简单叠加；它指的是一个只在旅游活动中实现，由一系列单元产品和服务所组成的商品群。这些单元产品和服务有机地联系着、紧密地配合着，融会贯通，不可分割。而对这些产品和服务的消费，在时间上有明显的时序性，在空间上有明确的定点性。

张文祥（1992）认为：现代旅游商品包含旅游者在旅游准备阶段和旅游过程中购买的一切实物产品（作为商品的形态，它具有便于携带的特色）。

田伦（1998）认为：旅游者为旅游购买的或在游览过程中购买的实物商品都称为旅游商品。

张文敏（2000）认为：旅游商品是针对旅游者设计的，是旅游者为旅游而购买的或在旅游过程中购买的，具有旅游文化内涵的实物商品。

苗学玲（2004）认为：旅游商品（或称旅游购物品）是指由旅游活动引起旅游者处于商业目的以外购买的，以旅游纪念品为核心的有形商品。

刘敦荣（2005）认为：旅游商品是指供给者为满足旅游者的需求，暂时出卖观赏权、体验权、使用权、享受权，而提供的具有使用价值和价值的有形旅游劳动物品与某些无形社会人文资源和各种无形服务的总和。

钟志平（2005）认为：旅游商品是指旅游者因旅游而产生购买的，其所有权发生转移的，含有旅游信息或旅游地文化内涵的劳动产品，不包括以商业性或投资性为目的的购买对象。

陈胜容（2006）认为：旅游商品是旅游者在旅游活动中出于非商业性目的而购买的实物性商品，它不包含维持旅游活动所必需的生活用品。

郭鲁芳（2008）认为：旅游商品是旅游者在旅游准备阶段、旅游过程中及旅游结束返程途中出于非商业和非投资目的而购买的、以旅游用品和旅游纪念品为主体的一切实物商品。

陈昕（2013）认为：广义的旅游商品是指能对旅游者产生吸引力的所有旅游

产品；狭义的旅游商品则是指旅游者在旅游过程中购买的，具有纪念意义的，能反映旅游地特色的特殊物品。

路科（2014）认为：旅游商品指因旅游活动引起旅游者处于商业目的以外购买的、由旅游供给者为满足旅游者需求提供的各种物质和文化产品的总和，包括有形和无形的旅游吸引物品及相关接待设施、旅游纪念品、旅游实用品。

卢凯翔（2017）认为：在需求者维度下，旅游商品指旅游者在旅游活动中所购买的有形商品；在供给者维度下，旅游商品指由旅游生产系统供应的，具有"旅游"内涵的有形商品；在商品流通维度下，旅游商品指在面向旅游者开放的市场上流通的有形商品。

许楠楠（2016）认为：旅游购物品是旅游者在旅游目的地购买的商业用途外的以旅游纪念品为核心的非日常必需品。

张勇（2010）认为：旅游商品就是旅游购物品，特指旅游用品、旅游纪念品、旅游消费品等，它属于旅游产品的一部分。

2. 旅游商品的概念界定

将旅游商品从商品中划分出来以区别于其他商品并进行研究，所选择的分类标志为产业源，即以旅游业为范围分离出不属于该行业的其他商品。根据经济学的商品观点，"商品是具有使用价值的劳动产品，是供他人消费且用于交换的劳动产品"，那么，首先界定出旅游业的劳动产品范畴，然后再以商品的特征条件进行分析，即可界定出旅游商品的准确范畴。

劳动产品是指人类劳动创造出来的社会产品，旅游业的劳动产品即是旅游经营者为满足旅游者在旅游活动中的各种需要，面向旅游市场提供的各种产品组合，主要包括旅游业中的支柱性企业如交通业、住宿业、饮食业、旅游吸引（物）业、旅游商品业、旅行社等企业的产品。目前尚有部分学者基于旅游产品是不用于流通交换的旅游劳动物品，他们认为并不存在旅游产品，如刘敦荣（2005）、陈胜荣（2006）、张勇（2010）等。实际上，区分劳动产品与商品的分界是交换这一行为过程，劳动产品和商品的区别关键看其是否通过了交换过程。用来交换的劳动产品不一定都能成为商品；如果劳动产品通过了交换过程（换回了货币）就转化为商品，如果劳动产品没有通过交换过程（没有卖出去）仍然是劳动产品而不是商品。所以，产品是生产出来的，商品是交换出来的。由此可见，旅游产品是存在的，且与旅游商品具有区别性，旅游商品从属于旅游产品，旅游产品的范围要明显大于旅游商品。

我们可以将旅游者在外出过程中享用的旅游产品分为私有产品和公共产品两部分。其中，旅游者所消费的旅游业支柱性企业及其他相关旅游企业的产品，是旅游产品中可以在市场上进行交换的部分，其价值通过市场价格体现，该部分旅游产品是有可能成为旅游商品的。而旅游者在旅游过程中免费享用的目的地公共游憩地、高质量的自然环境资源和高品质的人文环境资源等则属于公共产品，包括自然环境资源（如空气、水、土地等）、公共基础设施（废水处理、供水、垃圾收集系统、信息设施等）、服务于当地居民和旅游者的地方设施（医院、饭馆、银行、汽车租赁等）、周围景观（城镇景观）等公有资源属于公共产品。该部分旅游产品不参与市场交换，其价值无法以价格体现，不会成为旅游商品。

另外，虽然现代广义的商品学观点已将服务列为商品的内容之一，但就目前旅游业的发展趋势来看，旅游业中的服务产品具有一定的特殊性，它更多地以其他有形旅游商品的无形附加物形式出现，在绝大多数情况下尚未作为一种单独旅游业劳动产品参与市场交换，如餐饮住宿服务附加在饭店设施商品中，旅游交通服务附加在交通设施商品中，旅游咨询、讲解服务附加在景观商品或旅行社组合商品中等。随着旅游业的不断发展，我们也不排除将来更多细分的旅游服务种类成为单独参与市场交换的劳动产品而转化为旅游商品。但就目前的旅游业发展情况而言，旅游商品应遵从狭义的商品概念，重点指有形的旅游商品。

因此，旅游商品是指因旅游活动引起旅游者处于商业目的以外购买的，且由旅游供给者为满足旅游者需求提供的各种物质和文化产品的总和，包括有形和无形的旅游吸引物品及相关接待设施、旅游纪念品、旅游实用品等。

3. 旅游商品的特征

首先，旅游商品具备一般商品不同于普通物品、产品的基本特征：旅游商品具有使用价值和价值，是为了满足旅游者的需求而生产的劳动产品；旅游商品是供他人消费的，而不是供生产者、经营者自己消费的；旅游商品是为了交换而生产的。

除此之外，旅游商品因其使用价值的特殊性又具备不同于一般商品的特征，具有显著的审美性、文化性、时空性、纪念性、收藏性、流通性等特征。

（1）观赏性。旅游商品提供给旅游者的是一种超越惯常生活环境的体验和感受，满足的是旅游者对物质和精神生活不同层面的更高级的追求，因此，无论旅游的有形商品还是无形商品在设计、开发生产过程中都处处体现着美学价值，以供旅游者观赏，进而迎合旅游者的消费需求。

对于旅游商品的不同组成部分，提供给旅游者不同的观赏内容。旅游景观商品在其自身物质和文化特征的基础上向旅游者展现天然物体的自然美、历史建筑的人文美、民俗风情的文化美等；旅游设施商品利用其物质载体，使旅游者在消费过程中享受高档的奢华美、现代的科技美、古老的历史美等；旅游购物商品凭借其材料、工艺、包装设计等环节使旅游者感受到不同的视觉美、触觉美、听觉美、嗅觉美等；而旅游服务商品则在旅游从业人员自身素质的基础上向旅游者展现姿态美、声音美，甚至更高层次的心灵美等。

（2）文化性。旅游活动是旅游者在正常的物质生活基础上的精神文化追求，文化因素是旅游者出行旅游的最主要的动机，旅游活动的本质即属于一种文化现象，而旅游商品则是这种文化现象过程的媒介物。因此，旅游商品本身就具备满足旅游者文化追求的有用性和功效，这也是旅游商品文化性特点的体现。

（3）时空性。旅游商品的时空性特征可以分为季节性和地方性两个层面。

一方面，旅游商品具备很强的季节性，因为旅游活动主要受旅游者的闲暇时间和金钱支配，绝大多数的旅游者受闲暇时间的影响，选择在节假日出游，导致旅游活动的淡旺季现象明显，如我国目前"五一""十一"黄金周的旅游井喷现象；还有部分旅游景观商品的消费受到自然季节气候因素的影响，如北方的冰雪旅游等。旅游商品也因此受到时间和季节的影响而具有淡旺季的特征。这种现象在旅游业两种发展趋势的影响下正在逐步改善，一种就是国家带薪假日的改革，使假期更趋向于平均分散，缩小淡旺季间的时间差；另一种就是旅游商品品种的丰富，更趋向于适合各季节游玩，从而淡化自然气候的影响。

另一方面，旅游商品的地方性体现在旅游商品凝聚了某区域内的自然与文化要素而形成的独特吸引力上。这是旅游商品生存的前提及生命力的保障，也是旅游者消费的宗旨所在，如海南省的海滨景观商品体现的是热带滨海区域的自然资源特征和社会经济特征。但需要注意的是，目前存在的一些旅游商品的"飞地生产"和"飞地销售"现象，在某种程度上淡化了旅游商品的这种地方性特征，特别是旅游纪念品的市场空间是存在一定的界限条件的。对应旅游吸引物的关联体系所开发的系列旅游纪念品可以跨区域销售，甚至远距离"飞地销售"，但必须限制在该关联体系中的单体旅游吸引物的地域影响范围内，这样才不会导致其地方性的弱化。

（三）旅游商品的形态结构体系

旅游商品与一般商品一样，具有三种形态结构，即旅游核心商品、旅游有形商品、旅游无形商品。

1.旅游核心商品

旅游核心商品指旅游者购买的为实现其最终追求目的的商品，如旅游者购买的游览黄山，通过对黄山的观赏实现自身对自然山体美的追求；旅游者购买的海滨度假，通过沙滩漫步、海滨戏水实现自身消除工作疲劳的目的；旅游者购买的参观历史博物馆，通过实际展品与导游讲解达到丰富个人知识的目的等。

旅游商品的这种有用性和功效是旅游商品最主要的核心组成部分，它可能存在于有形商品中，也可能存在于无形商品中，主要通过旅游者在消费过程中的亲身体验来获得。

2.旅游有形商品

旅游有形商品是指旅游商品中具有物质形态的部分，依据在市场交换过程中旅游商品是否发生所有权转移，旅游有形商品又分为两种形态：一种是只暂时出卖观赏权、体验权、使用权的旅游景观和设施商品，如旅游景区或景点、旅游交通设施、旅游住宿设施等；另一种是出卖商品所有权的旅游购物商品，如旅游纪念品、旅游日用品、旅游食品等。

旅游有形商品是旅游商品的主体组成部分，是整个旅游活动过程的物质构成，也是旅游无形商品借以销售的物质媒介。

3.旅游无形商品

旅游无形商品指市场交换过程中不具备物质外壳实体形态的旅游商品，即非物质形态的旅游商品，如民俗风情体验、非物质文化遗产欣赏、旅游接待服务、旅游讲解服务等。

需要注意的是，旅游核心商品往往也体现为无形的非物质形态的商品，但其本质是一种体验和感受，是对旅游商品消费行为过程的凝练。而旅游无形商品却是旅游商品消费过程的组成部分，是旅游核心商品消费的基础组成部分。

二、旅游商品的使用价值

（一）商品的使用价值

商品的使用价值具有广义和狭义之分，通常人们说的商品使用价值是指狭义的商品使用价值，即指商品对于其使用者（包括社会）的意义、作用或效用。它反映了商品属性与人或社会需要之间的某种满足关系。然而商品又不能等同于一般的物品，它是通过交换满足他人或社会需要的劳动产品，因而从交换双方进行思考，广义的商品使用价值具有二重性。

其一，商品对其生产者、经营者而言，没有直接的消费使用价值，但有间接的使用价值，即可以用来交换并获取利益，此时商品成为交换价值的物质承担者。马克思把这种使用价值称为形式使用价值。

其二，马克思把商品对其消费者和用户所具有的直接的消费使用价值称为实际使用价值。它是由具体劳动赋予商品以各种有用性而产生的，是商品的实际效用在消费过程中所表现出来的满足消费者需要的作用而形成的。

商品的形式使用价值反映了商品有关属性与人们的交换需要之间的满足关系。而商品的实际使用价值反映了商品有关属性与人们的消费需要之间的满足关系。

（二）旅游商品的使用价值及结构系统

1.旅游商品的使用价值

旅游商品从属于商品，因此，从广义上而言也具有双重的使用价值。

一方面，旅游商品相对于其生产者和经营者而言，没有直接的显著的作用和功效，而是通过市场交换获得利益可以实现间接的交换使用价值，即马克思所说的形式使用价值。此外，由于旅游商品结构组成的特殊性，旅游商品中的景观商品、设施商品的生产和改善可以为生产者、经营者提供某些潜在的实际使用价值，如景区营造的优美环境、旅游饭店提供的典雅的建筑设施、现代旅游交通工具的更新换代等，使旅游商品的生产者和经营者享有特殊的生产经营环境，获得了潜在的审美或愉悦功效，属于一种潜在的实际使用价值。

另一方面，旅游商品相对于旅游者而言，能够使旅游者通过旅游商品的消费过程实现审美愉悦、精神放松、心理猎奇、自我实现等需要的满足，此即为旅游商品的直接的消费使用价值，也即马克思所说的实际使用价值。它是由旅游商品生产者、经营者的具体劳动产生的，在旅游过程中满足旅游者的需要而形成的。

需要注意的是，旅游商品与一般商品的实际使用价值有所不同。消费者在享有一般商品的使用价值时通常是通过享有商品的所有权来实现的；而旅游商品中部分构成者如景观商品等其实际使用价值的形成是在消费过程中，通过出让商品的观赏权、体验权、使用权等来满足旅游者的消费需要而形成的。旅游者在享有该类旅游商品的实际使用价值时获得的是商品的观赏或使用体验、经历和回忆，而并不享有商品的所有权，即不能依个人意志改变、改动或再次出让商品。

2.旅游商品使用价值的结构系统

旅游商品使用价值是一个具有复杂结构的系统，包括众多不同的方面、不同的层次和不同的要素。我们可以将其分为静态和动态两类系统。

（1）旅游商品使用价值的静态系统。把旅游商品的使用价值作为一个静态的系统来研究，可以发现其构成包括不同种类和不同层次的使用价值。从满足旅游者需要的性质来看，包括旅游商品的物质使用价值和精神使用价值，如旅游者在饭店中享受食物时的基本生理需求满足及由食物的精美和用餐环境的优雅而得到的心理需求满足等；从主体的社会层次来看，包括旅游商品的个人使用价值和社会使用价值，如景观商品对某旅游者而言的满足其观赏需要的个人使用价值，而其对改善城市环境或社会环保教育而言的作用与功效则属于社会使用价值层次。另外还有，如从客体的层次来看，包括旅游商品的个体使用价值和群体使用价值；从主客体发生作用的地位来看，包括旅游商品的主要使用价值和次要使用价值；从主客体发生作用的性质来看，包括旅游商品的正使用价值和负使用价值；从实现的客观实际来看，包括旅游商品的现实使用价值和潜在使用价值等。

全面、系统、科学地认识和了解旅游商品使用价值的静态结构，有助于把握旅游商品在交换和消费过程中所体现的综合价值，更有利于旅游商品的生产、交换、消费等各方面的目标选择。

（2）旅游商品使用价值的动态系统。旅游商品的使用价值实现要经历两个必需的过程，即交换过程和实际消费过程，也就是说，首先实现旅游商品的形式使用价值，然后实现旅游商品的实际使用价值，这个过程被称为旅游商品使用价值的动态系统。该动态系统包含三个基本要素，即旅游消费需求、旅游商品、旅游商品的使用价值。三要素之间紧密联系，互相促进，相辅相成，形成周而复始、不断循环的往复动态系统。通过市场调研获得旅游消费需求；经过设计、开发、规划、建设生产而形成旅游商品，此时形成潜在的旅游商品使用价值；再通过销售、消费而转化实现旅游商品的形式使用价值和实际使用价值；然后再过渡到新的旅游消费需求进行下一次循环往复。

三、旅游商品的发展历程及趋势

（一）旅游商品的发展

随着人类社会经济的不断发展，旅游活动由原来的少数人进行变成了现在的大众化活动，由此促进的一批迅猛发展的经济企业和滋生的一批新兴辅助行业，围绕着"食、住、行、游、购、娱"等旅游要素共同组成了一个产业群，现已得到各界人士的广泛认可而，我们称其为旅游业。旅游商品即随着旅游业的产生发展应运而生。

世界旅游业的中心是经济发达的欧美国家，但随着亚太经济的发展正向这一地区转移。众多国家重视旅游业的发展并将其列为国家经济发展的支柱性产业，而在我国，旅游业也已成为国家经济发展的新的增长点。中国是世界旅游资源丰富的大国，国家制定了一系列的政策正促使我国由资源大国向旅游强国转变。世界旅游组织预测，到 2020 年中国将成为世界第一旅游大国。因此，旅游商品有着广阔的发展空间。但我们同时也不得不认识并重视，我国的旅游商品发展还存在很多问题，如旅游商品的发展忽视质量、创新，品牌效应弱，各地的旅游商品在长期发展过程中变化不多、长进不大。随着大众旅游的发展，旅游商品虽有量的增长，却鲜有质的提升；旅游商品的附件文化内涵、科技含量、地方特色均显不足，缺少在同类产品中激发旅游者购买欲望的亮点和卖点。随着消费者品位的日益提高，个性化需求愈趋丰富，旅游消费的个性意愿正相对强化等。

除此之外，日新月异的社会经济发展也给旅游商品的发展带来了许多机遇与挑战，如交通运输的便捷、商品的大流通、网购的兴起等一系列新的经济现象给旅游商品的发展带来新的挑战；旅游业的转型升级、旅游消费层次的细分化、旅游行为方式的多元化等亦给旅游商品的发展提出了新的研究课题等。

（二）旅游商品的主题化发展趋势

从供给角度看，主题其实是一种市场细分，它避免或减少了重叠性市场的竞争；从需求角度看，主题反映了旅游者对某种旅游商品的期待，能满足不同需求的旅游者；从旅游商品自身看，主题在赋予其特色的同时，抓住了特定的市场。所以主题能增强旅游商品的竞争力，为其获得较长时间的市场垄断，且有利于活跃与繁荣旅游商品市场。

旅游商品的主题化发展也是随着旅游业的主题化发展而产生的。与观光游相比，主题游更能体现人们体验、休闲的需要。目前国内的主题旅游发展还处于初级阶段，而在旅游发展成熟的国家，主题旅游市场已经非常细化了，主题旅游商品发展趋于成熟。例如，除了综合性的旅行社，还有许多专业旅行社，如专门经营高尔夫旅游、游学旅游等。

虽然国内的主题旅游和发达国家相比还不够成熟，但是这已经成为一种趋势。以前主题旅游位于"金字塔"的顶端，但随着我国旅游市场档次的不断提高，和发达国家的差距不断缩小，主题旅游逐渐成为越来越多的人的选择，各种相应的主题旅游商品也日渐丰富。

文化和旅游部 1992 年以来开始推出中国主题旅游年活动，推出经过市场考验的、成熟的旅游节庆活动和精品路线等，展开了大规模的旅游市场促销活动。一方面，可以吸引更多的海外游客来华旅游；另一方面，使国内公众对我国旅游商品有了更清楚的了解，使旅游业真正成为中国国民经济新的增长点。

总体而言，主题化旅游已经成为一种趋势，旅游商品的正确发展方向即应顺应这种趋势，在确定的主题下进行设计开发，为突显主题而服务。

（三）旅游商品的国际化发展趋势

中国是世界上著名的旅游大国，每年接待大量的国外游客到中国来旅游，也组织大批的国内游客出境旅游，出入境旅游活动的迅猛发展，使旅游商品愈来愈受到更多国际化因素的影响，旅游商品的国际化发展已经成为必然的趋势。

在旅游商品国际化发展过程中，需要注意的主要问题就是文化的差异和语言的障碍，在旅游商品进行设计开发时，需要考虑两个方面的问题：第一，考虑其他国家和地区的民俗禁忌，如以欧美旅游者为销售对象的旅游商品中避免出现"13"序号或图案；第二，考虑如何便于与国际旅游者进行文化交流与信息传递，如在景观商品设计开发时借助与国外同类顶级旅游商品的比附，在旅游设施商品开发时充分利用国际通用标准元素，在旅游服务商品生产时注意提高服务人员外语水平、国际礼仪修养等。

（四）旅游商品的虚拟化发展趋势

旅游商品的虚拟化发展主要包括虚拟生产和虚拟销售两个方面，指旅游商品经营企业采用有别于传统的新型经营方式，在组织形式上突破单体界线，充分利用自身最大优势，借助外力进行整合弥补，从而实现最大效率地发挥旅游企业有限资源作用的目标。现代企业的合作经营模式及旅游电子商务的飞速发展为旅游商品的虚拟化生产与销售提供了最有力的支持。

无论从旅游景观商品和设施商品开发生产的资源共享方面来看，还是从旅游购物商品的外部加工，或是旅游服务商品的外包，以及旅游商品的网络销售等方面来看，旅游商品的虚拟化发展都已成为一种愈演愈烈的趋势。这一趋势形成的主要原因是旅游者丰富多样的个性化需求与旅游企业追求规模效益之间的矛盾所产生的。

一方面，从旅游者的角度来看，这一市场群体结构复杂，没有明显的界线，随着旅游业的发展，旅游市场的需求呈现出越来越剧烈的个性化与多样化趋势。这一现象使旅游商品的生产者、经营者面对的挑战则表现为旅游商品的多品种、小规模、富变化，旅游商品的这些特征才能适应不同时期、不同旅游者的不同需求。

另一方面，从经济学角度来看，旅游商品的发展与普通商品一样要追求规模经济。因此，对任何一个旅游商品生产企业而言，规模经济与旅游商品的多样性必然存在矛盾。

而旅游商品的虚拟化发展恰好可以解决这一矛盾。旅游商品的虚拟生产通过多个旅游商品生产、经营企业的合作，围绕一个具体的任务或目标来进行资源组合，将各种经营资源活动化，一旦目标实现或改变，随即重新组合虚拟的各个职能部门，如此既可以充分发挥企业合力的优势，又能够最大程度地满足市场需求的变化。旅游商品的虚拟销售则通过电子商务的方式，充分利用供应链管理思想将旅游产业链条上的各种商品系统组合，以快捷的现代科技方式及时满足旅游者的需求，并使旅游组合商品的丰富性达到最大程度，尽可能地满足旅游者对旅游商品多样化的需求。

第二节　旅游商品的分类与特征

一、旅游商品的分类及其作用

（一）旅游商品分类概述

随着社会经济的不断发展和人类劳动产品的极大丰富，世界范围内的商品不断呈现出日新月异的发展态势，旅游商品亦在旅游业不断迅猛发展的推动下日益丰富繁杂。在物质生活富足和精神需求深化的促进下，旅游者的旅游需求朝着多样化、个性化、新奇化的方向发展，促使传统的旅游商品不断更新换代，创新型的旅游商品接连开发面市，整体上而言，旅游商品的品种结构和市场结构日益复杂。为了能够更好地进行旅游商品的生产、经营及管理，对旅游商品进行科学、系统的分类是一项十分必要的工作。

旅游商品分类是指根据旅游业发展及旅游市场管理的目标，为满足旅游商品的生产、流通、消费活动的全部或部分需要，选择适当的旅游商品属性或特征作为分类标志,将旅游商品集合体科学地、系统地逐次划分为大类、中类、小类、细类,乃至品种、细目的过程。我们以普通商品举例(表2-1)。

表2-1 商品分类表

门类	大类	中类	小类	品类	种类	商品	品种
消费品	食品	食粮	乳与乳制品	奶	牛奶	饮用牛奶	全脂饮用牛奶
消费品	日用工业品	家用化学品	肥皂、洗涤剂	肥皂	浴皂、洗衣皂	香皂	力士香皂

旅游商品的许多属性或特征可以选择用来作为分类标志,如旅游商品的物理属性(旅游纪念品的可移动性或景观商品的不可移动性)、生产企业(旅游饭店商品、旅游交通商品、旅游娱乐商品)、功能用途(旅游纪念品、旅游食品)、原材料、加工工艺等。对旅游商品进行分类,既要考虑旅游商品的属性、特征,也要考虑旅游业发展或旅游市场管理的需要和要求,有时还要考虑旅游者的购物习惯和特殊需求,甚至要考虑不同国家和地区市场群体的文化背景和传统习俗等。

(二)旅游商品分类的作用

随着经济全球化和信息技术的迅速发展,旅游业在世界范围内以迅猛的形势飞速发展,在世界众多国家和地区被列为支柱性产业和战略性发展产业。在此发展过程中,旅游者的消费需求越来越个性化、复杂化。旅游生产者为满足旅游者的需求,所生产的旅游商品种类日趋增多,因而旅游商品的分类作用也越来越大。

对旅游商品进行科学合理的分类,不仅能为政府旅游相关部门、旅游相关行业和企业各项管理活动提供平台,也为实现旅游的现代信息化管理奠定了科学基础。此外,旅游商品的分类还有利于旅游商品标准化的进一步实施和旅游商品质量标准的制定,有利于旅游商品的日常经营管理和顾客选购、消费旅游商品。旅游商品的分类在教育和科研的发展方面能够促进旅游商品的研究和教学工作的深入开展。具体来说有以下几点。

1. 旅游商品的分类,为实现旅游业的经济管理现代化奠定了基础

统一的旅游商品编制,为旅游商品的开发、生产、销售、创新,以及统计工作顺利进行创造了极为重要的条件。无论从政府各旅游相关部门的宏观管理,还

是从旅游相关各行业和企业的日常管理来看，统一的、具有可比性的旅游商品分类都是进行管理规范、信息化发展、创新发展的基础。

2. 旅游商品的科学分类，有利于旅游商品标准化的实施和旅游商品质量标准的制定

通过科学的、统一的旅游商品分类，可使旅游商品的名称和类别统一化、标准化，从而可以避免同一种旅游商品在不同行业和部门的商品名称、计量单位、评价标准等不统一，而导致质量管理、价值判定、统计分析等各种方面存在一定的困难；而在具有统一的分类种目下，容易制定强制性或形成公认性评价标准，在此基础上，可以全局划一地施行政府部门的宏观管理，因地制宜地进行生产部门的运营管理，从而加强全局性旅游商品的产、供、销调控，提升区域性旅游商品的开发、创新水平，有利于提高旅游商品的贸易国际化程度，以及提高旅游商品的现代管理水平和经济效益。所有这些都应建立在商品科学分类的基础上。

3. 旅游商品的科学分类便于生产者的规模化生产和旅游者的便捷选购

在旅游商品的生产环节中，旅游商品的科学分类及相应的质量标准的制定，可以为旅游商品的规模化生产提供依据，提高旅游资源的利用率，且增强旅游商品的质量保障。

在旅游商品的销售环节中，通过科学的旅游商品分类和编制目录，能有秩序地安排旅游市场供给及合理地布置旅游购物场所，从而便于旅游者的选购。尤其是在旅游商品日益繁杂和旅游信息化高速发展的今天，科学地规划旅游电子商务平台，能够更加有效实现旅游者消费需求的及时响应，实现旅游业供应链的优化运作。

4. 旅游商品的科学分类有利于开展旅游商品的研究和教学

随着旅游业的飞速发展，以及信息化的促进，旅游者的需求日趋个性化和复杂化。旅游电子商务的出现为旅游生产者最大限度地满足各种旅游者的需求提供了可能。基于旅游电子商务的旅游业供应链运作可以实现旅游者需求的即时响应，并充分按照旅游者的需求提供旅游商品供给，因此导致旅游商品品种日趋繁多、用途各异、性能及特征不同。只有在科学分类的基础上，将众多的旅游商品从个性特征提炼归纳为同类特征，才能深入分析和了解类属旅游商品的性质和使用性能，研究旅游商品的质量和品种及其变化规律，从而为旅游商品的质量的改进和提高、品种的创新和研发、市场的预测和营销等方面提供科学的依据和理论指导。同时，这也是进行旅游商品教学，实现知识传递和传道解惑的前提。

二、旅游商品分类的原则和方法

（一）旅游商品分类的基本原则

对旅游商品进行分类是为了实现上述的分类作用，我们在分类过程中需要遵守一些基本原则，这些原则是建立科学旅游商品分类体系的重要依据。为了使旅游商品的分类能满足相关部门管理的需要、适应现代社会信息化的发展及满足某种特定的目的和需要，在进行旅游商品分类时必须遵循以下几点原则。

1.明确分类的旅游商品范围

首先，我们应该明确欲分类集合体的范围，在相对时空范围内封闭的集合体内依据不同的分类标志进行特征归属和类别划分，否则面对开放无序的集合体，进行何种分类都不具备理论意义。尤其是目前理论研究相对存有较多不确定性的旅游业，对于旅游商品的概念界定尚存有较大争议。目前存有对旅游商品集合体不同的范围界定。在现实情况中，世界上不同国家地区、不同历史阶段，旅游商品所包括的范围也不完全相同，因此，旅游商品分类时首先要明确分类的旅游商品集合体所包括的范围，商品分类才有意义。

本书所做的旅游商品分类及下文中列出的旅游商品分类体系，皆是基于对于旅游商品概念的独立认识和界定而完成的，即现阶段在中国旅游商品的范围，指因旅游活动引起旅游者处于商业目的以外购买的、由旅游供给者为满足旅游者的需求提供的各种物质和文化产品的总和，包括有形的和无形的旅游吸引物品及相关接待设施、旅游纪念品、旅游实用品等。

2.提出旅游商品分类的明确目的

旅游商品的分类是为了满足一定的需求，或者是旅游政府部门的宏观管理、统计分析，或者是旅游生产企业的经营运作、创新研发，或者是为了便于旅游者的消费，或者是为了科学研究等。无论出于何种分类目的，旅游商品的分类都要从实现目的的方向出发，如政府部门的分类，有利于旅游商品的规章制定和宏观产、购、销管理等；行业的分类，有利于旅游商品的生产、销售，或者从企业的经营习惯出发，最大限度地方便消费者的需要；科学研究的分类有利于旅游商品生产、变化规律的揭示等。无论上述哪种分类都必须在明确的目的和特有的要求下进行，并保持旅游商品在分类上的科学性。

3.选择适当的分类标志

对旅游商品进行分类时，分类标志的选择至关重要。它必须能够满足分类的目的、要求，保证分类清楚，使分类具有科学性、系统性。

旅游商品分类后的每一种品种，只能出现在一个类别里，或每个下级单位只能出现在一个上级单位里；在某一旅游商品类别中，不能同时采用两种或多种分类标准进行分类。分类要体现出目的性、层次性，使分类结构合理化。同时还需注意，必须选择最稳定的属于本质性的特征作为分类标志。

（二）旅游商品的分类方法

通常普通商品分类时采用的方法有线分类法和面分类法两种。在建立商品分类体系或编制商品分类目录中，常常结合采用这两种分类方法。进行旅游商品的分类，也需要结合使用这两种分类方法。

1. 线分类法

线分类法也称层级分类法，是将确定的旅游商品集合总体按照一定的分类标志，逐次地分成相应的若干个层级类目，并排列成一个有层次的、逐级展开的分类体系。它的一般表现形式是大类、中类、小类、细类等，将分类对象逐层地进行具体划分，各层级所选用的分类标志可以不同，各个类目之间构成并列或隶属关系。线分类法属传统的分类方法，使用范围最广泛。国际贸易和我国商品流通领域中，许多商品分类均采用线分类法（表2-2）。

表2-2　旅游商品线分类法举例

大类	中类	小类	细类
旅游购物商品	旅游纪念品 旅游实用品	陶瓷器 丝织刺绣品 文房四宝 旅游用品 旅游食品	青瓷 宋锦 端砚 帐篷 饮料

2. 面分类法

面分类法又称平行分类法，是把分类的旅游商品集合总体按不同的分类标志划分成相互之间没有隶属关系的各个分类集合（面），每个分类集合（面）中都包含了一组类目。将某个分类集合（面）中的一种类目与另一个分类集合（面）中的一个类目组配在一起，即形成一个新的复合类目（表2-3）。

表2-3　旅游景观商品面分类法举例

景观形成	存在形式	具体内容
自然景观旅游商品 人文景观旅游商品	有形景观旅游商品 无形旅游吸引物商品	山体景观旅游商品 水体景观旅游商品 古城景观旅游商品 节庆景观旅游商品

面分类法具有结构柔性好、对机器处理有良好的适应性等优点，但也有不能充分利用容量、组配的结构太复杂、不便于进行手工处理等不足。目前，一般都把面分类法作为线分类法的辅助。

三、旅游商品的分类体系及特征

（一）现有旅游商品的分类体系分析

对于普通商品的分类体系目前已有丰富的研究，可以简单归纳为以下几种：第一，基本分类体系。按商品的基本使用价值，即以商品用途为分类标志；第二，国际标准分类体系。采用国际公认的分类标志进行划分。如《海关合作理事会商品分类目录》（CCCN）、《联合国国际贸易标准分类》（SITC）、《商品名称和编码协调制度》（HS）等；第三，国家标准分类体系。从国家宏观需求出发进行设置。如《全国工农业产品（商品、物资）分类与代码》等，建立统一的核算制度，实现信息自动化管理；第四，各种应用分类体系。以实用性为原则，满足消费者的需要进行分类。

由于旅游商品理论研究的争议性，旅游商品目前还没有科学的、较为公认的分类体系。目前已有的研究成果中使用较为普遍的是中华人民共和国国家标准《旅游资源分类、调查与评价》（GB/T18972—2003）中的相关规定：将旅游商品资源的分类结构分为"丰类""亚类""基本类型"三个层次（表2-4）。

表2-4　旅游商品资源分类表

主类	亚类	基本类型
G 旅游商品	GA 地方旅游商品	GAA 菜品饮食 GAB 农林畜产品及制品 GAC 水产品及制品 GAD 中草药材及制品 GAE 传统手工品及制品 GAF 日用工业品 GAG 其他物品

资料来源：中华人民共和国国家标准《旅游资源分类、调查与评价》（GB/T18972—2003）

　　其他还有钟志平（2007）在上述体系的基础上以购物类旅游资源为集合体制定的相关分类体系（表2-5）。他认为购物类旅游资源应该比旅游商品资源的涵盖面要广，它包括旅游商品生产、交换和消费过程相关的自然和社会环境因素，有些购物类旅游资源可作为独立购买对象（单独商品），有些是集合型购物类旅游资源（包括旅游商品和购物环境），有些旅游商品的生产过程也可以作为旅游吸引物，有些生产过程与销售是紧密联系在一起的。因此，他将购物类旅游资源分为1个主类、3个亚类、14种基本类型。

表2-5　购物类旅游资源分类表

主类	亚类	基本类型
购物旅游资源	旅游商品	菜品饮食、农林畜产品、水产品、旅游日用品、中草药材、传统手工产品
	旅游购物设施	市场及购物中心的著名店铺　庙会
	其他	古老的商品　古老的传统商品　生产设施　商业习俗　生产过程

　　此外，石美玉（2006）在其著作《旅游购物研究》中也给出了一种旅游商品的分类体系，她基于对旅游商品的范围界定——旅游者所购买的与旅游活动相关的一切实物商品，它既是旅游者的经济消费品，又是文化消费品，是经济与文化的统一体——把旅游商品划分为四个大类及若干细类（表2-6）。

表2-6　旅游商品分类表

大类	细类	小类
旅游纪念品	旅游景点型纪念品	文物复制、仿制品等
	事件依托型纪念品	事件纪念品、活动纪念品
	名优特产品	雕塑、织绣、编织、漆器、金属、花画、陶瓷，以及其他工艺品、旅游食品
旅游日用消费品	名牌产品	国家性代表商品、地方性代表商品
	轻工产品	玻璃搪瓷陶瓷制品、化工日用品、日用五金电器产品、文体用品、毛皮革制品
旅游专用品	纺织产品	针棉纺织品、丝绸及丝绸复制品、毛纺织品
	服装、户外器材	略
其他商品	免税商品	略

　　上述研究在旅游商品发展过程中体现了一定的理论和应用价值，但在现代旅游业飞速发展的实践中仍有一些缺陷与不足。

　　第一，依据目前对于旅游商品概念的理论研究成果，科学、系统地进行旅游商品的研究不应该把具有明显的商品特征的旅游景观（吸引物）排除在旅游商品集合体之外，因此国标标准分类体系和第三种旅游商品资源分类体系存在一定的局限性。

　　第二，在第二种分类体系中，以购物类旅游资源作为集合体，其中所包含的购物对象既有旅游者购买所有权的商品（如菜品饮食、农林产品等），还包括旅游者仅购买使用权（如旅游设施等）或仅作为购物环境的物象（如庙会等），又将它们统一在购物类别之下，容易使人产生概念混淆，不利于研究的深入。

　　（二）构建新的旅游商品的分类体系

　　1.旅游商品范围界定

　　根据旅游活动的运行过程，可以将旅游业所涉及的所有劳动产品划分为私有产品和公共产品两大类。其中，旅游者所消费的与旅游业相关行业及企业的产品，如餐饮住宿产品、交通产品、景观产品等都是旅游产品中可以在市场上进行交换的部分，其价值可以通过市场价格体现，这部分旅游产品属于个人或组织私有，参与市场交换，可能成为旅游商品，是旅游商品范围内的组成部分。而旅游者在旅游过程中免费享用的目的地公共游憩地、自然环境资源和人文环境资源等则属于公共产品，具有较强的外部性。自然环境资源（如空气、水、土地等）、公共基础设施（废水处理、供水、垃圾收集系统、信息设施等）、地方基础设施（医院、银行、汽车租赁等）和周围环境景观（城镇景观）等公有资源属于公共产品。该部分旅游产品不参与市场交换，其价值无法以价格体现，不会成为旅游商品，因此排除在旅游商品分类体系之外。

此外，还有争议较大的旅游服务产品。旅游业中的服务产品具有一定的特殊性，它更多地以其他有形旅游商品的无形附加物形式出现。在绝大多数情况下，尚未作为一种单独旅游业劳动产品参与市场交换，如餐饮住宿服务附加在饭店设施商品中，旅游交通服务附加在交通设施商品中，旅游咨询、讲解服务附加在景观商品或旅行社组合商品中等。因此，在目前的旅游商品分类体系中，旅游服务也不包含在旅游商品分类体系中。

因此，旅游商品分类体系的范围包括旅游景观商品、旅游设施商品、旅游购物商品等内容。

2.旅游商品分类体系构建

依据本书的旅游商品概念体系，以旅游商品在实际消费过程中的所有权是否转移为分类标志设定旅游商品分类体系，将旅游商品分为 2 个主类、4 个亚类、16 个基本类型（表 2-7）。

表 2-7　旅游商品分类体系

主类	亚类	基本类型
旅游景观及设施商品	旅游景观商品	自然景观旅游商品 人文景观旅游商品
	旅游设施商品	食宿接待设施商品 娱乐接待设施商品 交通设施商品 其他旅游设施商品

主类	亚类	基本类型
旅游购物商品	旅游纪念品	陶瓷器、丝织刺绣、品漆器、金属工艺品、玉石木竹雕刻、文房四宝、绘画及工艺画、其他民间工艺品
	旅游实用品	旅游用品 旅游食品

（三）旅游景观、设施商品及特征

景观是一种物象存在状态，自然景观不以人的意志转移而转移，人文景观在人类群体的某种目标之下以功能状态存在，景观本身并不作为旅游商品，但在投资者或开发主体进行人为介入后，经过以销售为目标、以审美为功能的开发、规划、设计、包装、组合过程后，景观就成了旅游景观商品。

在旅游景观商品的销售过程中，以及旅游经济活动正常运行的过程中，还必须辅有相应的设施设备来保证景观商品销售和旅游活动运行的正常进行。这些设施设备中有的属于社会公共基础设施，有的属于专门行业设施。在景观商品销售及旅游活动运行过程中起辅助作用的公共基础设施（如废水处理、供水、垃圾收集系统、信息设施等）属于旅游公共产品。该部分旅游产品不参与市场交换，其价值无法以价格的体现，不会成为旅游商品。而其他的设施设备如交通设备、饭店建筑及住宿餐饮设施等，往往组合在整体旅游产品中且参与旅游产品交换，并且有固定价格体现，因此成了旅游设施商品。

旅游景观商品及旅游设施商品在参与旅游产品交换过程中，体现出了一些共同的特征，可从以下三点予以分析。

1.可重复使用性

旅游景观商品及旅游设施商品都是非专属、非一次性消费品，具有较强的公共性，任何旅游者在条件许可时都可以进行消费，但这两种旅游商品也并非必然永久使用品。

旅游景观在现代旅游可持续发展的观念促进下，依据实践效果具有相对时间内的长久使用性，但是也不能排除自然不可抵御的破坏或消除的隐患。

旅游设施商品依据物质能量守恒定律具有一定时间限度内的使用期限，但在旅游业的运营及旅游商品消费的意义范围内，其使用期限并非设施设备原有的生

命周期，而应是在确保旅游者安全和旅游产品整体质量的标准下进行更新淘汰。

2.使用区域范围的相对固定性

旅游景观具有地域固定性。一般情况下，旅游景观不可实现地理意义上的区域转移，但节庆、会展、体育赛事等特殊旅游景观商品除外，如奥运会的举办等。

旅游设施商品一般会伴随着旅游景观（吸引物）商品进行使用与销售，所以也具有相对意义上的地域固定性，如饭店建筑设施、游乐设施等。旅游交通设施也有固定的运营区域，并非随意改变。

3.所有权的非转移性

旅游景观商品与旅游设施商品的最主要特征即所有权的非转移性。旅游者付费参与旅游活动，购买的旅游景观商品只是观赏权、体验权、感知权等，购买的旅游设施商品只是使用权、享用权等，而旅游景观商品及设施商品的所有权最终并未在旅游者与旅游经营者之间发生转移。

（四）旅游购物商品及特征

传统的旅游购物品概念把旅游购物品仅仅理解为旅游工艺品和纪念品。这种狭隘的传统旅游购物品概念，已经不能适应现代旅游市场发展的需要，现代旅游业发展的迅猛势头，早已远远突破了这个概念所涵盖的范围。现代旅游业经济活动中的旅游购物商品已经远远突破了纪念品、工艺品及土特产品的范围，它的范围已经从纪念品拓展到首饰、珠宝、香水等奢侈品，从工艺品拓展到服装、鞋帽、户外必需品等实用品，从土特产品拓展到其他食用品等。因此，从发展的观点来看，旅游购物商品应包括旅游者在旅游过程中所购买的、具有满足旅游需求意义的实物性商品。

国内学者刘敦荣（2005）依据旅游商品是不出卖所有权的观点，认为旅游购物品是购买了商品所有权的一般物质商品，而不是属于旅游商品的范畴。张文敏（2000）也认为只有为旅游者而特殊设计生产的才是旅游商品，旅游商品是针对旅游者设计的。

其实，从旅游购物商品的基本属性来看，旅游购物商品同普通商品一样具有经济学意义上的使用价值和价值两种属性。但我们既然站在旅游业的角度来分析旅游商品，就不能忽略从旅游业经营的角度而体现的旅游购物商品的一些特殊特征。

1.旅游购物商品具有特殊的服务对象

普通商品是为了保证居民的日常生活需要而生产和经营的物质产品。而旅游购物商品从整体上而言，是旅游目的地为了满足非常住居民进行观光、游览等活动而购买的满足某种需求的物质产品。普通商品的服务对象是当地常住居民，而旅游购物商品的服务对象是现实的旅游者。

2. 旅游购物商品具有独特的销售网点分布规律

普通商品的销售网点分布通常位于城乡居民区与交通便捷区，目的是方便居民购买。而旅游购物商品销售网点一般分布在旅游接待中心城市的商业繁华地段、旅游风景点、饭店及机场等旅游业供应链节点地域内，目的是方便旅游者购买。

3. 旅游购物商品的经营具有季节性和敏感性

旅游购物商品不像普通商品那样不易受其他因素影响，居民日常生活需要具有稳定性，所以普通商品的经营稳定性较强。旅游购物商品则易受旅游客流量的相关影响因素决定，在旅游淡旺季、经济滑坡、气候灾害等不稳定因素的影响下，旅游客流量的变化直接导致旅游购物商品的经营状况的好坏差异。

第三节　旅游商品开发及创新

一、旅游商品开发概述

（一）旅游商品开发的定义

旅游商品开发指开发主体通过市场调查、分析、规划、设计、组合、包装、宣传等一系列活动，将旅游资源转化为旅游产品并推向市场进行交换的过程。

它包含两方面的含义：一是对原有旅游商品的改善和更新，即在原有旅游商品生命周期即将结束，已不适应市场需求变化的情况下，通过对旅游市场需求的调查和预测，在原有旅游商品的基础上进行部分结构、功能或其他特性的改造或更新，从而使其延长生命周期，继续进行市场交换；二是对尚未开发利用的资源进行加工建设，从而产生一种新的旅游商品，新商品的结构、功能、价值等特性与原有商品有着本质的不同或者显著的差异。

（二）旅游商品开发的意义

旅游商品开发是旅游业发展到一定程度的必然要求，是旅游者群体特性发生变化的必然要求，具有以下方面的意义。

第一，旅游商品开发是旅游商品使用价值的拓宽、提高和创造，是社会财富的丰富和发展。

第二，开发新旅游商品是满足社会需要的要求。

第三，开发新旅游商品是旅游企业生存和发展的客观要求。

（三）旅游商品开发的原则

第一，要符合国家社会经济发展战略和技术经济政策。

第二，要符合社会需要和旅游市场需要的发展趋势。

第三，要坚持技术先进性与经济合理性相结合。

第四，要符合旅游商品标准化要求，有利于制造和使用。

第五，要充分利用旅游企业现有的条件和资源。

（四）旅游商品开发的模式

1.基本模式

（1）市场需求吸收模式是指按旅游市场需求，即按旅游者的消费需求开发新产品。市场需求是旅游商品开发的直接动力，也是旅游商品开发的起点和归宿。

（2）新技术推动模式是指按科学技术发展的规律来组织旅游商品的开发。科学技术不仅是新旅游商品产生的源泉，而且也是新旅游商品开发的动力和基础。科学技术的发展为旅游商品的开发提供了重要的手段，扩大了科学技术的应用范围，同时也提高了旅游商品的开发效率。

2.现代模式

旅游商品开发研究的现代模式如图所示（图2-2）。

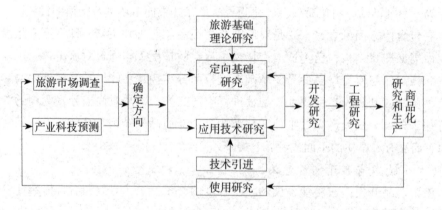

图2-2 旅游商品开发研究的现代模式

二、旅游商品开发的方式与程序

（一）旅游商品开发的方式

1.独立研究开发方式

这种方式是指企业在基础理论和应用技术研究成果的基础上，自己独立研究设计旅游商品，即结合本国国情，根据国家和消费者的需要，依靠企业的技术力量进行独创性研究开发。

2.技术引进方式

利用国外或国内其他企业已有的成熟技术进行旅游商品开发。

3.独立研究开发与技术引进相结合的方式

（二）旅游商品开发的程序

1.旅游商品概念开发

（1）旅游商品构思。产品属性排列法；强行关系法；多角分析法；聚会激励创新法；征求意见法。

（2）旅游商品构思筛选。该商品的构思是否与企业的战略目标相适应。企业的资金能力、人力资源、技术条件、管理水平等内部条件是否适合开发这种旅游商品构思。

（3）产品概念的形成。产品概念是指企业从消费者的角度对产品构思所做的详细描述，即以文字、图表及模型描述的产品设计方案。

（4）评估、论证、分析、实施产品设计方案。

2.旅游商品的样品研制开发

样品研制开发是指采用相应的原材料、工艺和设备，把通过效益分析选定的旅游商品概念变为样品的过程。一般包括预先研制、样品设计、样品试制、样品性能及可靠性试验、样品鉴定或设计定型等步骤。

3.旅游商品的商品化开发

商品化开发是指从样品试制过渡到试生产和正式生产的过程，一般包括生产分析、包装研制开发和品牌设计、消费者试用或用户生产使用、试生产、市场试销、投产鉴定、广告及各种促销活动、正式批量生产和投放市场等。

三、旅游商品创新

改革开放至今，旅游业已成为我国国民经济发展的重要产业，我国现已成为世界旅游大国，并在逐渐向世界旅游强国迈进。据世界旅游组织（WTO）第十二次代表大会市场调研分析：2020 年全世界十大旅游目的地排行，中国将排在第一位，十大客源国位居第四位，排在德、日、美之后。

尽管如此，中国旅游业目前的发展水平与世界旅游强国还有很大差距。2001 年，中国正式加入世界贸易组织后，我国旅游业正面临融入全球经济一体化浪潮的冲击，可谓机遇和挑战并存，竞争会更加激烈。如何能抓住机遇，迎风弄潮，争取由旅游大国跃为旅游强国，一个至关重要的前提就是要不断创新。旅游业的发展只有在旅游商品的不断创新下才能持久，旅游商品的创新是旅游业发展的不竭动力。

（一）旅游商品创新的原则

1. 特色性原则

具有独一无二的特色是旅游商品生命力保持旺盛的源泉。在创新过程中突出旅游商品的地方特色，有意识地保存和增强这些特色具有重要意义。

2. 艺术性和文化性结合原则

旅游者购买旅游商品实行旅游消费活动并非出于对物质消费的需求，更多的是对精神文化的需求，因此，对于消费对象的内涵更多地追求是艺术性和文化性。旅游商品创新基于文化底蕴，立于艺术氛围是旅游商品吸引力持久的关键。

3. 环境保护原则

环境保护是举世关注的热点问题，涉及每个地球人的切身利益。在旅游产业"无烟经济"的虚有光环消失后，人们对旅游经济活动的环境破坏的影响令人闻之变色。旅游商品创新只有尽可能减少环境破坏，甚至重建或改善生态环境，才能得到旅游者及公众的认可，顺利进行市场交换。

4. 标准化原则

旅游商品的质量管理要求在一定的标准下进行，才能保证旅游商品对于旅游者使用价值的真实实现。符合相应的标准进行旅游商品创新，才能达到社会公认的使用价值量，甚至致力于高于这个量来进行创新，商品进入社会得到认可的机会才能出现，旅游产业的经济效益才能实现。

（二）旅游商品创新的模式

1. 市场导向型模式

市场导向型模式指以市场为导向，依据调查分析得出的旅游者消费需求变化和市场趋向特点进行旅游商品创新。市场需求是商品生存和发展的起点及归宿，以此为导向进行旅游商品创新才能做到因势利导，保证资源的合理分配和高效利用。

2. 科技推动型模式

科技是一切经济活动的力量源泉，同样也为旅游商品的创新提供力量支持，如信息技术的发展催生的旅游电子商务极大地加速了旅游业的发展。依据科技的发展与变化进行相关的旅游商品创新容易体现出独有特色，形成垄断优势。

3. 新市场开拓模式

随着经济全球化的进程加速及信息技术的飞跃，旅游者的需求呈现出个性化和复杂化趋势，众多新的旅游市场方向不断涌现，需要旅游市场创新旅游商品进行填补。分析市场需求变化，寻找新的市场方向是旅游业发展的必然趋势。

（三）旅游商品创新的理论与现实背景

1. 旅游商品创新的理论背景

（1）创新的理论

创新原本包含三个方面的含义，即更新、创造新的东西和改变。简单地说，创新就是指一种利用已存在的自然资源创造新事物的手段。

人们对创新最初的理解只是停留在技术和经济结合的层面，更多指向的是技术创新，也是主要探讨技术创新对经济发展的推动作用。而现代创新理论则是由奥地利经济学家熊彼特提出来的，他的著作《经济发展理论》中提到了这一现代创新理论，他把"创新"解释为建立一种新的生产函数，是指企业家们对生产要素进行了新的组合。熊彼特分别从产品创新、生产方法的创新、资源配置方法的创新、产品市场的创新及组织制度的创新五个方面系统地阐释了他的创新理论。从此，人们开始认识到创新不仅是指技术或是某个产品的创新，某个组织制度的创新或一个市场的创新，所有创新都能对经济发展带来不可估量的变化。

旅游业的发展亦是如此，现在我国旅游商品普遍存在同质化现象，缺乏创意的旅游商品严重阻碍了旅游业的发展。这种情况下只有坚持旅游创新，抓好从旅游理论的创新到实践的创新，才能让旅游业在新的经济发展环境下，更好地实现旅游业经济发展方式和产业增长模式的转变，实现持续平稳的发展。

（2）创意经济的增长理论

创意经济的增长理论主要是指 20 世纪 90 年代开始，一些文化资本理论及与之相关的经济增长方式的转变。

法国学者布迪厄（1989）最先提出了文化资本理论，创造性地从积累的角度提出了资本的概念，指出资本可以有多种表现形式，包括经济资本，社会资本和文化资本三个最基本的分类。在一定的条件和环境下，文化和社会资本就有可能转变成经济资本，从而发挥推动经济发展的作用。

David Throsby（1999）指出了四种经济增长的资本，即物质资本、人力资本、自然资本和文化资本。他强调自然资本对经济发展模式具有同等重要的作用，就像人力资本对经济发展模式具有重要的推动作用一样，使得这种经济增长模式更具有说服力和描述性。生产功能中包括了文化资本，这种文化资本可以提高这些不同形式的资本之间的相互替代性。旅游演艺产品就是一种成功的文化资本运作模式，实现了旅游产品的价值创新，有力地推动了旅游创意产业的发展，同时，这是一种重要的旅游经济增长模式。

（3）产业融合理论

产业融合理论是指通过技术革新和放宽限制来降低行业间的壁垒，加强行业企业间的竞争合作关系。产业融合，是通过产业间的功能互补和延伸实现的，是通过赋予原有产业新的附加功能和更强的竞争力，形成融合型的产业新体系。产业融合使相关的技术、管理和组织变得更为复杂，因此，产业之间的学习变得越来越重要。产业融合为旅游商品创新提供了新的理论依据。

（4）区域创新系统理论

区域创新系统有广义和狭义之分。广义的区域创新系统是指包括国际创新系统、国家创新系统和狭义区域创新系统在内的所有层次的创新系统；而狭义的区域创新系统就是指地方或城市一级的创新系统。

英国卡迪夫大学的 Philip Nicholas Cooke（1992）对区域创新系统进行了较早和较全面的理论及实证研究；孙敬霞（2004）研究指出，区域创新系统理论包括四个方面的内容。

第一，区域创新系统的构成要素理论，该理论研究区域创新系统是由何种要素构成的。

第二，区域创新系统的结构理论，具有合理的结构是区域创新体系的基本要求。

第三，区域创新系统的运行机制，主要包括利益驱动机制、学习培训机制、决策信息机制和竞争协作机制。

第四，区域创新系统的构建理论，根据区域创新系统演化的三个阶段，即创立、成长、成熟阶段分别构建区域创新系统。

该理论为从区域经济发展角度进行旅游商品创新提供了理论依据和研究方法。

（5）旅游文化学理论

创新源于文化的体现，旅游创新更是一种旅游和文化完美结合的典型代表。

于光远（1981）提出，旅游不仅是一种经济生活，而且是一种文化生活；旅游业不仅是一种经济事业，而且也是一种文化事业。旅游文化理论为旅游商品创新的发展提供了一定的理论基础。

（6）旅游市场学

商品的创新最终要面向市场，旅游商品创新要紧密依托市场、面向旅游者。旅游市场学包括旅游市场的细分、市场分析与调查、旅游市场开发和营销等方面。根据这些理论，旅游商品创新首先要求对旅游市场进行细分，根据细分后的小市场进行旅游商品的创意设计。

2.旅游商品创新的现实背景

国外对旅游商品创新的研究主要集中在以下领域。

第一，旅游地生命周期理论研究与旅游商品创新。

周期理论的产生最早可以追溯到1939年吉尔伯特的《英格兰岛屿与海滨疗养胜地的成长》一文。但是，一般认为周期理论始于1963年克里斯特勒的研究，克里斯特勒阐述了旅游地经历的演进过程：发现—成长—衰落；进而帕洛格（1973）提出了"五阶段"旅游产品生命周期划分法。但应用最广泛的是1980年巴特勒提出的六阶段周期模型。巴特勒对旅游地生命周期现象进行系统研究后，将旅游地的发展变化过程总结为六个阶段：探索（exploration）、起步（involvement）、发展（development）、稳固（consolidation）、停滞（stagnation）、衰落（decline）或复兴（rejuvenation）阶段，并且引入了使用广泛的"S"形曲线来加以表述。

第二，旅游商品创新和区域旅游竞争合作问题。

旅游商品创新与区域旅游竞争合作密不可分。竞争力就是在市场经济背景下，一种组织或主体长远的、持续的获得发展壮大的能力。旅游商品竞争力表现为旅游商品所具有的开拓市场、占据市场并以此获得赢利的能力。陆立军（2005）指出，就单个企业而言，企业自身内部各种生产要素的合理搭配、选择，形成的优势互补的、匹配的集成创新是企业获得竞争力、适应知识经济的关键。就区域而言，这种集成创新也是区域获得竞争优势的关键。正是竞争力与创新有如此密切的关系，所以一个企业乃至一个区域要想获得持久的竞争力就必须走创新的道路。

第三，旅游企业创新行为。

B.Coriat（2002）通过研究旅游企业在创新过程中的创新行为，将创新行为划分为三个层次，即个体企业创新、网络创新和系统创新。个体企业创新是指完全由单个企业投入与研发创造的创新行为；网络创新模式是指由企业之间通过物质和非物质资源的交换，而建立的一种正式或非正式的网络创新模式；系统创新研究则是更深入和更广阔范围内的创新，其研究包括"经济形态中所有影响创新的部门和因素"。

第四，创新战略与技术选择。

D.Buhalis（1998）研究了在旅游产业中，如何应用信息技术的战略问题。Yeoryios Stamboulis（2003）认为旅游市场正经受着急剧变化，这些变化导致体验成为旅游发展的一个新的背景。体验产生于目的地与游客的互相作用的过程中，即目的地为"舞台"，游客为"演员"，各自扮演不同的角色。这种转变使得旅游企业必须采取新的战略与技术措施，包括更多地使用互联网、建立论坛组织、在线游戏、发送邮件、定期举行新闻发布会等。总之，尽可能地与游客取得联系。

我国旅游商品创新的实践走在了理论的前面，肖潜辉（1991）指出了我国旅游商品结构的不合理性，并提出应该对我国旅游产品类型进行调整，从而达到优化旅游产品结构的目的；魏小安（1991）提出以过渡性为主来实现我国旅游商品的升级换代等。进入20世纪90年代后期及21世纪初期，旅游商品创新的研究逐渐向纵深化发展，研究这一主题的学者也不断增多。

这些研究成果主要集中在以下两个方面。

第一，基于新时代背景的旅游商品创新研究。

吴文智、庄志民（2003）在分析了旅游与体验经济的内在互动关系后，提出了体验化创新的命题，并对体验化创新的基础、策略与方法、体验化的新特征、价值和效应做了分析；皮平凡（2005）在研究了体验经济的兴起和运行特征后，提出了在开发理念上，重视旅游消费者的个性化及情感需求，突出顾客的参与性、互动性，应广泛采用现代科学技术，关注绿色消费，拓展节日文化旅游产品等；王立岩、许楠（2005）认为，要不断推出特色旅游商品，适当开发刺激体验旅游商品和推出优质的体验服务；陈鸣（2005）指出，在体验经济时代下旅游商品的创新与营销要做到体验主题化、差异化。

第二，基于不同视角的旅游商品创新研究。

崔凤军（2002）提出了"旅游产品可创新理论"；刘焰（2004）基于绿色视角对旅游商品创新进行了深度研究，并应用经济学、管理学、生态学等方法探讨了中国生态旅游产品绿色创新的实现路径。

四、旅游景观及设施商品的创新开发

从中国旅游业的发展历程来看，20 世纪 80 年代的中国旅游业主要依靠国际旅游市场，销售的大多是基于国内优势资源且具有国际影响的顶级旅游景观商品。由于这些资源本身品位就非常高，因此，从整体而言，"低投入，高产出"是我国 20 世纪 80 年代旅游业的一个显著特点。

到了 20 世纪 90 年代，随着旅游业的迅速发展，旅游景观商品日益丰富，替代竞争异常激烈。尽管传统旅游目的地在国内的旅游龙头地位仍然存在，但是受到新兴旅游目的地的强有力的挑战，其相对优势逐年下降，差距明显缩小，究其原因，就在于原有旅游商品已经落伍，竞争力下降。

目前，国内大多数传统旅游商品面临着同样的问题，即产品老化、内容单一、主题重复、缺乏变化。虽然其中有的旅游资源品位很高，也不乏世界级的精品资源，但是资源的高级性却被开发创新的低级性所抹杀。我们必须认识到，当今旅游业发展是置于激烈的国际国内旅游市场竞争之中的，要想使我国旅游业继续保持飞速发展的势头，冲击世界旅游强国之位，进行旅游景观及设施商品的创新的任务迫在眉睫。

（一）国外旅游景观及设施商品的创新开发经验

1. 美国的经验

美国是世界上的旅游强国后起之秀，在旅游资源的保护、产品开发、旅游商品研制和基础设施完善方面都走在世界前列。

在旅游景观商品管理方面，美国迪斯尼公司从游客那里了解到主题公园清洁度是影响旅客满意度的一个重要因素。大量调查研究表明，大部分游客在看到清洁员清扫路面或见到垃圾桶时，会把垃圾扔进垃圾桶，否则当游客找不到扔废弃物的地方的，就存在随意丢弃垃圾的可能。根据这一发现，该公司决定在公园内每隔 25 ~ 27 步安放一个垃圾箱，并要求所有员工只要看到地上有垃圾就主动捡起来扔进垃圾箱。这样为旅客创造了一个清洁舒适的旅游环境。同时，美国还大量开发婚礼旅游、蜜月旅游、主题公园旅游等景观商品，吸引不同旅游目的的游客。在购物与娱乐方面，也为大众游客提供了许多人性化、便捷的服务，真正实现成为旅游胜地的目标。

在食宿接待设施商品方面，美国许多饭店通过提供多样化、个性化的服务，开发特殊的饭店商品来吸引不同消费层次与不同旅游目的的游客。不同定位的饭店比比皆是，如以满足自驾车旅游者需求的汽车饭店、以满足旅游者休闲度假需求的度假饭店、以满足旅游者商务活动需要的商务饭店、以满足青年旅游者需求的青年饭店、以满足残疾旅游者需求的残疾人饭店，以及各种以满足特种旅游消费需求的乡村饭店、温泉饭店、洞穴饭店、树上饭店、轮船饭店等。

在旅游交通设施商品方面，美国西南航空公司在深入调查后，发现旅客真正需要的是准点飞行和低廉的价格，尤其是对于来美国旅游的普通游客，因此该公司取消了机内膳食服务和电视节目。这样不仅减少了机组服务人员的工作量，而且有效降低了飞行成本，保证正点离港、到港的时间。

2. 法国的经验

法国以独特的景观商品创新开发立足于强手如林的旅游市场，如法国的乡村旅游，针对那些习惯于大都市生活的人，让游客尽情享受田园乡村生活的情趣，得到一种"返璞归真"的享受。开发这种旅游产品不仅要寻找一个远离城市喧嚣的偏远村庄，更重要的是要营造一种真正的农家生活的气氛，如住进条件简陋的农舍，和农民们一起日出而作，在绿色、空旷的田野上放牧高歌。夕阳下，披着余晖，光着脚板，唱着牧歌，轻松、愉快地走在田埂上，结束一天的田园生活。它可以为我国的"农家乐"发展提供借鉴模式。

3. 日本的经验

日本的旅游景观商品创新开发独具特色。日本是自然旅游资源贫乏的国家，但在利用丰富的人力资源及其大和民族文化资源进行创新方面，日本却有着独到之处。日本的化妆旅游，就是让游客穿上与特定地点和时间相关的服装，将当事人置于旅游环境之中，以大自然主人的心态来欣赏周围迷人的风光，提高游客的兴致和乐趣。日本一家旅游组织，举办东京和京都特色旅游，即到了京都就让女游客集体穿上歌舞艺伎的服装，并化妆成歌舞艺伎的模样，走在古色古香的城市里参观古迹，使游客仿佛回到了古代，为游客增添了很多乐趣，可谓一种极具吸引力的创新旅游商品。

（二）旅游景观及设施商品创新的理论思想

由于旅游景观及设施商品的概念产生及使用时间短，目前关于景观创新和设施创新的研究往往是基于旅游企业视角的创新研究，大多数旅游商品创新文献是从旅行社、旅游饭店、旅游景区等微观视角切入的。

1. 旅行社的产品创新

杜江（1997）以旅行社从寡占市场发展到垄断竞争市场的背景出发，认为旅行社应该调整其经营体系，这一提议已经包含了创新的思想。

赵毅（1999）从旅行社具有知识产业的特点出发，认为创新是旅行社的生命之源，旅行社要想创造良好的效益必须做到观念创新、制度创新和管理创新，将旅行业打造成知识型产业。

肖树青（2003）从观念创新、市场创新、产品创新、营销创新、服务创新等方面研究了旅行社旅游产品创新的问题。

汪琳（2004）则认为旅行社通过虚拟经营可以帮助旅行社节约成本，优化资源配置，拓展对资源的利用，促进旅游产品的创新，满足旅游消费者个性化的旅游需求。

苏丽春（2005）通过对旅行社产品开发现状的分析，在阐述旅行社产品创新的必要性、艰巨性的基础上，积极探索旅行社产品创新的出路。

刘雪（2005）也对旅行社如何进行产品创新进行了研究，认为旅行社产品创新应该坚持"树立科学的创新观念、以市场的需求为创新依据、在维护品牌的前提下创新、把开发新产品和挖掘已有产品的潜力相结合、产品创新要注意把新产品的设计、生产与其他营销手段有机结合"等原则。

宋子千、刘德谦（2005）将旅行社产品细分为旅游供应商产品、产品组织、直接服务、销售和品牌等要素，并分别对其创新做了探讨。

李琳桂、朱艳佳（2006）基于体验经济时代，人们的旅游需求发生了重大变化，提出在旅行社进行产品设计环节引入体验设计，使其提供的产品更能适应旅游市场需求的创新模式。

林龙飞、王艳（2007）指出，必须通过建立旅行社产品经营使用权市场、发挥旅游行业协会的作用、创新营销理念、开发专利旅游纪念品、树立旅行社产品品牌等措施，实现构建旅行社产品创新保护机制。

张英（2007）指出，旅行社产品创新要求在获取顾客需求的基础上，对顾客需求进行删选、优化，紧密围绕顾客需求，有针对性地进行产品的开发与创新。

任明丽、高小华（2008）从旅行社企业的个体行为角度分析了目前我国旅行社产品创新乏力、积极性不高的原因。

赵阳、索志林（2010）基于价格竞争理论，提出旅行社必须充分了解并有效把握市场需求，在产品中不断添加创新元素，创造性地以新产品引导消费的创新策略。

夏日、叶浩然（2015）指出旅行社产品与旅游者体验息息相关，旅行社如何在智慧旅游的背景下创新旅游产品设计，关系到旅行社产品核心价值的实现，关系到游客愉悦需求的满足。其分析了旅行社产品的要素构成、旅行社产品的核心价值以及智慧旅游下旅游业的变革，并指出智慧旅游下基于要素细分的旅行社产品创新途径。

廖碧芯、张河清、王蕾蕾（2017）指出，"互联网+"背景下，传统旅行社应当充分运用信息数据分析市场，创新旅游产品体系；整合线上线下资源，发展旅游电子商务；培养复合型旅游专业人才，提供技术与智力支持，以促进传统旅行社创新发展。

柯球（2018）指出，我国社会经济的发展，社会经济的提高，也改变了人们的生活水平和生活状况，更多的人开始选择在假期出游来缓解工作带来的压力。旅行社在这种背景下也开始得到快速的发展和扩张，在旅行社中存在的一些管理问题也随着旅行社的快速发展而暴露，旅行社中存在的导游人员管理也必须随着旅行社的发展得到有效改善。这种情况下，可以通过利用创新的管理模式，有效管理导游人员，提高旅行社中导游人员的职业素质和工作能力，提高旅行社的发展潜能和市场竞争力，帮助旅行社更好地发展。

2.饭店旅游产品创新

戴斌（1998）认为我国的旅游饭店，要想在激烈的市场竞争中取胜，不断保持自己的战略优势，必须率先在客房产品上进行创新，也就是在客房的设施与装饰、服务上不断创新。

叶苏平（2001）则以分析现代饭店服务创新本质的内涵入手，阐述了现代饭店整体服务产品的四个构成要素和它们之间的关系，提出了如何形成饭店整体服务产品的最佳组合和创造最佳创新产品。

王佳欣、王妙（2005）认为，随着体验经济时代顾客对饭店产品需求的变化，饭店产品也应随之体验化。

曲秀梅（2008）结合我国旅游饭店集团化发展现状，分析了我国旅游饭店进行集团经营的障碍，提出了我国旅游饭店进行集团化经营的整体思路。

马小玲（2015）认为饭店融入地方文化符合当今文化旅游的发展趋势。饭店应着眼于文化经营思路，顺应产业融合的发展趋势，依托地方文化精髓，结合自身特点，充分发挥文化在度假区饭店业中的影响力，设计出具有浓郁地方文化特色、多元化的饭店服务和产品，不断开拓新的客源市场。

韦湘云（2018）认为随着互联网与大众旅游时代的到来，消费者对饭店产品要求更高，包括饭店产品的个性化、品质化、智能化、信息化等，所以桂林旅游饭店应当结合供给侧改革，不断调整自身供给结构，以此不断提升供给品质，拓展供给渠道，从而使低效、无效的供给逐渐转变成顺应消费者需求的有效供给。

3. 旅游景区（点）产品创新研究

陈南江（1997）分析了景区创新的娱乐化导向，认为旅游景区经营的成败关键在于能否提高游客的满意度，而提高游客的满意度在于景区的主题设计。

剪迪岸（2000）在分析了深圳"世界之窗"景区6年来的发展路程之后，认为创新是人造旅游景区完善发展的灵魂，景区产品要"求变求新"。

喻柏荣（2000）从旅游可持续发展角度论述了丽江旅游的创新发展问题。

范保宁（2004）从"大旅游""大资源""大区域"的思想出发，论述了凤凰古城"市场定位、形象展示、产品创新和品牌营销"的创新开发思路。

焦新旗、陈胜（2006）在对河北省著名景区存在的问题进行分析的基础上，对河北省著名景区的旅游产品创新情况进行了研究，对各个景区的产品设计提出了自己的意见。

谢爱良、杨太保（2006）通过对青海坎布拉风景名胜区的旅游资源进行定性分析和定量评价，对产品开发规划问题进行了论述。

潘文捷（2006）通过研究宜州下视河景区在经营管理中存在的问题，提出了发展具有民族特色的旅游活动，创新当地景区旅游产品的发展对策。

董杰、周彬（2006）以建立核心保护区为切入点，通过适度精品发展的模式，实现南京钟山风景名胜区的可持续发展。

申涛、田良（2010）借助地理计量分析方法，以海南岛A级景区、国家森林公园等41家旅游景区（点）为研究对象，通过最邻近指数与地理集中指数、不同等级类型景区（点）在各行政区内分布的比较，以及景区（点）在东、中、西三大区域的分布差异，分析了海南岛高等级旅游吸引物的空间结构特征及其演化阶段和模式。结果准确、客观反映了海南岛旅游吸引物空间分布状况及其演化过程，"国际旅游岛"建设过程中，应采取积极主动的措施，优化旅游吸引物空间布局。

吴丽敏、黄震方（2013）探讨了江苏省A级景区时空演变的影响要素和动力机制，认为其主要包括经济驱动力、市场驱动力、政府调控力、交通驱动力等外生动力以及资源驱动力、品牌驱动力、科技创新力等内生动力，并据此提出相应的景区空间结构优化措施。

刘锡文（2016）认为，在新常态下，为有效发展并且推进旅游业的产业提升，相关从业者应当认清新常态当中的突出问题，迎合市场变化积极调整战略策略，加强对外合作以及多方合作内容，并提升有关人才培养这一课题内容，顺应时代发展，积极做出创新动作，提高创新模式，才能更好地推动我国旅游行业的全面发展。

杨亚娜（2019）回顾了旅游景区管理的发展历程，在旅游行业发展的目标指导下，旅游相关部门应该对旅游景区管理的重要性形成正确的认识，并能采用合理的创新路径。

王丽俊（2019）论述了乔家大院体制机制创新的背景，并论述了乔家大院旅游景区体制机制创新的方式。

从以上文献可以看出，关于旅游景观及设施商品创新的研究视角有很多，成果丰富，为实践中的创新开发提供了丰富的理论依据和指导。

五、旅游购物商品的创新开发

（一）旅游纪念品的创新开发及设计

1. 旅游纪念品的创新开发及设计的研究现状

目前，有关旅游纪念品开发的研究主要集中在以下几个方面。

（1）文化品位

如李滨（2001）的"对提高旅游纪念品文化品位的探讨"，吴媛媛（2009）基于民族文化传统是旅游商品根基的思想提出旅游纪念品的开发建议，林瑛琦（2010）以城市文化为核心提出大连旅游纪念品的文化发展构想，刘春蓉（2015）旅游纪念品的文化艺术价值微探，魏向阳（2018）发挥特色文化优势，打造旅游经济新亮点等，但此方向的研究尚缺乏系统性及科学性的理论指导。

（2）特色创新

如郑红（1996）的"试论我国旅游纪念品的开发"，苗学玲（2004）的"旅游商品概念性定义与旅游纪念品的地方特色"，李淑燕（2012）的"地域文化与旅游纪念品开发——以潍坊为例"，李小丽（2015）的"平遥古城旅游纪念品开发策略研究"，黄晓蔓（2019）的"基于特色文化的旅游纪念品设计方法研究"等。

（3）市场分析

如刘蓬春（2003）的"旅游纪念品营销策略"，魏丽英（2008）基于旅游纪念品的文化地域性探讨了旅游纪念品的市场空间界定，而此研究方向的成果更多的是地域针对性的探讨，如马倩（2009）探讨了开封市旅游纪念品的营销策略，胡林波（2009）分析了桂林市旅游纪念品市场存在的问题及解决建议，朱冰倩、陈能（2013）以大庆旅游纪念品营销为例，对旅游纪念品新媒体营销策略进行了研究，鲍珊珊（2017）基于旅游者购买行为理论对彝族旅游纪念品的营销策略进行了分析，崔波（2019）对天津旅游纪念品市场营销策略进行了分析等。

（4）艺术价值

如黄艺农（2000）的"旅游纪念品的审美特征"，陈芳（2005）的"旅游纪念品的审美特征与审美构成探讨"，黄文卿、徐彦婷（2016）的"从艺术审美视角浅谈黑龙江旅游纪念品的优势与不足"，于楠（2018）的"巴蜀文化在旅游纪念品包装设计中的审美价值"等。

（5）针对某区域的开发现状及问题进行分析并提出相应对策

如赵仁平（2001）的"增强南京旅游纪念品开发的创新意识"，黄虹（2008）在分析广州旅游资源特色的基础上提出旅游纪念品的定位与开发建议，刘晓宏（2009）探讨了闽南地区的旅游纪念品发展策略，钟蕾、罗斌（2010）以天津为研究区域分析民俗文化旅游纪念品的开发对策，郭艳青、苗延荣（2010）以天津民俗资源为载体进行的旅游纪念品的开发研究等。

这些研究内容和结果分别从不同的角度促进了我国旅游纪念品创新开发的发展。

2. 我国旅游纪念品开发的历程

旅游业自从在我国兴起发展至今，在很多方面都表现出了很强的规律性，这在一些专家学者的研究成果及旅游业界约定俗成的见解中都有充分展示。如旅游产品开发的规律表现为"依托资源—模仿他人—市场导向—引导市场"。旅游纪念品开发包含在旅游产品开发之内，从整体的发展走向来看，也遵循了旅游产品开发的规律。但若将旅游产品开发看作是一个整体，依据系统、科学的思想：一旦一些事物构成了一个整体，整体就会"突现"出一种原来事物所不具有的新的属性，通常称为整体属性。因此，旅游纪念品开发在整体的发展层面上符合旅游产品开发的总体性规律的同时，作为整体的部分还存在个性化的发展规律。

此外，从全国范围来看，由于受经济发展水平差异的影响，各区域内旅游业的发展水平也存在很大差异，直接导致旅游纪念品的供给和需求影响因素处在不同的发展层次，即各区域的旅游纪念品开发并不处于同一阶段。但从各个单休区域范围内来看，旅游纪念品开发的发展必然会随着经济的发展而经历并完成一个共同的过程，只不过受各区域的经济发展速度不同的影响，发展阶段过渡的快慢也不同。

3. 阶段特征及存在问题

（1）简单开发阶段

在我国旅游业发展初期，旅游地的政府、居民和企业缺乏旅游商品意识，只是对一些游客感兴趣并有纪念意义的物品进行简单的销售。市场需求也因为游客的知识结构、年龄结构、旅游动机和地域范围的单一而呈现简单化。此阶段旅游业的总体特征是旅游纪念品供给量少，加工简单，种类单一，但地方特色强；旅游纪念品需求量小，质量要求不高，仅关注其表层的纪念性。

在此阶段，由于市场环境、市场意识等条件的限制，旅游纪念品的开发存在以下问题。

① 开发仅限于对当地的物品资源进行简单的加工或直接出售。

② 旅游纪念品缺乏文化性、礼品性、艺术性。

（2）混乱开发阶段

一方面，旅游业不断发展，旅游地的政府和企业商品意识不断增强，旅游纪念品的开发工作有了进一步的发展。不仅对本地的物产资源进行了进一步地加工和包装，增强了其礼品性、艺术性等特征，同时从其他地区成功推出的旅游纪念品上吸取经验，学习运用，并且广泛地引进了各地比较成功的旅游纪念品直接销售。

另一方面，社会经济的发展和国家政策的完善，使人民可供支配的资金和休闲时间逐步增多，旅游逐渐大众化，直接导致了游客的知识结构和年龄结构趋繁化、游客的职业结构和地域来源结构趋繁化、旅游动机复杂化。

上述两方面的一系列变化，促使旅游纪念品的供给和需求对应复杂化，大大提高了旅游纪念品阶段性的经济效益。

总体特征：旅游纪念品的供给量大幅度增加，种类繁多但杂乱，部分产品加工精细，部分产品粗制滥仿，存在重视短期效益而忽略地方特色的发展趋势；旅游纪念品的需求量增大，产品种类款式需求日益繁杂，质量要求提高，并具有愈来愈多的个性化需求。

在此阶段，旅游业的整体发展规范还不完善，市场秩序比较混乱，旅游纪念品开发存在以下问题。

① 众多旅游地在大力开发旅游纪念品、互相学习引用的同时，忽略了旅游纪念品的地域独特性和对应纪念性，造成了各旅游地的纪念品"千佛一面"的现象。如所有景区都销售手链、项链、钥匙扣、玉石雕刻、中国结等旅游纪念品。

② 一旅游地／景区同时销售多旅游地／景区的纪念品。如在很多旅游地／景区都能买到蒙古刀、景泰蓝等地域性较强的旅游纪念品。

③ 更严重的是有一些旅游地以次充好、以假乱真、销售伪劣纪念品。如许多景区都销售的一种价格便宜的"雨花石"，却是廉价的塑料仿制品。

（3）规范开发阶段

一方面，很多旅游地在经历了沉痛的教训后开始反思，逐步确立了旅游纪念品开发的市场导向原则，即以市场需求为导向，结合本地自然与文化资源开发适合市场需求的产品。关注发展一些中国传统的手工工艺，积极寻找民间的独特加工工艺和恢复已经失传的特色工艺，并结合高科技手段提升产品的现代气息。

另一方面，旅游成为一种大众消费，使游客的需求呈现出高度的复杂化特点：客源地域空前广泛；大众及学生旅游群体日益庞大；探险、科考、商务、购物等旅游动机兴起；"五一""十一"、春节等黄金周成为旅游消费高峰期等。

本阶段的总体特征：产品供给重新重视地方特色，充分考虑市场需求，注重民间工艺和科技手段的利用；需求的个性化因素非常繁杂，重视纪念品的文化性、礼品性、艺术性、时尚性、便携性、实用性等。

旅游纪念品开发注重市场引导是目前主流的指导思想，但其发展还不成熟、不完善，存在以下问题。

① 部分地区效益短视现象仍然存在，市场上的旅游纪念品的质量仍良莠不齐。

② 缺乏对客源地自然与人文环境背景的分析及与自身地域文化的差异对比，无法准确定位市场需求的基本影响点。

③ 盲目并妄求广泛追随市场需求，忽视根据本地区主次客源地的特征而进行市场细分，导致投入产出效益低。

4.我国旅游纪念品开发的发展规律

根据以上旅游纪念品开发的阶段发展划分及相关分析，可以揭示出以下规律（表2-8）。

表2-8　我国旅游纪念品开发的发展规律

内容	发展规律
开发指导思想规律	资源导向—效益导向—市场导向—营销导向
产品本质特征变化规律	地方特色—杂乱不明显—地方特色
开发总体特征规律	量小类简—量大类繁—塑造品牌
开发目标变化规律	满足游客需要—追求经济效益—经济效益、环境效益及社会效益共赢

（1）开发指导思想规律

主要是关于旅游纪念品开发主体的思想意识，受市场需求变化的影响而发展变化的过程形态抽象化。在经历了效益刺激下的盲目开发和模仿他人等一系列的短视行为后，逐渐过渡到遵从市场走向，充分利用资源的高速高质发展方向。但市场的引导存在整体上的盲目性和滞后性，而且这种强调追随市场的开发导向对于旅游纪念品来说具有一定的地域局限性和时空差异性。解决问题的关键在于如何划定恰当的由市场需求引导的空间范围。此空间范围包含在某层次上的旅游地/景区所拥有的客源地范围之内。一方面，如果该空间范围划定趋小，相应所建立的有效市场空间必定有限，必然会限制当地旅游纪念品的发展。另一方面，如果该空间范围划定趋大，尤其是涉及国际客源市场时，市场层次结构极其复杂，产品开发很难同时满足广泛空间内不同层次市场的个性化需求，结果或是投入不足无以为继，或是不能合理分配并充分利用资源，从而造成资源浪费。因此，旅游纪念品开发的指导思想并非在市场导向上多加重视。作为一种特殊商品，旅游纪念品的本质特征是地方特色，或称地方性，是其商品价值的本源所在。旅游纪念品开发首先应以"产地文化"（地方文化）为核心，以"消费文化"（客源市场需求）为辅助，在营造产品地方特色的基础上引导市场消费方向，即以营销为导向，延伸旅游纪念品开发的指导思想发展。

（2）产品本质特征变化规律

在旅游纪念品开发初期，开发思维有一定的局限性，产品的选材、加工等过程完全局限在当地完成，产品的地方特色非常明显。当发展到下一阶段时，由于商品意识的膨胀，经济利益的驱动，粗制滥造、模仿，甚至直接"拿来"的现象愈趋严重，使旅游纪念品地方特色削弱甚至消失，呈现出杂乱不明显的本质特征。到了市场导向阶段，开发主体重新注重旅游纪念品的地方特色，也再次证明了旅游纪念品的真正本质特征只能是其地方性。

（3）开发总体特征规律

前两个阶段的变化仅限于量的变化，直至第三阶段才有了质的变化，无论是供给方还是需求方，都从对产品的数量和种类的关注中解脱了出来，更加注重旅游纪念品的文化内涵、加工工艺及其独特性、礼品性、便携性等一系列特征。因此，打造经典产品，树立"品牌"成为未来的发展方向，其关键在于延长旅游纪念品的生命周期。

（4）开发目标变化规律

旅游纪念品开发是旅游业发展的一个层面，同样遵从可持续发展理论的指导。一方面，力求旅游纪念品开发所涉及的各方面资源的合理分配和充分利用，避免资源浪费，并争取经济效益和社会效益的最大化。另一方面，一些旅游纪念品的用材涉及不可再生资源，应在开发时进行合理规划，避免资源枯竭和环境破坏现象的发生，做到环境效益、经济效益和社会效益的共赢。

5. 旅游纪念品创新开发的原则

（1）注重品牌，避免泛滥

从旅游纪念品的供给泛在性与需求狭窄性来看，旅游纪念品在供给与需求这个矛盾层面上来讲处于买方市场。过多的低价劣质的旅游纪念品充斥着市场，使旅游者的购买决策行为越来越小心谨慎，购买力度也大打折扣。因此，旅游纪念品的出路在于开发出优质的精品，不仅从材质、设计及加工工艺上力求精良，更重要的是要注重提高旅游纪念品的文化价值，注重品牌开发，增强其艺术性和纪念性，使其成为真正的名副其实的旅游纪念品。

各地的旅游纪念品开发工作要做到"深挖掘、广积累、精提炼、造品牌"这条准则。深挖掘，有两层含义：一是深入了解旅游地的历史文化背景；二是深入民间及景区实地调查实际情况，避免道听途说。广积累，指广泛地整合自然要素和人文要素，使旅游纪念品的内涵更加丰富多彩，同时，广泛地征求并积累各界人士的意见，做到博采众长。精提炼，指在深挖掘、广积累的基础上，提炼出最能代表和象征旅游纪念品依托物的部分要素，做到底蕴厚重、表象凝练。造品牌，在前面几道工序的基础上，注重选材与加工设计，并严抓质量，以质造牌，以牌扬名，以名夺市。

（2）弱化市场需求原则，强化整体战略导向

从旅游纪念品的产地与销售地的不可分性这一特性来看，旅游纪念品实现其本质价值的唯一途径就是充分体现地域特色，进而才能实现其纪念、宣传等功能。因此，在旅游纪念品的开发中，应把融合地区资源与环境，突显地域特色放在首位，在此前提下考虑市场的一些产品外延要求，即弱化市场需求，如顾客的颜色喜好和禁忌、包装的精致华丽、携带的方便性等。另外，对于产地与销售地的近距离优势应给予充分关注并利用，旅游纪念品的生产企业与景点、景区销售点及其他的销售点应及时沟通有关的有效市场信息，在产品的投资发展战略上作出最合理的决策。

综合来说，旅游纪念品的开发应更注重制定整体的发展战略导向，并以此为依据开展工作，将市场需求放在辅助地位，来帮助完善战略的实施，这是由旅游纪念品的产地与销售地的不可分性所决定的。

（3）明确体现象征对象，突出主题重点

旅游纪念品对它的依托物具有象征性及宣传性，这一特性决定了旅游纪念品重在体现不同层次的旅游地或景点景区的旅游形象，进而实现其纪念和宣传的功能。然而，在某一区域范围内的旅游地具有高低不同层次的旅游资源，形成了一个旅游资源体系，相应地也形成了该旅游地的旅游形象体系。在旅游纪念品的开发工作中，应注意对应各个层次的旅游形象与旅游纪念品的象征和宣传对象，突出主题重点，避免交叉混淆。

（4）跨时空与社会层次的三维度组合，形成产品体系

旅游纪念品具有跨时间与空间及社会层次的联系性，这是就客观的自然界与人类社会发展的即成现实而言的，如果再加上人为的主观能动性对旅游资源的整合，旅游纪念品的这一跨时间与空间及社会层次的联系性会更加丰富广泛，如举世公认的五岳名山、四大佛教名山、三大名楼、关外三陵等整合资源，若开发相应的纪念品时，依照这种人为主观的整合联系性就形成了相应的产品体系，这种产品体系更有利于拓宽宣传的范围，加强宣传的力度，也有利于增多产品的种类，打造系列品牌。上述举例的这几种产品体系，有的已经形成并开发，有的还尚未形成，这就需要在我们今后的旅游纪念品开发工作中，给予这种跨时间与空间及社会层次的联系性以更多的关注，通过实际调查可行性后，开发形成配套的产品体系。

6. 旅游纪念品创新开发的发展趋势

旅游纪念品开发至今，面临着越来越多的新形势和新局面，不仅充满了挑战性，也存在极大的机遇。

（1）市场经济发展趋势的要求

市场竞争已经进入了战略竞争的阶段，"先营销市场，后进行生产"已经成了新时期市场经济的战略信条。

旅游纪念品是一种商品。市场经济下的任何一种商品，在经历了追随市场的疲惫期后，都已从由生产到销售的低级发展过程过渡到先"销售"（宣传企业及产品的形象和文化，打造品牌）后生产的高级发展过程，即制定发展战略、引导市场、促进消费。因此，新的发展趋势是，制订品牌发展计划——宣传产品的空间依

托区域——旅游地的形象及生产企业的企业文化及形象，引导旅游纪念品的市场需求，促进消费者旅游纪念品的消费水平的提高，实现经济和社会效益的提高。

（2）区域旅游发展总体规划的要求

区域旅游发展总体规划是指导地区旅游业发展的依据，它的制定是对区域内自然环境、经济状况、社会文化等各种实际情况的综合科学分析，包括区域旅游发展整体目标和下属各方面的发展方案，包括旅游纪念品的开发。依据总体规划的要求才能做到因地制宜，量力而行。相反，若盲目地追求"大、干、快、上"、规模化发展，一方面由于不实事求是，造成资金和资源的浪费、环境的破坏、低质低速的发展；另一方面也从整体上影响区域发展规划的执行。

（3）重视旅游纪念品的宣传功能

旅游纪念品不仅能为旅游地创造巨大的经济效益，还能对旅游地起到很大的宣传作用。旅游纪念品代表着某特定区域范围内的旅游地的形象，如北京的景泰蓝、天津的杨柳青年画、江苏的苏绣等。旅游纪念品在被购买—携带—收藏、赠予一系列流通过程中，辗转扩散到极广泛的空间领域，是旅游地最经济、最直接有效、最持久的移动广告。

因此，旅游纪念品的开发设计要力求实现其对旅游地地方文化的对应宣传功能。旅游纪念品开发应对照旅游地的旅游形象体系形成旅游纪念品的产品体系，这样做有利于加大市场开发力度和宣传功能强度，进一步发挥旅游纪念品的宣传功能。

（4）抓住机遇，积极营销

各地政府的旅游机构及相关企业应积极研究各种旅游形式（商务旅游、会展旅游、节庆旅游等）的需求影响因素，利用各种营销手段，营造更加广阔的市场空间。

7.不同类型旅游地的旅游纪念品创新开发策略

（1）有特殊材料、有特别工艺、有特色文化的旅游地

这类地区具备了开发优秀的旅游纪念品的应有条件，开发比较容易。如西安、洛阳等地，运用年代久远的黏土，模仿古时的烧陶工艺，制作具有独特文化的仿秦兵马俑、仿唐三彩等，都是极具特色的优秀旅游纪念品。此类地区在今后的开发工作中，应注意以下几个问题。

第一，精益求精，提高工艺水平，保证质量，打造名牌。

第二，开拓更广泛的市场，加大宣传力度。

第三，注重与现代文化相结合，增强实用性、时尚性、礼品性等。

第四，关注顾客需求，注意携带的方便性。

第五，避免一味地模仿、故步自封，应该不断加强图案和形状的合理化创新。

（2）有特殊材料、无特别工艺、有特色文化的旅游地

这类地区或由于地理位置特殊，或经过特殊的地球运动过程，具有异于其他地方的特殊物质材料及文化背景，虽然没有特别的工艺技术，但开发难度不大。

在海南、广西等地，地处热带气候，有独特的热带植物，是少数民族的聚居地，利用独特的植物，如椰壳、椰棕、椰木等，再融合苗、黎、壮等少数民族的风俗文化，不难开发出独具特色的旅游纪念品。

此类地区在今后的开发中应注重创造独特的加工工艺，并充分利用特殊的材料，深入挖掘少数民族的风俗文化，加强旅游纪念品的艺术性、实用性、时尚性、便于携带性等。

（3）无特殊材料、有特别工艺、有特色文化的旅游地

这类地区虽然没有什么特殊的物质材料，但在悠久的社会发展历史过程中遗留下了特别的加工工艺，因此开发的难度也不是很大。如北京、武汉等地，北京的景泰蓝，武汉的木雕船，都是驰名中外的知名旅游纪念品。此类地区的开发应注重对传统工艺的保护，并融合现代科技进行创新，同时增加产品种类、档次，使产品形成一个体系。

（4）无特殊材料、无特别工艺、有特色文化的旅游地

这类地区又可以进一步细分为两类，一类是在市场经济大潮下迅速发展起来的新型现代化城市，如深圳、广州等地，虽然没有特殊的材料及工艺，但具有现代都市的特殊文化和极强的经济背景，相对而言，开发旅游纪念品比较容易，如深圳依托锦绣中华及中华民俗村开发相应的纪念品，广州依托城市形象及标志性建筑设计旅游纪念品等。此类地区应注重发挥其经济优势和先进的市场环境优势，着重开发具有浓烈现代气息的、与世界紧密接轨的高科技纪念品。另一类是比较落后并缺少高层次旅游资源的中小城市，如辽宁朝阳、湖北天门等地，这类地区的旅游纪念品开发难度较大。此类地区应首先尽快形成突出的旅游形象，然后学习借鉴其他地区的特殊加工工艺，融合自身突出的旅游形象，开发设计相应的旅游产品。另外，在此过程中，应该关注本地区所发生的重大事件或变化，寻找有较大吸引力的旅游纪念品依托物，待机而动。

（二）旅游实用品的创新开发

从经营特性的角度分析，旅游实用品是旅游商品的重要组成部分，但是我们不能忽略它具有更多普通商品的自然属性。因此，其创新开发更应该寻找其作为普通商品类别中适合的创新开发模式，在此基础上，结合旅游市场的消费需求变化特点进行创新开发，本书对涉及这一非旅游产业商品的问题不再过多分析。

第三章 旅游工艺品设计

第一节 旅游工艺品的概念与特征

一、旅游工艺品的概念

旅游工艺品是一种特殊的工艺品。

按世界旅游组织的定义，旅游购物是指为旅游做准备或者在旅途中购买商品（不包括服务和餐饮）的花费，其中包括购买衣服、工具、纪念品、珠宝、报刊书籍、音响资料、美容及个人物品、药品等，不包括任何一种出于商业目的所做的购买，即为了转卖而购买的物品。这些游客在旅游活动中购买的、以物质形态存在的实物即旅游工艺品，也被称为旅游购物品。广义的旅游工艺品主要包括旅游纪念品、旅游日用品、各种土特产、各种工艺美术品、文物古玩及复制品，以及各种旅游零星用品等。

旅游工艺品与一般的工艺品的不同之处在于它能反映某个旅游景点的特色，表现旅游景点的自然或人文景观，并且是可以能保存、收藏的商品，同时也是这个旅游景点所独有或带有该旅游景点特有徽记的用品或艺术品。简言之，旅游工艺品是这个旅游景点在旅游市场上所具有的存独性的商品，这是从旅游的资源性上得出的概念。

从设计与制作的工艺性来说，通常旅游工艺品多运用典型的地域性设计手法，运用该旅游地特有的材料或资源进行制作，具有独特的审美价值和工艺美术价值，是新颖的设计艺术品，也是传承当地传统文化及艺术魅力的重要载体。

从旅游工艺品所包含的广义性来说，旅游工艺品包括旅游地的特色工艺品、经营管理用品（如门票等）及旅游服务用品（如导游图、说明书、图书和音像资料）等方面；而狭义上的旅游工艺品则专指旅游地的特色工艺品，如雕塑、刺绣、花画工艺、蜡染、金属加工及各种玩具等。

二、旅游工艺品的特征

（一）民族性和地域性

民族性和地域性是旅游工艺品的本质特征。"旅游"既是名词也是动词，旅游本身就是一种文化的交织和融合，而构成这种文化交织的节点就是地方景点与文化特色。旅游工艺品作为旅游文化的载体，是用当地的原材料和传统的工艺制作并生产的，其设计理念也蕴含了传统文化与独特创意，通过对旅游工艺品的设计，可以将不同民族与不同地域的消费方式、审美标准、群体爱好、人际关系等通过工艺品的外在形式或使用方式表现出来，具有很强的吸引力。各地区旅游工艺品的民族性、地域性的特点使得该产品与其他地方的旅游产品具有鲜明的差异性，彼此之间也难以代替。富有民族性和地域性的旅游工艺品不仅能够很容易被游客所接受，而且能在众多的旅游产品中形成自己的品牌特色。游客在旅游过程中享受的其实是一种差异化的文化体验，因而民族风格和地方特色越突出的旅游工艺品也越具有深刻的纪念意义，当然也更容易受到旅游者的欢迎。

（二）层次性和针对性

层次性和针对性是旅游工艺品的市场特征。不同游客的旅游动机、旅游需求具有鲜明的差异性，而旅游工艺品不同的消费价值也决定了旅游工艺品具有明显的层次性。面对大众消费的群体，旅游工艺品可以用高、中、低不同层次进行市场定位。旅游工艺品的设计者和经营者也可以根据旅游工艺品不同的消费层次，设计并生产不同花色、款型及价位的旅游工艺品，以满足游客多层次的消费需求，这是旅游工艺品的一大特点。同时，旅游工艺品也具有针对性。例如，游客来自世界不同国家及地区，他们的风俗习惯和宗教信仰各不相同，这就要求旅游工艺品要根据游客的风俗、习惯、宗教、国籍等方面的不同，有针对性地进行设计和生产，以确保旅游工艺品适销对路。

（三）趣味性、纪念性和相对实用性

人们在旅途的奔波劳累中之所以愿意停下脚步来购买旅游工艺品，很重要的原因是工艺品本身具备较强的趣味性。如果说，玩具仅仅是孩童的专利，那么，旅游工艺品便可以是老少皆宜的大众型玩具。旅游工艺品从设计之初，便要以趣味性为标准，将旅游者的爱好和个性融入其中，将文化、艺术、知识和生活这几个元素加以平衡，使之达到一种能与人们的旅游目的相适宜的体验效果，给人以美的艺术享受，丰富旅游者的综合感受。故而设计新颖独特、造型逼真、活泼有

趣是旅游工艺品设计的核心所在。

旅游工艺品具有纪念性的特征。这种纪念性不同于拍摄相片带给人们的感受。游客旅游除了饱赏异地风光、欣赏人文遗产、领略风土人情外，一般都想从旅游目的地购买一些富有纪念意义的旅游工艺品，这种纪念性是立体的，是具有实在载体的，也是可以保存的。游人购买一件纪念性很强的旅游工艺品往往能唤起他们对旅游生活的美好回忆，增加他们对生活意义的认识和理解。

旅游工艺品具有相对实用性的特征。旅游工艺品的实用性，即要把实用性的日常商品赋予纪念性的文化内涵。旅游工艺品的实用性通常并不一定具有日常操作层面的意义，而是多用于环境的装饰或点缀，因而它不等同于一般产品的实用性，因此，这种实用性具有相对性。例如，有的旅游工艺品只在适应某种类型的人的需求时才具有实用价值，而有的旅游工艺品还需要考虑时间性和季节性对其的影响与需求。

（四）多样性和易带性

游客购买旅游工艺品的目的各不相同，一般分为三种：一是自己留做纪念、欣赏；二是馈赠亲朋好友；三是旅途中使用。总体来看，由于旅行的客观条件的制约，一般旅游者对旅游工艺品的需求数量不多，但要求的品种却相对繁多，并且对工艺品的质量、体积、重量等都有一定的要求，使其便于携带，有相对多的选择余地。事实证明，满足以上消费特点的旅游工艺品具有良好的销售市场。销售反作用于生产，这也对其最初设计提出了更高的要求。例如，要求工艺品的设计小型化，在具有其正常功能的同时尽量小巧玲珑，便于携带；使工艺品的设计重量轻便化，在生产商品时应该以轻质原料代替重质原料，而不明显加重旅行中携带和运输的重量；使工艺品用途的设计多样化，以便使一物多用，减少累赘。

三、旅游工艺品的功能

上文描述了旅游工艺品所具备的四个特征，其具有以下几个方面的功能。

第一，旅游工艺品具有增加旅游收入，带动旅游地经济发展的功能。旅游业是中国的朝阳产业，在旅游业"食、住、行、游、购、娱"的产业链条中，旅游购物的重要性不可小觑。人们对旅游品质的要求不断提高，对旅游产品的购物热情逐渐高涨，期待买到更好、更具创造力的旅游工艺品。旅游工艺品的销售极大地拓宽了旅游的购物市场，为旅游地旅游商品的繁荣注入了新的活力，为当地的设计企业、制造业、运输业等提供了新的生机，成为旅游地经济发展的一个新增加点。

第二，旅游工艺品具有增加旅游地知名度和影响力的功能。旅游工艺品反映了旅游地的独特自然景观和人文风貌，其本身就是一张可移动的名片。它以自己独特的存在方式无声地介绍和宣传特定的旅游内容，并随着旅游者的流动、馈赠及展示欣赏，在更大范围内为该旅游地作免费宣传。

第三，旅游工艺品具有纪念收藏的价值。随着人们生活水平的提高，人们越来越注重精神层面的享受，注重追求生活乐趣与审美情趣，愿意花更多的时间和金钱来收藏一些艺术品以陶冶情操。旅游工艺品本身不仅具备艺术品的属性，同时也浓缩了一个地域特有的文化内涵和民俗特征，积淀了一次旅游的完整记忆，因此，旅游工艺品也随之成为旅游的证物。也有一些旅游工艺品由知名设计师、美术家等亲自操刀设计，或是曾获得相关的设计奖项，具有限量销售的含义，因而更具纪念意义和收藏价值。

第四，旅游工艺品具有一定的投资增值功能。旅游工艺品作为特色的旅游商品，具有与特定旅游地相联系的垄断价值和社会文化内涵，随着时间的推移将成为文物，时间越长越是珍贵，尤其是在某些关键时间节点或重大旅游展示活动中具有明显的投资增值作用。

四、我国旅游工艺品行业发展现状与发展趋势

（一）旅游工艺品发展的现状

近年来，我国旅游行业普遍加大了对旅游工艺品市场的投入，在一些旅游景点实现了良好的经济收益和人文价值，然而也普遍存在以下三个问题。

第一，缺乏对旅游工艺品开发的持续投入。随着旅游业的迅速发展，旅游者对旅游工艺品的需求迅速增加。然而，有一些城市的景区虽然加大了对景点的各种投入，也曾开发过一些旅游工艺品，但终因缺乏持续的关注和投入力度，使得旅游工艺品的开发变得可有可无，有的则干脆放弃，不少景区依然通过单纯地调高景点门票价格来作为自身的主要收入，忽视了旅游工艺品这一"亮点"。据调查显示，旅游区的工艺品缺乏特色和创意是不少游客抱怨的焦点。这样造成了人们对部分景区旅游的热情大减，形成了旅游行业的恶性循环。

第二，开发理念陈旧，当地特色和文化含义不强，缺乏设计创意和人性化关怀。经调查显示，多数游人不愿在景区购买工艺品的原因是大多数的产品雷同现象十分严重，在南京夫子庙能买到的东西往往到了宁夏、山东一样能够买到，缺乏针对当地景区人文特色的独特性设计。通过调查还发现，在游人对景区旅游工

艺品产生兴趣的因素中，设计创新排在第一位，其次是价格和便携程度。在工艺品的材质喜好上，金属、竹木是最受喜爱的，其次是琉璃、纸质、陶瓷，而塑料和石头几乎没有人喜欢。

第三，品质低劣，粗制滥造，不便携带。作为工艺品，其本身就蕴含着纪念和收藏的价值。目前，在国内旅游区，除了价格昂贵的高档次工艺品做工较为精细外，大部分工艺品的品质都不算高。往往甚至刚买到手还没有来得及带回家收藏，在旅途中就已经损坏了。还有的工艺品虽然具有较高的收藏价值，但体积巨大，考虑到高昂的运输成本和旅途不便，一直鲜有人问津。

（二）旅游工艺品发展的趋势

1.旅游工艺品设计的文化内涵将得到进一步加强

当前，文化要素已经成为提升旅游产品文化价值的新途径。不同地区、不同民族都有其独特文化内涵的传统工艺品。旅游工艺品的创新开发是在于其设计的创新。设计的功能体现在实用、认知和审美上。创新设计也就是要在实用型的基础上更注重产品艺术审美和文化特性来满足旅游者的需求。以人为本，是设计的根本原则之一。而文化内涵作为旅游工艺品设计的本质，也必将得到进一步的完善。

2.新创意、新材料、新工艺的使用将使旅游工艺品市场大放异彩

斯坦福大学经济学家保罗·罗默曾经认为："真正推动 20 世纪 90 年代巨大繁荣的不是充沛的资金投入或高科技创业潮，而是各种喷薄而出的人类的创意。"在他看来，新创意会衍生出无穷的新产品、新市场和财富创造的新机会，所以，新创意才是推动一国经济成长的原动力。工艺品的创新，需要有新创意、新理念、新技术。有了好的创意，加上合适的新商业模型，必定能推动旅游工艺品产业的发展。例如，在山区盛产竹材，竹材以往多加工成简单的工艺品，市场价值不高，但一旦有了全新的创意，就能实现华丽转身。江西铜鼓的一个竹制品企业就研发制造出竹材的计算机键盘。这款采用新工艺制成的竹键盘和塑料键盘相比，敲击声小，天然恒温，能避免静电，更重要的是报废后对环境没有污染。其技术和工艺已获多项国家发明专利，竹键盘一亮相就受到国内外人们的热捧。可见，新工艺、新材料对产品的开发有着巨大的推动力。

3.旅游工艺品的市场将进一步走向兼并融合

旅游工艺品首先是一种商品，任何一种商品在走进市场前都应有明确的市场发展目标与市场定位。旅游工艺品的市场定位应塑造其在市场上的特色和独立形象。目前较多的工艺品多出自制作工艺较差的小作坊，缺乏专业的艺术指导，对

市场信息无法准确判断，加上技术与资金的不足，只能生产廉价而没有创新的工艺品，影响了游客的购买兴趣。现在国内已出现了一批具有影响力和良好口碑的本土化工艺品生产企业。可以预见，这些企业必然会对家庭小作坊式的生产产生巨大的冲击，并不断兼并融合，从而进一步占领国内的旅游工艺品市场，新一轮的行业洗牌不可避免。

4.注重过程感和体验感，旅游工艺品的DIY（自己动手制作）趋势日益明显，让游客乐于其中

当今旅游业正经历着从传统的"观光游"向现代的"体验游"的变革，游客更多关注旅游内在的精神文化。某些景区设计了一些环节，通过游人参观工艺品的某些生产工艺及过程，让游客充分参与其中，制作属于自己的DIY作品。例如，2010年上海世博会的印章本就需要游人自己去各个场馆盖章，印上属于自己的足迹，具有较高的收藏价值；某些工艺简单的瓷器或陶器，游客可以自行设计或者描绘图案进行制作；还有某景区将一些园林设计成可拆卸拼装的建筑模型，让游客自由组合拼装，在这一过程中使游人了解园林的建筑结构，体会到传统建筑的艺术美。这些工艺品生产活动因加入了游客的自我参与而显得格外有意义。

第二节　旅游工艺品设计的艺术特征

一、旅游工艺品设计的概念

旅游工艺品设计是现代艺术造型中的新兴学科。它是指运用美术学、造型艺术学、美学、社会心理学、营销学、环境学及工艺美术设计的基本原理，结合景点的自然景观、人文景观的特点进行旅游工艺品的开发设计的学科。旅游工艺品的设计必须具有当地本土旅游景区景点的特征、自然景观的环境特点和人文景观的文化内涵，冉通过景点中自然景观、人文景观及该地区社会经济、历史文化、民族、宗教、地理环境等的调查研究，对旅游工艺品的市场调查、价格定位等的分析，从而全面掌握旅游工艺品设计的基础知识、设计方法和规律。

二、旅游工艺品设计的要求

旅游工艺品设计是对旅游工艺品的造型、结构、功能等方面进行的综合性的

设计，它的目的是生产出符合旅游者的生理和心理需求的实用、经济、美观的产品。作为一种特定的产品，旅游工艺品的设计有着与其他产品不同的要求，主要有以下三个方面。

（一）旅游工艺品设计首先应把握地域性特色

地域性特色是旅游业开发的特征之一，各个地区的旅游业都会依托当地的自然资源与文化资源，以自身特色来吸引游客。在旅游工艺品的设计过程中，要想准确地把握地域性特征，重要的是要切实把握当地自然资源与文化资源的特点。许多具有地方特色的自然资源本身就为我们提供了独特的风格。如贵州的蜡染、江南的竹艺、少数民族地区的牛羊皮工艺等。近年来，宁夏的旅游工艺品设计抓住当地特色，利用本土资源设计出了一批极具地方特色和民族风情的作品，如细沙材质的沙版画系列、芦苇版画系列、摇沙系列等，充分利用了沙湖的细沙和苇叶进行设计。

再如贺兰石刻系列，以沙子和木棍等物品制作的羊皮筏子、沙漏斗等工艺品也充分利用了当地自然资源为材料，同时材质本身也体现了当地的特色。以地域性的文化资源作为设计的文化背景，更能激发旅游者对本土文化的审美情结。设计是一种文化，我们可以将文化与设计比喻成根与植物的关系。通常情况下，优秀的设计作品不仅具有恰当的外在形式，更重要的是具有深层的文化内涵，赋含着当地文化底蕴的旅游工艺品使人们拥有更多地了解该地区的文化特色机会。如果能在常见的形式、题材中赋予旅游工艺品具有文化底蕴的内涵，则更容易得到旅游者的认同，使其对产品产生某种情感并转化成审美情趣，从而满足旅游者消费心理。因此，当地丰富的文化资源理应成为我们无穷尽的设计渊源。

（二）旅游工艺品设计需注重对民间工艺的继承与创新

人类在早期的生产活动中对于造物就融入了审美的理念，产生了表达民间审美的工艺意愿。因此，其造物原则便强调纯朴的、健康的、亲切的自然美，进而传达一种最原始的审美观。正是由于民间工艺品自然纯朴的风格，在各地的旅游商品中一直深受广大旅游者的喜爱。各地区的旅游部门一直把开发民间工艺品当作促进经济发展的手段之一。越来越多的民间工艺品作为旅游商品出现在市场上，在促进经济繁荣的同时也使得民间工艺品自身得以发展。在我国许多地区都有丰富的民间工艺资源。在旅游工艺品的设计与开发中充分利用民间工艺技术，不仅能繁荣当地旅游市场，传播当地富有特色的民间文化，也使民间工艺品在工艺技术、审美趋向等不同方面得到了相应的发展。

同时，民间工艺品也是现代设计理念无尽的源泉。面对丰富的民间传统文化，我们主张从民间工艺品中汲取可利用的元素，融入现代的新理念、新技术、新材料，对产品的造型、结构、功能等方面进行创新，以现代审美观念对传统的民间工艺进行加工、提炼、借用，使其以现代的形式表达出传统文化的意蕴。平面设计师靳棣强主张把中国传统文化的精髓融入西方现代设计的理念中去。他强调这种相融并不是文化理念的简单叠加，而是在对中国文化深刻理解的基础上的融合。民间工艺品的深入挖掘与重新开发理应以此作为设计原则。许多艺术实践证明，现代艺术家和设计师从民间艺术中挖掘和借鉴，经过重新整合都会放射出更有意味的光彩。由于人们在现代节奏中变得紧张繁忙，因此对纯朴和自然的渴望也就更为强烈。注重对民间工艺的继承与开发，就能够满足旅游者的这种消费需求。

（三）旅游工艺品的设计应满足不同的旅游者的心理

不同的旅游者在旅游活动中的审美倾向都会有所不同，这种不同的审美倾向会直接影响旅游者对工艺品的消费心理。因此，旅游工艺品的设计要从不同消费者的消费心理出发，切实满足其对旅游工艺品的审美需求。就旅游工艺品而言，常见的消费心理主要有以下几种类型。

1. 自然型

自然型旅游者的旅游动机主要以欣赏有特色的自然景观，体验人与自然的亲密接触为目的。这类游人往往会对反映当地大自然风光的工艺品或直接取材于大自然的产品更感兴趣。例如，宁夏开发的宁夏风光铜版画、贺兰山岩画、沙版画等工艺品，热爱宁夏自然风光的旅游者很可能会当作首选。

2. 文化型

文化型旅游者更希望在景观中感受其中的文化内涵，他们往往会对当地有特色的历史文化背景更感兴趣，从古代建筑、遗址和古文物中领略不同地域的文化差异，感受东西方文化或南北方文化之间不同的审美视角，感受古代与现代的时空穿梭，从而体验亲历文化的充实感和愉悦感。例如，到古城西安的旅游者除了欣赏黄土高原的风光之外，更主要的是希望通过古城的游历感受历朝古都的文化背景。当游人被悠久的历史文化的熏陶深深震撼时，流连忘返的情愫总会让他们把这种情感寄托在一件小小的纪念品中，他们会把纪念品带回家中慢慢回味，如仿兵马俑、仿铜车马等产品会令他们更感兴趣。再如，敦煌也是中国历史文化名地之一，为了传播敦煌文化艺术，敦煌莫高窟艺术开发研究所将工艺品定位于纯敦煌艺术风格，生产了壁画临摹品、青铜器临摹品、陶艺临摹品、莫高窟风景油画等四大类 100 多个工艺品品种。临摹品多以莫高窟壁画、彩塑为蓝本，这些产品改变了以往粗糙的旅游工艺品充斥市场的局面，以悠久的历史文化为设计源泉的旅游工艺品将满足文化型旅游者的消费心理。

3. 回归型

在现代化的生活中，人们越来越感受到生活节奏的加快，缺少放松感受生活的机会。城市的钢筋水泥让人们感受到迟钝与漠然，工业化的生活方式使人们离大自然越来越远。许多人寄希望于旅游来感受淳朴的民风，感受人性化的生活方式。这类人更愿意欣赏农家院落的生活气息，感受当地居民淳朴的生活习惯，在风土人情中找回生活的情趣。因此，他们往往会对民间手工艺品更感兴趣。例如，无锡的惠山泥人、贵州的蜡染艺术、江苏的蓝印花布等，都能够让旅游者感受到轻松自然的生活情趣。注重对民间艺术风格的继承和开发，能使回归型游客的消费心理得到满足。

4. 社交型

社交型旅游者的购买目的是在社会交际中提高自身的社会价值或增进友谊。他们一方面希望旅游工艺品作为曾去过某地旅游的纪念或凭证，留待日后回忆；另一方面希望通过馈赠亲友以增进彼此之间的友情。这种类型的消费者除了要求产品具有地方特色外，更强调旅游工艺品的功能与质量，并希望产品能够符合消费者的身份或足以表达亲朋好友之间的深厚情谊。各种具有现代风格的旅游工艺品或经过设计改进的民间工艺品会比较适合社交型旅游者，这类产品从材质到结构、功能都经过精心设计，更符合现代人的审美需求。

地域性特色是旅游工艺品设计的最终目标，民间工艺特色是设计理念可借鉴的基础，而旅游者的消费心理为我们提供了设计的方向，这三点理应成为旅游工艺品设计的三大基本要求。同时，旅游工艺品的设计也应满足其作为产品设计的其他基本要求。例如，功能性、审美性、经济性、创造性、适应性等方面，以及必须符合环境保护、社会伦理等要求。旅游工艺品的设计要求如同其他设计行业一样具有综合性，它需要诸多相关的知识，如旅游心理学、民间美术学、市场营销学等。除设计本体外，影响旅游工艺品产业发展的因素还有很多，如经济因素、社会因素等。探讨其具体的设计要求，将有助于设计师更好地把握好产品的定位，以满足不断增长的市场需求。

第三节　旅游工艺品的设计流程

一、调研分析阶段

目前，由于国内旅游市场上的工艺品设计水平参差不齐，复制和山寨现象严重，已经很难调动起人们的购买欲望。因此，我们必须设计出理念更加独特的工艺品重新进入市场来刺激人们的感官体验。旅游工艺品设计如何把握地域性特色，如何通过设计来对民间工艺品进行继承与创新，如何使旅游工艺品的设计满足不同旅游消费者的心理，这都是在调研与分析阶段需要解决的根本问题。

旅游工艺品本身是具有特定功能和意义的商品，其设计应考虑它的纪念性意义，即它是承载了游人一次完整的旅游体验的实物，也应充分考虑其经济意义及在旅游产业开发中的重要性。旅游工艺品设计要与地域文化内涵紧密联系在一起，切实把握好人、创意设计和地域文化三者之间的联系。

明确所设计的工艺品的地域范围，深入实地了解该地域的历史文化特征，是每个设计师从事旅游工艺品设计的第一要务。在设计之初，我们可以通过网络搜寻、图书检索等非直接手段，从相对宏观的视角较为详细地了解该地的历史文化、民俗风情、审美特点等人文信息，为之后实地进入该地区调研做好前期准备。例如，汉族的龙文化、傣族的水文化等，以及不同民族赖以生存的地形、水文、气候，以及各自的语言、习俗、宗教信仰、生活方式、文化心态等，这些都形成了该地域所特有的历史文化传统，塑造了区域性的民族特性，促进不同民族形成各自特有的民族工艺。

二、设计准备阶段

在经过第一阶段的调研分析之后，就应该深入该地区，通过对建筑、服饰、民俗及民间工艺的调研，尽可能地收集大量的文字、实物、影像等资料作为设计素材的来源。在深入采风调研的过程中，要尊重各民族的习俗和文化，注意各地区的文化差异性，从大处着眼、小处入手，系统地进行资料收集。例如，汉族江南的服饰淡雅清秀，色彩多以同类色、近似色来协调统一；而北方的服饰则艳丽厚重，好用大红大绿具有鲜明对比关系的色彩。可见，在此阶段的调研与分析应做到有的放矢，既要从外在性上保持和彰显该地域或民族文化的独特魅力，又要分析其内在的艺术特点，从中找到创意的火花。这是在为具体设计进行微观、细致的准备。

三、定位构思阶段

定位构思阶段的重要性不言而喻，可以说，一件成功的设计作品在其最初构思之时就已经成功了一半。定位明确、构思新颖、创意十足，是保证旅游工艺品最后成型的先决条件。如果一开始，在本阶段不能准确地把握其鲜明的个性文化特征，考虑到地域性设计及工艺，就会不自觉地陷入旅游工艺品千篇一律、相互抄袭仿制的深渊，那么，这样的设计也就变得毫无意义。

我们应充分利用调研取得的丰富的第一手资料，来确定工艺品设计的理念、产品的表现形式及材质选择。在设计构思时，应充分兼顾到"雅俗共赏"的审美心态，设计理念要充分体现当地的文化特征。材质选择应就地取材、因地制宜，从设计的经济性和环保性出发，做好资源的节约。例如，巴厘岛为了解决人口过多产生的各种问题，如商业化、环境污染、人际关系紧张等，当地人就地取材，充分利用竹子、茅草等当地资源，绿色学校的路标也都是竹子做成的，来缓解环境污染的状况。

在具体设计构思时还应注意以下几个要点。

第一，民族特色与景点特色应统筹考虑，尽可能使旅游工艺品成为所在地民族文化的符号和旅游景点的象征。

第二，旅游工艺品设计应充分考虑当地的历史典故、名胜遗迹、民间风俗、故事传说等文化资源，而在物质资源层次上则可以充分使用山、水、土、树、竹、石、草、虫等自然资源。

第三，旅游工艺品应成为记录一次完整的旅游体验的物质承担者，而尽量浓缩当地特殊的材料及工艺是不错的选择。

四、设计表现阶段

旅游工艺品设计表现主要是通过手绘或计算机技术来实现的，这二者都需要具备掌握一定的绘画基础和美学规律，依据实际情况，还需要考虑一定的施工技术和方法，具备施工的条件。所以，平时加强在素描、速写、色彩、装饰绘画基础、设计构成及雕塑等方面的基础训练是非常必要的，还应该积极了解掌握旅游工艺品制作的先进设备和技术，提升制作的技术性含量。此外，学习一定的工艺美术史、设计史、旅游文化等理论知识也非常有助于对工艺品设计的理解。当然，更加重要的是了解传统文化、深入民间，在民间艺术的大宝库中学习造型、构图及色彩的表现方法，在了解传统的工艺技法和材料的过程中，密切关注当代科学技术的发展，依靠新的科技成果，取得新的工作原理，摸索出适合现代化生产的设计方法。例如，3D打印技术，从而适应旅游业市场不断变化的要求和大众的审美取向。

第四节　旅游工艺品设计的原则和属性

一、旅游工艺品设计的原则

（一）参与性原则

体验重视游客的参与，游客体验的感受与参与游客的程度成正比，参与体验程度越深，感受越丰富，效果越好，反之则感受越淡薄，不能留有深刻的印象。全身心投入地参与能满足旅游者在参与感上的喜悦，因此，增加旅游者的参与性是使游客获得深刻体验的重要途径。

（二）个性化原则

旅游市场的竞争性强调旅游体验型产品的独特性，体验型旅游产品的生命力与其个性化的程度休戚相关，要使体验型旅游产品迅速占领旅游市场，必须强调体验型旅游活动的个性化，打造属于自己的体验品牌；所谓个性化就是与众不同，而拥有个性化物品将使拥有者感觉自己与众不同从而带来自我满足感，或者使他们因为容易获得别人的注意而产生自豪感。无论是自我满足感还是自豪感，这些积极的、良好的体验都是可以从拥有这种个性化的物品中获得的。这正是人们越来越喜欢和追求个性化产品的根本原因。因此，随着物质均质化的结束，个性消费成为人们新的消费热点。

（三）差异性原则

差异性是在参与性、个性化原则上提出的更高要求，不仅要做别人没做过的，还要做得更好、更特别，保持体验活动的独特个性，保持良好的竞争优势。

（四）文化与商业结合原则

文化才是体验型旅游商品的真正内涵与生命，旅游活动不仅是一种经济活动，也是一种文化活动，把握好商业与文化的结合，以文化体验为基础，规划好旅游体验活动的发展方向，以吸引更多的游客前来参与体验。

（五）情感化原则

人类是有情感的动物。当我们和别人交流时，通过观察别人的面部表情和肢体语言，可以了解他们的内部心理状态和感知他们的情感变化。正是因为我们具备了这种能力，我们用它来感知周围的一切，甚至是对没有生命的物体，也是如此。人们喜欢把我们自己的情感、信仰、动机加给动物和无生命的物体，赋予它们人性。对于这些"有情感"的物品，很容易让我们赋予它们人性，使我们的情感作出积极的反应，从而感受到良好的情感体验。

（六）娱乐化的原则

德国思想家席勒在《审美教育简书》中有个著名论断："只有当人是完全意义上的人，他才游戏，只有当人游戏时，他才完全是人。"而伴随着社会的发展，人们的生活节奏越来越快，压力越来越大，人们长时间地处在紧张的工作状态中。因此，人们希望自己的生活变得丰富、快乐而且轻松。一些以娱乐和游戏为目的的有趣的产品越来越受到欢迎，人们从它们那里获得了快乐。

二、旅游工艺品设计的属性

（一）装饰性

装饰性要求运用夸张、变形的手法，超脱自然的形象，强调造型同元素的特征来适应工艺的制作与服从意境和情调的需要，具体从形象的概括（夸张美的部分）、构图（强调形式美）和细节三要素来把握。工艺品的制作要强调细节的处理，曲线的弯度、打点的装饰等细节的体现决定了工艺品的优劣。

（二）功能性

旅游工艺品的设计要注重外形美与功能的统一，不同功能的器物为纹样、造型的设计提供了多变的形态，造型、纹样的设计不仅要考虑加工工艺是否能够达到，同样要考虑到最后成品的使用效果。

产品的功能是指产品与人之间那些能够满足人的某种需要的相互作用。大范围而言，实用、象征、审美、表征等都可以称为产品的功能。而此处所述，特指产品的实用功能，即指设计对象的实际用途或使用价值。如标枪可以用来捕捉猎物，陶瓷可以用来盛食物，床可以用来休息等，这些都属于实用功能。

在产品功能性语意的塑造中，功能通过组成产品各部件的结构安排、工作原理、材料选用、技术方法、形态关联等来实现。如在汽车设计方面，无论是结构还是形式，首先都从汽车功能（运送乘客服务）这一目标出发，强调功能性原则。在设计上，把注意力放在消费者的需要和现代科技的发展上，要求汽车能适应不同的环境，以此推动产品的更新。

此外，产品功能性语意的塑造还应来源于对原有功能的再认识，经常不断把头脑中不成型的印象，直接与现实中的事物相联系，延展出新的功能组合，进而创造出与新功能相符的新形态，即进行功能语意的创新。只有这样才能推动设计的进步。功能是产品中普遍且共同存在的因素，它能使全人类作出同样的反应，可以使设计达到跨国界、跨地域、跨民族、跨文化的认同。因此，我们应该树立功能分析的概念，注重对功能的改良和创新，运用理性的思维方式设计出能被大众理解和接受的造型。

功能性要求产品容易被理解。现代工业出现以后，设计与工艺制作过程脱离，造成了产品形式与功能的脱离，对于不熟悉新产品的使用者来说是难以操作的。产品要为人们所理解，必须要借助公认的语意符号向人们传达足够的信息，向人们显示它是怎样实现它的功能，从而让使用者确定自己的操作行为的。语意的塑造就是要求产品设计师找到一种能准确传达情感的语意符号，来表达设计师的思想和产品的操作方式，进而通过这种语意符号达到与使用者在语意学的领域内建立人性的关系，从而引起消费者在使用方式和情感上的共鸣。

同样的功能或用途可以有不同的组合方式，即用不同的符号表示相同的意义。如家具抽屉的拉出方式，既可以是外显的，用不同形式的把手加以指示；也可以是隐含的，用一定空间间隔指示出暗槽的部位。因此，示意性语意的塑造要求设计师掌握基本的形态语意特征。只有掌握了这些特征才能使"意"的表达更加准确。产品应当使使用者能自教自学，自然掌握其操作方法。使用者通过观察、尝试后就能够正确掌握它的操作过程，并且学会使用。

（三）风格属性

旅游工艺品的设计有其民族的风格、时代的风格和作者的风格，在相同或是相似的历史背景、经济文化、风俗习惯中设计创作的作品虽有共性但也具有各自不同的风格，工艺品的创新设计应该带有制作者不同的风格，并运用鲜明的形式表现出来。

（四）工艺性

《考工记》的观点："天有时，地有气，材有美，工有巧。合此四者，然后可以为良。材美工巧，然而不良，则不时，不得地气也。"意思是：只有将天时、地气、材美、工巧四个条件紧密配合起来，所制作出来的器物方称得上是精良。后一句则强调了在天、地、材、工四者中，天时、地气的决定性作用。这句话揭示了中国古代一个重要的造物原则和价值标准。所谓"天时"指天有时令、节气和阴阳寒暑的变化，所以"取六材必以其时"。所谓"地气"指不同地区有气候、方位和土脉刚柔的区别，所以有"南橘北枳"之变。所谓"材美"是说物质材料要好，是肯定人对材料质地品性的选择性，要求工匠根据实际需要去主动地利用材料的各种属性。所谓"工巧"，则是在"材美"的基础上施以精巧的加工工艺。在2500多年前，古人就注意到"天时""地气"这些客观的自然因素对造物活动的影响，注意到造物活动应该符合自然规律，同时也体现了早期的造物活动对自然因素有较强的依赖性。"材美""工巧"更多的是强调造物活动中人的主观能动性。现代工艺的进步早已突破了"天时""地气"的局限，"材美""工巧"的造物思想反而在材料科技的快速发展、制造工艺的日新月异的现代设计中凸显得愈发重要。

设计是"根据事先对物品的材料选择，经过制作加工到产品完成并得到使用的全过程而进行的设想行为"。所谓"好设计"是指那些能够把传统手工艺、自然材料和现代用途结合得很好的设计。在现代设计行为中，材料的叙事功能是通过材料的形状、形态、肌理及其特性加以传递的。比如，每一种木材都有其特有的一系列的物理和工艺方面的特性，如吸湿性、易腐性、柔软性、脆弱性、纹理结构特征等。所有的特点在很大程度上决定了这些木制品所产生的触摸感、强度和外观。因此，当我们决定对某种材料进行加工之前，不仅要从材料本身的角度去考虑其工艺的特性，还必须从使用者和环境的角度考虑到材料与人机界面的特殊关系，考虑其工艺与周围环境的有机联系等问题，真正选择与器物设计、与材料适合的工艺。

各种材料不同的内部结构决定着材料不同的物理和化学性能。如木材内部的纤维素与木质素结构决定着它的吸湿性和抗变形性，塑料的分子结构决定着它的耐磨性和绝缘性。而材料的特性又决定了一定的工艺加工方法和艺术造型特征。如木材的锯、刨、凿、烤、钉、榫接工艺等，塑料的挤、压、延、吹、喷射、发泡等一系列与之相应的工艺技术，都建立在不同材料的自然属性的基础上。

工艺与材料相辅相成，与造物活动更是息息相关。材料是工艺的材料，工艺是处置利用材料的工艺，而器物则是材料与工艺共同作用的结果，是造物活动的实现目标。丰厚的物质材料是"材美"的凭借，先进的技术工艺为"工巧"提供了支撑。

在造物活动中，首先要求"材美"，即根据实际需要去主动地体认材料的各种属性，进而选择恰当的材料。只有主动地了解材料，才能因势利导地发挥材料的"材性"，即用材料的工艺技术所创造的"型性、构性、工艺性"来弥补"材性"的不足，这是"工巧"的基础，也正是人类主动适应自然的表现，体现了设计的作用。

"型性"是指材料与工艺对器物造型的限制。在造物活动中，一般会以材料容易加工出的造型来弥补材料自然属性的不足。比如，采用塑料制作矿泉水或果汁的包装瓶，特意在瓶身上设计一圈凹槽的造型，有效地增加了塑料瓶的抗压能力。

"构性"是器物结构对受力的抵抗形式与能力。在造物活动中，通常会采用某种稳定的结构来弥补材料机械性能的不足。比如，瓦楞纸就是以特殊的内部结构有效增强了纸的抗压强度，而中国传统木器中的榫卯结构则是最典型的事例。针对不同的结构需求制作与之相适应的榫卯结构形式，使木制品适应冷热干湿的变化，以"构性"弥补木材"材性"的不足，从而达到使木制品坚实牢固的目的。

"工艺性"是指材料工艺的特点、条件、限制、禁忌等。在造物活动中，是指以合理的工艺弥补材料的加工性能、化学性能、机械性能等的局限。比如，将普通退火玻璃加热后快速冷却加工成钢化玻璃，从而有效弥补了普通玻璃易碎、抗冲击力低的材料缺陷。木材因其吸湿性而极易变形和被虫蛀，所以传统木器在制作之前都会采用特殊工艺给木材去湿，这也是现在传世的许多红木家具历时百年却不走样的原因。

设计是探寻、革新的过程。研究设计是求证设计的产生、发展的历史进程，我们今天研究设计的目的不仅仅是了解设计本身，更是为了知道设计的缘由何在。从以手工制作为基础的传统工艺到以机械生产为基础的现代设计，虽然"天时""地气"早已不再是制作良器的决定性因素，但"材美""工巧"所倡导的科学合理的选材、用材的思想理念，在现代设计中依然闪耀着璀璨的智慧光芒。传统的内容不会消亡，它总是以新的形式再次出现。我们应该结合时代特征，体悟中国传统造物文化的精髓，领悟其与现代设计相通的造物思想特质，创造出属于本民族的现代设计文化。

第四章　旅游工艺品设计及制作工艺

第一节　旅游工艺品设计的构思

旅游工艺品是游客们旅游经历的物化记录，能够满足游客表达和延续其旅游经历的需要；旅游工艺品的设计与制作实现了现代与古代调和、匠心与技术调和、文明与文化调和、设计者与消费者调和、人与自然调和；是功能与美的和谐统一，感性表现与理智规范的和谐统一，满足人们物质上与精神上的审美需求；具有独特性、艺术性、便携性等特点，是各景区旅游购物的重要组成部分，旅游工艺品的设计开发直接影响到文化的传承与发展、生产者的经济利益、地方旅游业发展前景等问题。

旅游工艺品的创新设计强调产品艺术内涵与地域民族的人文蕴含，应该立足于本土，不能一味追求标新立异、四处借鉴模仿，脱离原文化根基。旅游工艺品的设计是内容与形式、功能与美感、理智与情感的辩证统一，创新设计要注重艺术构思与表现技巧。艺术构思决定着设计的深度、意境、倾向，设计技巧则对设计构思的表达起着重要作用。

我国古代制型精巧、装饰精美的百工之作是旅游工艺品创新设计的丰富资源，可以从中挖掘出适合现代审美观念与审美趣味的造型，使旅游工艺品的创新设计既保证了其民族性，同时也具备现代感。当然，仅仅是在旅游工艺品的形制上下功夫是不够的，形制装饰的设计与制作工艺的完善也缺一不可，以下是从设计的构思上来探讨工艺品的设计创新的。

一、寻找情感依托

人类具有"同情"和"通感"，对情感的表达，通过"同情"很容易让人们的情感系统作出积极的反应，产生愉悦的情感体验。因此，寻找情感进而开发的旅游工艺品也会使旅游者感到愉悦。情感化产品，从商品角度讲，就是指具有表达

104

情感状态特征的产品，通过形态、材质、使用方式及相关的背景故事，吸引消费者，并营造快乐的情感特征，让生活充满感动和快乐。设计者可以从传统工艺品的形态、功能、肌理及工艺品的背景和相关的故事等出发，寻找能够吸引旅游者、使旅游者产生一定的共鸣的元素，从而创造出具有审美体验的产品。如古人总以玉、莲、梅等自然物比喻人的德行，这些物会被人性化和感情化，因此，用物的情感化设计出的旅游工艺品就将富含文化内涵，而显得格外珍贵。

对于旅游者来说，当地很多富有特色的旅游工艺品只是有所耳闻，如大家所熟知的北京景泰蓝、苏州的刺绣、景德镇的陶瓷等，但对其历史背景、制作工艺、制作流程及相关知识等真正了解的又有几个呢？所以，如果先让旅游者能够体验到这些传统工艺品的深厚的内涵，而对其产生文化和心理上的认同感，那么，也就无须你多介绍，旅游者也会自掏腰包，争相购买了。

所以，如果能在开发设计时，从旅游者的视觉、触觉、味觉、听觉、嗅觉等方面进行细致的分析，突出旅游工艺品的感官特征，为旅游者创造良好的情感体验，那么，旅游工艺品一定会受到旅游者的青睐。

二、确定个性化需求

在旅游景区到处可见那些珠串饰品、木雕人像、水晶玻璃等工艺品作为旅游工艺品出售，缺乏鲜明的地域特色。如何从千篇一律的旅游工艺品中脱颖而出，就需要进行旅游工艺品的个性化开发。如绘画、雕刻、编织、陶艺等表现形式的工艺品开发就可以让旅游者自己参与到制作过程中，满足其亲身体验、追求个性的需求，同时，也提供了从业者近距离了解旅游者对旅游工艺品审美倾向的机会，从而可以有效地指导生产开发，使产品更符合游客的口味。还有，可以根据旅游者的需要，定制一些当地的旅游工艺品，如织绣品、靠垫、挂毯、椅垫等。由于这种旅游工艺品充满个性并带有个人化色彩，一定会吸引旅游者的目光。

每个人的个性不尽相同，这就意味着人与人的需求也存在着个体差异性。当人们的自我意识越来越强烈，越来越希望表现自我、宣扬自身的独特性时，个性化需求就油然而生了。正如马斯洛的需求理论指出，人的五种基本需要：生理需要、安全需要、归属和爱、尊重需要和自我实现的需要。所以，当人们物质上得到了满足后，就会通过表现个体的独特价值来寻求尊重和自我肯定。所谓的个性化需求就是人们表现自我、提高个体识别性的需求和行动，是一种自我肯定的方式。对应上文提到的个性的四个特征可以得出个性化需求的以下几点设计策略。

（一）多样性

多样性就是给消费者提供尽量多的选择可能性，这是对消费者个性化需求的尊重，可以使他们根据自己的需要进行个性化的选择和搭配。同一个品牌会根据不同类型的用户群推出多种不同风格、不同功能倾向的产品，或偏重于娱乐，或偏重于商务。同一种产品也会推出不同的色彩、材质系列和少许的细节差别，供消费者选择。现在电子产品行业盛行"换壳"的风潮，一款产品推出时会随之配有多种外壳。还有一些专门生产外壳的周边行业，更给消费者提供了广阔的挑选空间，消费者可以根据服饰和环境来选择。

消费者的个性化需求是非常微妙和多变的，设计师有时很难精确地揣测他们的需求，所以提供尽量多的选择是产品个性化设计的手法之一。但是必须注意的是，多样性并不是以牺牲经济成本为前提，我们可以在细节或颜色上的稍微改动创造另一种风格的设计，而不用完全重新设计制造模具、流程等。

（二）差异性

俗话说：森林里不可能找到两片完全相同的树叶，人与人之间的需求有共同的方面，也有不同的方面。由于遗传因素和环境因素的不同，世界上没有两个人的需求系统是完全相同的。需求差异性实质上就是一种个性化表现，各种不同的需求区分了大众群体，构成了形形色色不同的个性群体。例如，人们在服装的选择上，每一个年龄层都有属于自己的着装准则，你可以一眼认出哪些是上班族，哪些是学生。同时，每个人又有自己独特的喜好与品位，虽然人们会推崇时尚流行，但大多数人是无法忍受"撞衫"事件的，因为这与人们个性化的需求是相违背的。所以，同质化的时代已经过去，要满足人们的个性化情感需求，首先就要创造差异性的设计，给消费者多种选择的权利。差异性有以下两层含义。

第一，与同时期的同类产品有明显的差异性，要有自己的个性化特征。我们知道，人们由于经济、地位、年龄、职业的不同分成了很多特色群体，每一个特色群体又根据其价值观、审美的差异在选择和喜好上又有所不同。每个群体都渴望用符合自己身份和品位的元素来彰显个性，而这些元素是与同类事物有所区别的，是必须具有群体特征的，可以是色彩、外形上的差异性，也可以是操作方式、功能上的差异性。所以，个性化设计要根据不同人群的具体特征、同类产品的比较调查，作出符合他们的个性化产品。

第二，要超越传统在原来的基础上不断创新进步，即革新的个性化。"喜新厌旧"是人的本性，人们对于新事物的追求和喜好也是个性化的表现之一。从陌生到熟悉，再到习以为常，从某种程度上来说，就是个性化渐渐减弱的过程。谁都不会把常规视为个性化。可以看到，人们总是在努力地打破常规、一反传统，尝试陌生与新鲜的东西，所以才会有一波又一波的流行：韩流、日流、波希米亚风、哥特风……不断满足着个性化的需求。而一些更为前卫大胆的设计师们也正在做着新的尝试，推崇不拘一格、自我的精神。各种强烈对比的色彩、材质；不同时期的流行式样、工艺手法都以前人无法接受的方式进行组合，这些组合从优雅到怪异，无所不有。诸如，皮革和电子产品的结合，蕾丝和牛仔组合的时装，用皮毛包裹的锥形高跟鞋……这样的创新很快赢得了追求个性的人们的喜爱，并成为当前颇为流行的时尚。

当然，超越传统并不是抛弃传统，我们要尊重优秀的传统文化。在众多成功的个性化产品设计中，有很多借助传统文化成功的例子，如诺基亚的倾慕系列。我们创造性地利用传统文化，同样能使设计的作品具有个性化。

（三）自主化

产品设计故意保留空间，使其留有余地启发游客的自主化，有利于旅游者充分发挥自身的主观能动性，此种设计形式正在逐渐兴起和传播。所谓自主化就是指在产品中给消费者预留一定的自主空间，可以让消费者根据自己的意愿和习惯，对产品进行改造和再设计，使其完全符合自己的需要。这种设计为消费者提供了更大的思考空间，能充分调动起他们的参与激情。自主化产品因为是由消费者直接参与的，根据不同个体会呈现出不同的设计结果，所以是最具有个性化的产品形式。如到景德镇旅游的外地游客，对传统陶瓷制作技艺的现场感受。该技艺自进入国家级非物质文化遗产名录后，外地游客更是接踵而至，到"瓷圣"之地寻找神奇之源，已成为引起他们兴趣的动力。自主化设计主要有以下几方面。

第一，制作半成品让消费者自主设计。针对消费者多样性的需求和不同的审美倾向，现在很多厂家推出了半成品，需要消费者自己来设计、装配、表面处理、制作最终效果，这种方式要充分考虑到消费者操作的难易程度和安全性。

第二，利用材料、结构的可变性让消费者自由变化造型。有些产品在某些部位采用易于改变形态的材料或结构。例如，采用弹性、韧性、可塑性良好的可以随意弯折的材料，或是采用活动自由度较多的机械结构等，使消费者参与再造型的过程，实现产品的特定功能。

第三，模块化组合。这里的模块化组合是指产品根据结构或功能被分割成了不同的模块区域，并且提供多种相应的替换功能模块。消费者可以根据自己的不同需要，选择相应的模块进行个性化的组合。现在模块化设计的应用领域很广，在家具、电器、电子产品以及网络产品中都有出现。

三、实现再循环设计

在当代文化语境下，旅游工艺品再循环设计呈现出崭新的面貌，其表现形式包括：意义再循环、设计再循环、体验再循环、实体再循环、使用再循环五个方面，这种分类只是说明产品再循环设计不同形式的偏向性，而不是绝对化地生搬硬套，把每种产品归为某种再循环设计形式。因为设计活动往往采用多种方法且呈现出多种表现形式，其内涵极其丰富。不能仅仅用一个方面进行简单的"一刀切"、绝对化类型的概括。

在现实生活中，并不见得再循环的物品就能直观体现产品再循环或再循环理念。消费者很难看出一张纸是再生完成的，并且很难从一张再生纸看出再循环的过程及其中蕴含的理念。消费者也不可能发现所穿的衣服是使用塑料进行回收再循环生产出来的。这些都是再循环中以技术和环境为中心的方面。设计师在其中则很少有机会进行理念的传达。产品再循环设计的表现形式多样，与其他设计理念的交叉融合使得再循环设计越来越体现出强烈的人文特征。

（一）意义再循环

意义再循环是指在产品再循环设计中通过新产品的设计表达再循环的意义。意义再循环其实并没有任何材质经过再循环设计和活动。工厂生产全新的产品。消费者没有看到田园般的牧场和牛棚，也没有看到仓库里那货物堆积如山的景象。这都只存在于设计师营造的氛围中和消费者依据以往经验而生发的想象中。这也使得产品再循环设计和绿色设计产生了不同之处。产品再循环设计在生产和销售过程中是按照绿色设计的原则进行的。这就像是有些家居的生产和销售过程，从原材料的获取和加工过程，到产品的销售和使用。这些都是在绿色设计的原则下完成的。但是只有通过再循环理念的引入才能使得最终的产品具有更高层次的精神价值。值得强调的一点是，上述事例的产品在销售中是作为奢侈品销售的而非满足大众生活需求的一般消费品。从这一点来看，产品再循环设计的消费人群并不能简单地分类为是满足大众的还是满足高消费的。

巴黎设计师山姆·巴隆是目前巴黎最炙手可热的设计师之一，也是西方最具有商业号召力的设计师之一。他的作品"100% wood"是为现代高档场所设计的长凳。字面上翻译就是"全实木"的意思。通过该设计，人们可以看出设计师在传统家具造型中试图寻找到新的突破，而这种突破也正是符合和满足现代西方消费者关于情感诉求具有故事性和情境感的设计。

设计师为什么要取这么耐人寻味的题目呢？从功能上来看，作为长凳，设计师已经很好地满足了坐的需求。通过对作品材料的分析，该作品采用木屑作为长凳的坐面包裹材料，内部支架还是采用传统的木质结构。木屑的使用使产品具有再循环的意味。几乎所有的客户在看到这个设计的时候都会感觉到该设计是一个真正的再循环作品。因为设计师大胆地使用了木屑作为凳子装饰的主要材料，材料本身也体现了两个方面的特征。

首先，作为木屑材料的使用，会很容易让顾客联想到在农场里垫牛棚的草料堆。把农场里经常使用的材料移植到家具上，这种时空的对比，会很容易让居住在城市里的人感受到强烈的农场气氛。

其次，该设计让消费者能体会到一种强烈的再循环意味。客户在购买凳子的时候，能够向周围的社会表达一种态度，这种态度也是欧洲及全世界目前较为推崇的以自然为模板的态度（MODEL=NATURE）。在人类漫长的历史进程中，对自然的认识逐渐加深，对自然的感情和眷恋使现代人有着一种浓浓的渴望回归自然之感。自然界往复的物质循环也是人类发现并学习的榜样。一切与自然有关的理念和情感都被认为是正确的和合理的，都得到了全人类的普遍认同。在西方国家，大众对技术进步的痴迷已经不是社会的主流，技术的高度进步和物质的极大丰富使人们的焦点已经不再停留在对新技术的关注和渴望。极具科技感的造型和新技术的不断涌现、翻新对市场的吸引力也大不如以前。当代技术引发的一系列社会和环境问题也导致了西方社会对技术利弊的担忧。把焦点转向对大自然的关怀和借鉴便是很自然的事情了。

值得注意的是，该设计的出现并不是通过对废旧材料进行加工处理的传统意义的再循环，而是仅仅在于注重再循环的意义所在。该设计所使用的木屑、木框架等材料都是全新的，都是通过工厂的加工制作而成，有着考究的工艺和严格的制作标准及精巧的设计。其生产过程并没有通过回收和改造得到任何的生产原料。

"TODESIGN=TOLIE"是目前西方较喜欢引用的一个公式，设计活动其实就是在寻找借口（噱头），目的在于给消费者带来一个美好的假象和真实的谎言。这里的一件全新的，通过工厂制造出来的家具通过设计活动赋予了其再循环的意义，而不是真正地通过材料的再循环则是简单地表达再循环的意义。

（二）设计再循环

设计再循环是偏重于设计本体的再循环。同一个设计在形式不发生变化的基础上针对不同环境和对象，满足不同环境的要求，从而产生了千变万化的设计效果。

设计再循环体现了设计师对设计本体的深刻认识和对传统的突破。同时也是对消费者的大胆启发和积极鼓励。传统意义上的消费者总是被排斥在设计活动之外，设计被神圣化，只为了说明只有受过专业技能培训和高等教育的设计师才能从事的活动。而普通消费者只能处于被动接受的情势。在思想层面上，其不仅是杜尚装置艺术理念在产品设计领域的简单继承，同时也是思维活跃，具有创新能力，崇尚亲自动手和操作的现代人的心理诉求的满足。

该设计的诞生源于装置艺术理念的发展和成熟。最早要追溯到1910年杜尚将一个现成的男用小便池签名之后送入蓬皮杜艺术中心展出，这件具有划时代意义的艺术品便使得由现成产品演变而来的装置艺术开始从不可理解、不被关注的边缘艺术样式，逐渐进入了当今艺术界的主流领域。杜尚的《泉》意在质疑人们关于什么是艺术品的传统观念。生活中很少有什么东西会让人们思考艺术实际上是什么，或它是如何被表达的问题。人们只是假定了艺术要么是绘画，要么就是雕塑。所以才会很少有人会将《泉》视为一件艺术作品。几乎所有人都会问道："这个小便器可能是件艺术品吗？"在小便器摇身一变成为艺术品的过程当中，名字的变化原来是如此重要。正是这个名字的变化，使这件作品变得不同寻常，使得人们审视物体的角度也发生的改变。

使用产品再循环理念进行分析后我们可以看到，杜尚在普通的商店购买的最普通的小便器只是签下了作者的签名，然后摇身一变成为艺术作品。这里体现了产品再循环的意义，再循环产品一般具有两个甚至多个生命周期。再循环过程之前被定义为第一个生命周期，再循环过程之后被定义为第二个生命周期。小便器的第一个生命周期是在家居用品商店里，作为大家都认识的卫浴洁具出现的，此时只有使用功能。当小便器被杜尚购买之后，其第二个生命周期开始展开，小便器的功用消失后，它就再也不是小便器了。新的思考点出现了，所有进博物馆参观的游客首先会联想到小便器的第一个生命点，而后会想象由第一个生命历程转化为艺术品的历程。此时再循环也出现了，从此我们叫它艺术品。当然，这里的小便器也是全新的，也不存在对使用过的产品进行回收清理再利用的过程。所以这也提示我们要超越传统单线的再循环思维和观念来看待再循环问题。

（三）体验再循环

对于个体而言，通过产品表达使用者所向往和有意愿诠释的体验和经历。个体通过具有再循环意义的产品，展现和表达具有一定成熟度和阅历的世界观和价值观。体验再循环偏重个体或者群体主观理念的表达。任何设计都包含了体验的因素，因此，对体验再循环的认识也不能绝对化，作为再循环设计的特征之一，体验再循环揭示了再循环设计的重要内容，成为进行再循环设计的重要手段和方法。

以牛仔裤文化为例，其传播到世界各地，现在已经成为全球范围的文化现象。具有做旧效果和破洞的牛仔裤样式成为年轻人追捧的设计。当然，这里谈到的牛仔裤也是全新的。这体现了全新的产品再循环理念，即每个人都有自己独特的再循环体验，都追求体验的再循环。做旧效果和破洞隐含了背后的某种故事和经历。我们都能体会到带有破洞和磨损效果的衣物往往反映了使用者所经历的某种特殊环境，代表了使用者的经历。一双满是泥泞的鞋子说明了穿鞋的人刚从乡野或者工地等较为污浊的环境归来，浅颜色的服装说明了穿着者一定不从事体力和较污浊环境接触的活动。这些都是符号学所研究的内容。因此，服装的质感往往体现了某种具体的环境和经历，也代表了服装往往具有和隐喻过去经历从而讲述人生的故事。这也是穿着牛仔服装的人所追求的内在心理诉求。目前，追求具有时间纵向和故事横向的服装成为当下年轻人的潮流。通过牛仔裤，年轻人可以向周围社会传达个人的精神和情感意义。带有破洞等做旧装饰的牛仔裤在中国的流行，开始于 20 世纪 90 年代。牛仔服饰的流行，也经历了几个不同阶段。从刚开始时为了劳动需要而制作的类似工装的既结实又厚重的款式，到后来的以穿着舒适塑造形体为主的贴身轻巧款式，再往后则因对时尚的追求而出现了手磨猫须、钉珠绣花等各种特殊工艺的二次处理。20 世纪中期，带有破洞和做旧效果的牛仔裤在西方社会一出现，就引发了年轻人的追捧狂潮。自 20 世纪 60 年代起，嬉皮士们就费心将自己的牛仔裤磨得破破烂烂，使其裤脚袋口露出一点儿毛边，让自己的衣着看起来颓废，这应该改算是这种不羁风潮的起源。经过这些年的发展，破烂牛仔裤从起先低调的磨损、补丁到现在的大洞、残败不堪，一直未曾退出流行的舞台。走在时尚尖端的明星们自然也对这种不羁的风格宠爱有加，年轻人纷纷也将牛仔裤割几个破洞作为时尚人士的标志。

最初发明破洞牛仔裤的人并不是为了向公众炫耀时尚，而是出于其他的目的。割破洞牛仔服的风尚是由美国人发明的，由于前面提到的破旧衣物体现着穿衣者生活状态的符号学价值，设计者借此表达个人及所属阶层对主流文化的抵制和突破。在经济领域里，降低一个人的商品购买力，减少商品消费则被视为抵制高消费社会。牛仔服本来面料比较结实，使用过程中需要很长时间才能穿破，才需要购买新的牛仔服，而现在则把破了的牛仔服堂而皇之地穿出来展示于公众，显示了一种对高消费社会的鄙视和挑衅。

穿破洞牛仔裤在文化领域里的意义更加明显，因为真正的穷人是不会借助时装来宣告自己贫困的，所以，最终破洞牛仔裤还是成了有钱人显示自己叛逆精神的符号，其精神内核被彻底抽空了。穷人当然时刻希望自己的穿着更加干净和笔挺，有钱人却把自己打扮得感觉落魄和邋遢，时装对人类社会心理的反射被淋漓尽致地展现了出来。破洞牛仔裤与看起来又脏又旧的牛仔裤一起，在当今欧美上流社会也非常流行。明星和富豪身上的一条表面上看起来几个月没洗、布满污垢与破洞的牛仔裤，动辄可能都是上万元的天价名牌，出自大牌设计师之手。在精美绝伦的高级定制已不为豪门所独有的今天，西方社会真正的豪门显贵干脆以街头流浪汉的形象标榜自己的与众不同。但是，他们当然也是与众不同的，几万元只买一条破裤子，这才是当今社会真正的挥金如土。不过，如今许多年轻人爱上破洞牛仔裤和这些文化背景已经没有多大关系了。对休闲时尚玩得滚瓜烂熟的潮人们，对破洞牛仔的喜爱纯粹从摩登的视觉效果出发，或许顶多带一点儿年轻人的本能叛逆，因而，他们也就可以把破洞牛仔穿得格外轻松，格外体现性格。

（四）实体再循环

实体再循环是产品再循环设计比较容易理解的方面。其是把第一生命周期结束后失去使用功能的产品进行功能的调整和外观的修补、改造，从而使产品在第一个生命周期结束后展开第二个生命周期。实体再循环偏重再循环过程中实体本身存在价值的延续。

法国 5.5 designers 设计团队中的一群年轻设计师对破损家具进行修复，配色所选用的绿色是法国垃圾桶的标准颜色。绿色的塑料构建有两个功能：首先是修复功能，使产品重新具有使用功能；其次是让人们思考，到底什么是损坏的东西？究竟损坏的东西在我们的生活中还具有什么样的意义？通过思考来解决和合理安排物品的再循环和利用问题。不仅让本来废弃的家具重新得到利用，同时，你又得到了一件独一无二的东西，这种破损和修复形成强烈的视觉吸引力让你引发联想，修复并不是只意味着让物体尽可能回到原来的状态，而是让它重生。同时，经济上也是最值得推崇的。这有点像当代中国的老街古镇修复，老街的修缮和古镇的规划几乎不可能回到原始的老街状态，而只能在尽可能保持原有状态的基础上，使老街的生命力和底蕴得到重生和发扬。通过满足现代人的消费习惯和欣赏习惯，从而吸引游客的光顾，通过旅游促进老街古镇旅游的良性循环。也只有这样才能继续维系老街的人文生态稳步发展。

荷兰 Droog Design 设计团体设计的牛奶瓶吊灯便是产品再循环设计的经典范例。设计背后隐藏了很多设计师们的思考，可以说，该设计是面对大众的，是向大众展示再循环设计的方法和思维方式。教会大众如何在身边发现设计和再循环的灵感来源，如何遵循一个比较合理的环保理念。该设计是引导和鼓励大众的再循环消费和认知，而不是研究和满足大众的一般消费需求。Droog Design 所体现的 Droog 精神带来了人文风格的回归。12 个牛奶瓶组合而成的让人过目不忘的吊灯，连材料都是现成的牛奶瓶，而 12 个的数量来自荷兰惯用的牛奶运送模式，这也是 Droog Design 惊动设计界的巧思之一。以 Droog 为名的这支荷兰设计生力军拥有着为数不多的天才想法，他们利用各种早已存在的家具、产品元素，对大众的常识提出挑战，生产出各种看似简单却又极妙的居家产品。Droog 在荷兰语中是"干"的意思。在 Droog 设计团体的眼中，用"干"来形容他们的设计是一种最高的礼遇，就是说，他们的设计简单、清晰、没有虚饰，其设计的重点永远是创意、简单、直接地表达出清晰且新颖的概念，以及作品的实用性。Droog 在设计领域中开创了一种新的设计方式，也使得荷兰再循环设计在国际设计界有了自己的坐标。"干"设计强调设计为实用，而不是为了"玩造型"迷失自我，这都是相当实用的荷兰哲学。

（五）使用再循环

使用再循环偏重再循环过程中使用功能的传递，是产品再循环设计的传统外延之一，其并不作为最新的理念，但作为产品再循环的外延，它很好地阐释了再循环的理念。使用再循环是设计师在设计活动中通过预先设想或消费者的自发创意，在产品第一个生命周期结束后非设计师参与的再循环活动。使用再循环过程中，物品没有发生任何形体和性质的改变，而是发生了使用功能的转变。

澳大利亚设计师布罗迪·尼尔考虑使用海洋塑料当作设计原料的时候，就决定与科学家、研究学者、环保专家、海滩拾荒者、工程师、工匠和制造商合作，除花时间来收集全球海岸中特小的塑料碎片，还将它们以颜色区分，打造出由白至蓝到黑的渐变色彩的 Gyro 桌子。而其推出的 Flotsam 长凳虽然舍弃了这样繁复的工作模式，但结合了水泥的表面后，却有了如水磨石的障眼法，无形中提倡了环保意识，可说是一箭双雕。

这可以用商业文化影响消费的有价问题来解释。具有相同或相近的物质使用价值的商品，因采用不同的商业文化方式，它的销路、售价、流通的情况也就大不相同。商业文化内涵高的商品，商品价值往往会超过商品的使用价值。因此，追求商业环境的美及商品的造型美、色彩美、商标信誉美，成为提高商品价值的必要途径。注入较多的商业文化的商品，就会高出一般商品的售价。商业文化内涵高的商品包含着更多的附加值，它的售价自然要高于一般的商品。因为消费者所求得的商品不仅在使用上得到满足，更大的程度上是在精神上得到享受。在饮用之后，作为极具设计感的器皿，很少有人舍得丢弃，其装饰功能就完全发挥了出来。这也是其第二个生命周期，再循环过程的开始。

到使用再循环，很多人都会想到 Fuseproject 公司设计的 YWater 瓶子。YWater 是针对孩子的一种低卡路里饮料，考虑到肥胖对孩子身体健康的不良影响，YWater 公司的总裁 ThomasArndt 在生活中为他的两个孩子寻找低卡饮料时没有找到任何合适的产品，就产生了自己创造一种适合孩子饮用的低热量饮料的念头，他找到维斯·贝哈创办的 Fuseproject 设计公司，维斯·贝哈在设计界以擅长围绕品牌进行开发，从烘托品牌形象的角度去设计而著名，被称为"BrandMan"。经过维斯·贝哈的创意，便设计出了经典的 YWater 饮料。通过设计来创造品牌核心的信息，YWater 分为四种：分别是 BoneWater、BrainWater、ImmuneWater、MuscleWater，直接传达了所包含的产品功能信息，因为当家长对孩子讲述钙元素有利于人体骨骼生长时，孩子未必能理解并接受这个抽象的信息，而这个产品从开始设计到包装以至最后的市场营销，如网站的宣传和销售始终围绕着这个品牌所要传递的信息。YWater 的 Y 型瓶子除了带来一个鲜明生动的形象外，当喝完饮料后这个瓶子就成为一个玩具，有一个 Y 结（YKnots）将这些瓶子连接起来，从而通过把这些瓶子变成玩具或积木来延长瓶子的使用寿命。所以，很多瓶子的组合就成为 LEGO 一样的玩具。当然，制造这样的瓶子很难用普通的 PET 注塑法来实现，因此，YWater 产品的制造使用了吹塑工艺完成，材料使用了 Eastman 的 Eastarcopolyesters（共聚酯）。很多介绍 YWater 产品的文章会将其归类为绿色设计，因为废弃的瓶子成为一个全新的智力玩具，但究其本质被归纳为产品再循环设计则更加精准。

芬兰著名设计师阿尔瓦·阿尔托于 20 世纪 30 年代设计的胶合板凳是由芬兰 Artek 公司生产的。它经典的款式从被设计之后，就被散播至全球的每一个角落，至今依然畅销。大多数的消费者虽然不知道这款胶合板凳子是谁设计的，但是对其款式非常熟悉，人们似乎感觉不到这款凳子是设计出来的，好像它们本来就应该是这样。

Artek 凳子不是展览用的样品，而是商品，以 2nd Cycle（再循环）的品牌推出，由汤姆·迪克森领导（Tom Dixon 也是积极的可持续设计倡导者）。这些陈旧的 Artek 凳子有的收集自工厂，有的从船厂或者跳蚤市场收集而来，它们被从各地收集起来并且被重新销售。这些经历了各种使用环境，具有不同层色的凳子仿佛身上写满了不同的故事。不管它们是从什么地方收集而来或者被卖到什么地方，它们所蕴含的故事永远不会被时代抛弃。每件商品上面都有一个条码标签，使用者可以通过手机扫描登录互联网读取每件产品背后所独有的故事和历史。使用者也可以在网上更新和记录在使用产品的时候所发生的故事。从这里可以看出，人们其实不是购买二手凳子的使用价值，而是购买其背后所蕴含的情感价值，这种价值会随着使用者的参与继续增值。正如设计者 AlvarAalto 所说："Nothing is ever reborn，but neither does it totally disappear. And that which has once been，will always reappear in a new form."（没有什么东西能够重生，但是它也不会全然消逝，曾经存在，将不断重现。）

四、做到系列化设计

系列化是在人们物质文化生活的不断提高，情感需求多样化、个性化的发展过程中提出来的。系列化手段是情感化设计的重要方法之一。系列化设计，即要求产品设计围绕着某一主题或风格形式进行多款式、成系列的设计，系列产品中主题元素是系列产品的核心，系列化要解决的就是统一元素和特色元素在产品中的构架组合。

在旅游工艺品方面，种类繁多，市场上不同商家同一类型的产品更是数量众多，面对如此高的商品密度，依靠单一的商品战胜竞争对手困难重重，要想在市场上赢得消费者的注意，产品必须自成系列，成为具有整体性视觉化的商品体系，内含意象的连贯性，建立起商品统一而强烈的视觉阵容。系列化的产品不但可以增加视觉冲击力，消费者在购买一种商品后，出于产品放置家中的协调性考虑，也会购买同一系列的产品。再者，就一类日用品而言，诸如餐具、茶杯……其产品与产品之间本身就表现出明显的系列化特征，因此，在日用品设计中非常适合贯彻系列化的手法。

日用品系列化的构成中主要分为形态系列化、色彩系列化、装饰图案系列化、材质系列化。

（一）形态系列化

形态系列化指的是产品在外形形式上具有某种形式元素的统一性、相似性、连贯性和延续性。值得提出的是，这里对"某种形式元素"的理解不能狭隘地理解为相同元素，应重视对相似性、连贯性和延续性的理解。

（二）色彩系列化

色彩的系列化主要有以下两种表现手法。

第一，同种形态的色彩变化，或者说是产品的色彩方案，它诉求的是产品色彩的多样性，不同的色彩为消费者提供了更多更广的选择空间，也增强了视觉冲击力，符合人类情感和审美的多样化特征，在现实运用中取得了很好的效果。这种手法虽属于色彩的应用，但准确地说，它并不是以色彩为系列的主题元素，而是一种流于表面的系列化。

第二，它是真正以色彩为系列化的核心的，通过色彩的基调来统一。所谓色彩的基调，也可以称之为主色调，在系列化产品中可以从已确定的色彩体系中选择一种或两种颜色作为主导用色，其他色作为点缀用色，构成以这一两种颜色为基础的倾向色调。由于使用的是同一色彩体系，所以系列化产品之间的基调既具有密切的联系，又富于活泼的跃动。

（三）装饰图案系列化

装饰图案系列化即指以产品表面的装饰图案或文字为系列化的核心，由此达到整体产品最终具有连贯性、统一性。

（四）材质系列化

材质系列化指产品以相同的材质、质感、纹理为系列化的核心。

第二节　旅游工艺品制作的工艺

一、旅游工艺品模型制作的目的与作用

（一）旅游工艺品模型制作的目的

当代旅游工艺品的设计与开发不同于传统的手工艺作坊式的创制模式，已经

和产品设计与开发紧密结合，具有市场潜力的旅游工艺品更不等同于工匠世代技艺的传递与沿袭，成功的旅游工艺品就是成功的产品、成功的设计、成功的市场运作。因此，工艺品制作的目的是设计师将设计的构想与意图综合美学、工艺学、人机工程学、哲学、科技等学科知识，凭借自己对各种材料的驾驭，用以传达设计理念、塑造出具有三维空间的形体，从而以三维形体的实物来表现设计构想，并以一定的加工工艺及手段来实现设计的具体形象化的过程。

工艺品在设计师将构想以形体、色彩、尺寸、材质进行具象化的整合过程中，不断地表达着设计师对设计创意的体验，为与工艺师或生产技术人员进行交流、研讨、评估，以及进一步调整、修改和完善设计方案、检验设计方案的合理性提供有效的实物参照。也为制作工艺品原型和工艺品准备投入试生产提供充分的、行之有效的实物依据。

在设计过程中的工艺品制作，不能与机械制造中铸造成型用的模具工艺相混淆。工艺品制作的功能并不是单纯的外观、结构造型。工艺品制作的实质体现的是一种设计创造的理念、方法和步骤，是一种综合的创造性活动，是新工艺品开发过程中不可缺少的环节。

在设计过程中，工艺品模型制作具有演示和研究的意义。演示性以三维的形体来表现设计意图与形态，是工艺品的基本功能。在工艺品制作过程中以真实的形态、尺寸和比例来达到推敲设计和启发新构想的目的，成为设计人员不断改进设计的有力依据。以合理的人机工学参数为基础，探求感官的回馈、反应，进而获得合理化的形态。以具体的三维的实体，翔实的尺寸和比例，真实的色彩和材质，从视觉、触觉上充分满足形体的形态表达，反映形体与环境关系的作用。使人感受到工艺品的真实性，从而更好地沟通设计师与消费者彼此之间对工艺品意义的理解。

（二）工艺品的作用

无论是手绘的工艺品效果图还是用计算机绘制的工艺品效果图，都不可能全面反映出工艺品的真实面貌。因为它们都是以二维的平面形式来反映三维的立体内容的。

在现实中，虚拟的图形、平面的图形与真实的立体实物之间的差别是很大的。例如，人们在网络购物的时候总不会只看淘宝卖家展示的几张图片就匆忙下单，很多人会去实体店查看实物的样貌，说明图片和实物是有差距的。一个在平面图上，各部分比例在视觉看上去都较为合适的形态，当把它做成立体实物后就有可能会显示出与设计创意初衷不符的问题。形成这些差别的原因是人们从平面到立体之间的错觉造成的。另外，计算机模拟的效果图或二维平面的视图中，对工艺品的色彩和质感方面的表达也具有相当的局限性。通过工艺品制作能弥补上述的不足。工艺品能真实地再现设计师的设计构想，因此，工艺品创作是工艺品设计过程中一个十分重要的阶段。

在设计过程中，工艺品模型制作提供给设计师想象、创作的空间，具有真实的色彩与可度量的尺度、立体的形态表现，与设计过程中二维平面对形态的描绘相比，能够提供更精确、更直观的感受，是设计过程中对方案进行检讨、推敲、评估的行之有效的方法。正是工艺品模型制作提供了一种实体的设计语言、这种表达方法，才能使消费者与设计师产生共鸣。所以，工艺品制作也是沟通设计师与消费者对工艺品设计意图理解的有效途径。

工艺品原型制作是工艺品设计过程的一个重要环节，使整个工艺品开发设计程序的各阶段能有机地联系在一起。工艺品制作可以作为工艺品在大批量生产之前的原型，避免因设计失误产生的损失，成为试探市场、反馈需求信息的有效手段，在缩短开发周期、减少投资成本方面起着不可估量的作用。

二、旅游工艺品模型的分类与材料

（一）旅游工艺品模型的分类

在设计过程中，设计师在设计的各个阶段，根据不同的设计需要而采取不同的工艺品模型制作方式来体现设计的构想。

工艺品模型的种类，按照在工艺品设计过程中的不同阶段和用途主要分为三大类：研讨性工艺品模型、功能性工艺品模型、表现性工艺品模型。

1. 研讨性工艺品模型

研讨性工艺品模型又可称为粗胚模型或草工模型。这类工艺品模型是设计师在设计初期，根据设计的构想，对工艺品各部分的形态、大小比例进行初步的塑造，作为方案构思进行比较、对形态分析、探讨各部分基本造型优缺点的实物参照，为进一步展开设计构思、刻画设计细节打下基础。

研讨性工艺品模型主要采用概括的手法来表现工艺品的造型风格、形态特点、大致的布局安排，以及工艺品与环境的关系等。研讨性工艺品强调表现工艺品设计的整体概念，可用作初步反映设计概念中各种关系的变化的参考之用。研讨性工艺品模型的特点是，只具粗略的大致形态，大概的长宽、高度和大略的凹凸关系。没有过多细节的装饰、线条，也没有色彩，设计师以此来进行方案的推敲。

118

一般而言，研讨性工艺品是针对某一个设计构思而展开的，所以，在此过程中，通常制作出多种形态各异的工艺品，作为相互的比较和评估。

由于研讨性工艺品模型的作用和性质，在选择材料时一般以易加工成型的材料为原则，如黏土、油土、石膏、泡沫塑料、纸材等常作为首选材料。

2. 功能性工艺品模型

市场上很多旅游工艺品都具有实用性，这些成功的产品不仅具有艺术性，还具有很强的实用性，有些旅游工艺品具有复杂的结构，功能性工艺品模型主要用来表达与研究工艺品的形态与结构、工艺品的各种构造性能、机械性能，以及人机关系等，同时可以作为分析检验工艺品是否可以投产的依据。功能性工艺品的各部分组件的尺寸与结构上的相互配合关系，都要严格按设计要求进行制作。然后在一定条件下做各种试验，并测出必要的数据作为后续设计的依据。例如，瓷器造型设计在制作完功能工艺品模型后，可供在不同环境做各种试验。

3. 表现性工艺品模型

表现性工艺品模型是用以表现工艺品最终的真实形态、色彩、表面材质为主要特征。表现性工艺品是采用真实的材料，严格按照设计的尺寸进行制作的实物工艺品，几乎接近实际的工艺品，并可以成为工艺品样品进行展示，是工艺品制作的高级形式。

表现性工艺品对于整体造型、外观尺寸、材质肌理、色彩、机能的提示等，都必须与最终设计效果完全一致。表现性工艺品模型要求产品能完全表达设计师的构想，各个部分的尺寸必须准确，各部分的配合关系必须表达清晰，工艺品各部位所使用的材质及质感都必须得到充分体现，真实地表现工艺品的形态。真实感强、充满美感、良好的可触性、合理的人机关系、和谐的外形，是表现性工艺品模型的特征，也是表现性工艺品模型追求的最终目的。这类工艺品模型可用于摄影宣传、制作宣传广告、海报等把实体形象传达给消费者。设计师可以用此工艺品与模具设计制作人员进行制造工艺的研讨，估计模具成本，进行小批量的试生产。所以，这种工艺品是介于设计与生产制造之间的实物样品。

从以上论述可以看出，表现性工艺品模型重点是保持外观的完整性，注重视觉、触觉的效果，表达外形的美感，机能的内涵较少。而功能性工艺品模型则是强调机能构造的效用与合理性。

在目前的旅游工艺品设计开发过程中，以上三种模型往往体现为模型制作的三个阶段。

（二）旅游工艺品模型的材料

下面介绍一下旅游工艺品模型制作的常见材料。

1. 黏土材料工艺品模型

用黏土材料来加工制作工艺品模型，其优点是取材容易、价格低廉、可塑性好、修改方便，可以回收和重复使用。缺点是重量较重、对于尺寸要求严格的部位难以精确刻画和加工，工艺品干后会收缩变形，甚至产生龟裂，不易长久保存。黏土作品常见的病变现象主要有空臌、剥落，酥粉、龟裂起甲、起泡、脱胶掉皮、画面褪色、变色及污染（霉斑、昆虫屎斑、烟熏等）等。黏土艺术要长期保存下去，重要的是要创造良好的保护环境。采用黏土加工工艺品，方便快捷，可随时进行修改。一般可以用来制作小体积的旅游工艺品模型，主要用于构思阶段中的草工艺品的制作。

2. 油泥材料工艺品模型

用油泥材料来加工制作工艺品模型，其特点是可塑性好，经过加热软化，便可自由塑造修改，也易于黏结，不易干裂变形，同时可以回收和重复使用，特别适用于制作异形形态的旅游工艺品模型。油泥的可塑性优于黏土，可进行较深入的细节表现。缺点是制作后重量较重，怕碰撞，受压后易损坏，不易涂饰着色。油泥工艺品模型一般可用来制作研讨性草工艺品或概念模型。

3. 石膏材料工艺品模型

用石膏材料来加工制作工艺品模型的特点是具有一定强度，成型容易，不易变形，可涂饰着色，可进行相应细小部分的刻画，价格低廉，便于较长时间保存。以石膏材料制作的模具可以对工艺品原作形态进行忠实翻制。不足之处是较重，怕碰撞、挤压。一般用于制作形态不太大，细部刻画不太多，形状也不太复杂的旅游工艺品。

4. 玻璃钢工艺品模型

玻璃钢工艺品是采用环氧树脂或聚酯树脂与玻璃纤维制作的工艺品模型。首先，必须划在黏土或其他材料制作的原型上，用石膏或玻璃钢翻出阴模；其次在阴模内壁逐层涂刷环氧树脂及固化材料，裹上玻璃纤维丝或纤维布，待固化变硬后脱模，便可以得到薄壳状的玻璃钢形体。玻璃钢材料具有较好的刚性和韧性，表面易于装饰，适用于设计定型的旅游工艺品制作和较大型工艺品的工艺品制作。

5. 泡沫塑料工艺品模型

膨胀树脂又称为泡沫塑料，是在聚合过程中将空气或气体引入塑化材料中而成的。泡沫塑料一般用作绝缘材料和包装材料，现在因为其材质松软、易于加工而广泛地运用于工艺品模型制作。

泡沫塑料可以分成硬质的和弹性的两种类型。工艺品模型制作经常使用的是硬质的泡沫塑料。与大多数工艺品制作所用的材料相比，膨胀树脂的特点是加工容易，成型速度非常快。不过它们的表面美感远不如其他材料好。由于表面多孔，所以对这样的表面进行整饰时，程序繁复，效果较差。但膨胀树脂工艺品重量轻，容易搬运，材质松软，容易加工成型，不变形，价格较低廉，具有一定强度，能较长时间保存。缺点是怕重压碰撞，不易进行精细的刻画加工，不好修补，也不能直接着色涂饰，易受溶剂侵蚀影响。硬质泡沫塑料适宜制作形状不太复杂、形体较大的旅游工艺品或草工艺品。

6. 塑料工艺品模型

塑料板材分为透明与不透明两大类。透明材料的特点是能把工艺品内部结构的连接关系与外形同时加以表现，可以进行深入细致的刻画，具有精致而高雅的感觉，重量较轻，加工着色和黏结都较为方便。缺点是材料成本较高，精细加工难度大。一般宜用于制作工艺品的局部或小型精细的工艺品展示，工艺上采用数控加工或 3D 打印制作完成。

7. 纸材工艺品

纸材工艺品一般用于制作工艺品设计之初的研讨性工艺品模型。用纸张来制作草模（粗模），也可以用来制作简单曲面的成型或室内家具及建筑工艺品模型。纸工艺品的特点是取材容易，重量轻，价格低廉，可以用来制作平面或立体形状简单、曲面变化不大的工艺品。同时可以充分利用不同纸材的色彩、肌理、纹饰，减少繁复的后期表面处理。缺点是不能受压，怕潮湿，容易产生弹性变形。如果需要做较大的纸材工艺品，在工艺品内部要做支撑骨架，以增强其受力强度。

8. 木工艺品模型

木材由于强度好、表面不易变形、运输方便，表面易于涂饰，适宜制作形体较大的工艺品。木材被广泛地用于传统的工艺品模型制作中。虽然对其加工工艺有较高的要求，但木材仍可以用简单的方法来加工。可以用来制作细致的木工艺品模型，或作为制作其他工艺品的补充材料。使用它做大型的全比例的工艺品，则必须在装备齐全的车间和使用专业化的木工设备来辅助完成。除了非常专业的需要，一般很少完全采用木材来制造大型工艺品。与其他的材料相比，木工艺品模型需要用到各种不同的整饰方法。通常用它与整饰性的材料（如纸张和塑料）配合用，可以节省时间和费用。

9.金属工艺品模型

在工艺品模型制作中，金属经常作为补充的辅助材料。与木材一样，大的和厚的金属板、金属管和金属棒需要较重的加工设备和专业化的车间。采用金属材料加工制作的工艺品模型，具有高强度、高硬度、可焊、可煅的特性和易于涂饰等优点，通常用来制作结构与功能工艺品模型或表现性工艺品模型，特别是具有操作运动的功能工艺品模型。

在工艺品制作中，经常使用的是最细的和最软的片材金属，用来制作旅游工艺品中的结构。还经常使用纸板材料上涂覆金属的漆料来模拟金属效果。加工金属材料的幅面和数量要符合制作工艺品时快速、便捷的原则。如采用金属材料加工制作大型工艺品时，加工成型难度大，不易修改而且易少锈，形体笨重，也不便于运输。

三、旅游工艺品模型制作的原则

（一）选择合适的材料

传统的工艺品模型制作主要成型于黏土或本质的块体，较精确的工艺品常常采用塑料数控加工成型，或用聚酯加强纤维在模具中成型，这些成型方法都极为耗时和耗资，同时需要大型加工设备、专用的工具和加工经验，常要经过的加工工序包括塑造、翻模、成型、修整与修补、打磨与抛光，涂上封闭物或底漆，表面着色上漆。所以，在模型制作中，根据不同的设计需求选择相对应的工艺品制作材料是极为重要的。例如，黏土就不能作为一种结构件工艺品材料来使用，塑料和聚酯工艺品需要大量的时间，而且需要许多设备和较大的费用投入。这意味着一旦工艺品模型制作完成后，设计师就不容易再做任何的改动，尽管有时这种改动和调整是必要的。纸和硬纸板则较易寻找，便于加工和进行造型处理。同时，对工具的要求也比较简单，也需要专门的工作场所，可以在任何操作台或小的切割台板上完成。纸对于工艺品模型是一种理想的材料，同时对于其他材料，它能被剪刀剪切和被快速黏结，在许多情况下它是最能快速操作的介质。纸又是成品材料，不需磨光，易于进行表面着色或其他后期处理。纸同时也是一种有多用途的介质。以纸来进行设计和制作工艺品模型，其表现的可能性是无限的。纸可以用来做如风筝、饰物、艺术品或用来建造大型结构，如包装和家具。纸虽薄却有强度，一个简单的折就可以将纸变成结构件材料。它的这种属性往往能够准确地描述出设计中结构的缺陷。尽管纸有各种不同的质量，但它的应用范围还是有限的，不可能适用于所有类型工艺品模型的制作。

能够满足廉价、省时、省材、省力的工艺品模型材料还包括泡沫塑料薄板。同时，这些材料重量轻，容易进行加工处理，相对便宜，只需要有适当的设备就能进行加工。当今发泡材料日益为设计师所青睐，其最大的优点在于允许设计师塑造大型的物体。在塑造大型块体的成型过程中替代了需要耗费大量时间、运用大型加工设备的木材、黏土等材料，而成为新型的模型造型材料。

（二）选择合适比例

工艺品模型材料和工艺品模型比例之间的选择有着严格的关系。因此，除非所制作的对象实体体积非常小，不用考虑比例。但是，工艺品模型的材料与比例必须同时进行考虑。例如，纸材对于大型工艺品来说并不是首选材料，尽管在工艺品内部可以设置结构框架，但最终还是会扭曲变形。相反，泡沫塑料对于塑造大型工艺品模型形态来说则非常适合。塑料则更适合于制作各种比例的表现性工艺品模型。

当选择一种比例进行制作时，设计师必须要权衡各种要素，选择较小的比例，可以节省时间和材料。但非常小的比例工艺品模型会失去许多细节。如 1 ： 10 的比例对一个厨房工艺品来说恰到好处，但对于一把椅子来说，特别是想表现许多重要的细节，就显得太小了。所以，谨慎地选择一种省时而又能保留重要细节的比例，而且能反映工艺品整体效果，是非常重要的。应该特别强调的是 1 ： 2 的工艺品模型往往带有欺骗性。旁观者常常会将按此比例制作的工艺品理解为全尺寸的小型工艺品模型。

如果可能的话，在工艺品制作中应按照 1 ： 1 选择与实际尺寸相符的比例。因为对于一个新的设计，原大尺寸的形体能使设计师从整体上更好地把握设计形态的准确性。

工艺品模型最内在的价值正是在于：通过它使人们更容易了解设计的真实体量感。

（三）选择合适的形态

选择材料最重要的目的是要使设计的形态形象化、具象化。但往往让令人惊奇的是，在设计师脑海里设计的形象化比纸上谈兵直接得多。因为在设计过程的早期，许多设计的细节在设计者的脑海中并未完全形成。设计者只需构建出一个大概的雏形和若干有寓意的细节即可，如各种中心尺寸和功能构件。但考虑这些构件的材料与细节对于构造一个工艺品来说是非常重要的。例如，制作一个有着尖锐边角的方形和表面有着大量图纹装饰的形态模型，就应该选择以纸来进行制作。其细节可以选用现成的物品和带图案的纸材来装饰。如果设计的对象有各种各样半径的图形倒角或柔和的曲线形态模型，那么，用泡沫塑料或其他如油泥等可塑性好的材料就比用纸更为适合。各种椅、桌的比例工艺品模型可以用塑料棒材或管材与纸材料进行组装。对于以线材为主的设计，各种直的或弯曲的管材和棒状物都可以用来加工和组装成工艺品模型。

（四）选择合适的色彩

工艺品模型制作还应考虑与最终工艺品的外观有关的因素便是色彩。这点从工艺品制作的一开始就必须以最终的设计效果为目标进行恰当的选择。选择某种符合最终表面设计需求的材料，或选择一种符合色彩要求的材料可以节省大量的设计与制作时间。

（五）选择合适的质地

在选择工艺品模型材料时，对于工艺品的表面质地也应作为一个重要的因素来考虑。例如，纸材料用于制作研讨性工艺品模型和概念工艺品模型时，是很好的介质，但对于表面要求较高的外观表现性工艺品模型来说，虽然以纸作材料同样可以达到目的，但要投入更多的时间和精力。所以，一般说来，表现性工艺品模型最好用多种材料结合进行制作（纸和木材，或木材和塑料、泡沫与纸），这样能保证设计的表现不会因单一材料的质地限制而受到影响。

（六）选择合适的真实度

工艺品外观的真实性取决于多种不同的因素。其中，首要的是工艺品的质地、不同材料的选择、时间与精力的投入。首先要考虑的是工艺品模型材料的质地。很显然，一个表现性工艺品模型，要比一个用于设计过程中研究所用的研讨性工艺品模型需要更高的真实性。

虽然有些工艺品模型并不需要真实的表面特征，就能够从工艺品模型所表达出的形态特征上理解其设计的内在寓意。但材料与真实性仍然有着直接的关系。例如，极其真实的工艺品模型除了球型之外都可以由纸来构造。木材、金属和塑料的质地也能给工艺品模型以相当高的真实性，但是要用泡沫材料来塑造一个真实度很高的工艺品模型几乎是不可能的。

根据以上所述的工艺品模型真实性的价值来看，如果实现一个工艺品真实性所需的时间超过它的所得，可适当地牺牲一些真实性。为了得到一个雅致的工艺品模型，质地和整洁这两点是非常重要的。一旦选定了材料的种类、比例和将要达到的真实程度，就必须坚持将它们贯穿于工艺品模型制作的始终。在工艺品模型制作的任何阶段，随意改变主意往往会导致制作的失败。当制作工作开始后，随意改变材料、比例或试图增、减真实性的要求都会增加许多额外的工作量，甚至最终成为一个结构丑陋的工艺品。在制作过程中，即使选错了材料，比例过大或太小，仍然可以锲而不舍地做下去，不要半途而废。或者立即放弃所做的一切，重新按原先的想法将它完成，然后从中吸取经验教训，再做一个新的。

四、旅游工艺品模型制作的工艺

旅游工艺品模型的制作，是工艺品造型设计过程的一部分，是工艺品设计过程中的一种重要表达形式，是体现设计理念、方法和步骤的过程，是设计与实践紧密结合的过程，是个人的技巧智慧和创造力充分发挥的过程，是将工艺品造型设计从无到有、从抽象到具象、从构思到现实、从平面到立体的逐渐完善的过程。

在旅游工艺品模型的制作过程中，为了真实、直观地将设计构思以三维形体的实物展现出来，只有充分了解了各种工艺品材料的基本特性、加工工艺和各种工具与设备，才能给制作加工带来方便，才能制作出满足设计要求的工艺品实体，否则是无法达到预期目的的。

（一）旅游工艺品模型制作的方法及工作程序

1. 旅游工艺品模型制作的方法

旅游工艺品模型是由多种相同或不同材料采用加法、减法或综合成型法加工制作而成的实体。工艺品模型制作的方法可归纳为加法成型、减法成型和混合成型。

（1）加法成型。这是通过增加材料，扩充造型体量来进行立体造型的一种手法。其特点是由内向外逐步添加造型体量，将造型形体先制成分散的几何体，通过堆砌、比较、确定相互位置，达到合适体量关系后采用拼合方式组成新的造型实体。加法成型通常采用木材、黏土、油泥、石膏、硬质泡沫塑料来制作。多用于制作外形较复杂的旅游工艺品。

（2）减法成型。与加法成型相反，减法成型是采用切割、切削等方式，在基本几何形体上进行体量的剔除，去掉与造型设计意图不相吻合的多余体积，以获得构思所需的正确形体。其特点是由外向里，这种成型法通常是用较易成型的黏土、油泥、石膏、硬质泡沫塑料等为基础材料的，多以手工方式切割、雕塑、锉、刨、刮削成型。适用于制作简单的旅游工艺品。

（3）混合成型。这是一种综合成型方法，是加法成型和减法成型的相互结合和补充，一般宜采用木材、塑料型材、金属合金材料为主要材料制作。多用于制作结构复杂的旅游工艺品。

2. 旅游工艺品制作的工作程序

（1）设定方案。① 从较多构思方案中，优选出一至两个方案。② 用简易材料先作出草模进行初模分析。③ 确定各单元件的相关图画。

（2）准备工作。① 选择合适的材料，充分了解掌握使用材料的特性、材料的加工方法、涂装性能效果。② 准备适当的工具和加工设备。

（3）拟定完善的制作流程。① 了解掌握工艺品的结构、性能特点，明确工艺品制作的重点。② 制作较大工艺品时，应先制作辅助骨架后再进行加工。③ 在评判、分析的基础上进一步加工制作研究工艺品模型、结构功能工艺品模型、表现工艺品模型，经评议审核后定型。

（4）表面处理对工艺品模型进行色彩涂饰，以及文字、商标、识别符号的制作和完善。

（5）整理技术资料，建立技术资料档案，供审批定型。

（二）旅游工艺品制作的工具

（1）量具。在工艺品制作过程中，用来测量工艺品材料的尺寸、角度的工具称为量具。常见的量具有直尺、卷尺、游标卡尺、直角尺、组合角尺、万能角度尺、厚薄规、内卡钳、外卡钳、水平尺等。

（2）划线工具。根据图纸或实物的几何形状尺寸，在待加工工艺品工件表面上划出加工界线的工具称为划线工具。常见的划线工具有划针、划规、高度划尺、划线盘、划线平台、方箱、V 型铁、划卡、圆规、千斤顶、样冲等。

（3）切割工具。金属刃口或锯齿，分割工艺品材料或工件的加工方法称为切割，完成切割的加工工具称为切割工具。常见的切割根据有多用刀、勾刀、剪刀、曲线锯、钢锯、木框锯、板锯、圆规锯等。

（4）锉削工具。完成锉削加工的工具称为锉削工具。锉削工艺品工件表面上多余边量，使其达到所要求的尺寸、形状和表面粗糙度。常见的锉削工具有各种锉刀、砂轮机、砂磨机、修边机。

（5）装卡工具。能夹紧固定材料和工件以便于进行加工的工具称为装卡工具。常见的装卡工具有台钳、平口钳、C 型钳、手钳、木工台钳。

（6）钻孔工具。在材料或工件上加工圆孔的工具称为钻孔工具。常用的钻孔工具有电钻、微型台钻、小型台钻及各种钻头。

（7）冲击工具。利用产生重力冲击力的加工工具称为冲击工具。常见的冲击工具有斧、木工锤、手锤、木槌等。

（8）鉴凿工具。利用人力冲击金属刃口对金属与非金属进行鉴凿的工具称为鉴凿工具。常见的鉴凿工具有金工凿、木工凿、木刻雕刀、塑料凿刀。

（9）攻丝套丝工具。在金属材料或工件上加工内螺纹或外螺纹的工具称为攻丝套丝工具。常见的攻丝套丝工具有丝锥、板牙和板牙架。

（10）装配工具。用于紧固或松、卸螺栓的工具称为装配工具。常见的装配工具有螺丝刀、钢丝钳、扳手。

（11）加热工具。产生热能并用于加工的工具称为加热工具。常见的加热工具有吹风机、塑料焊枪、电烙铁、烘筒。

第三节　旅游工艺品的制作技法

一、黏土工艺品模型的制作技法

（一）黏土工艺品模型概述

以黏土为主要材料的工艺品模型制作过程中，常采用对材料进行雕塑的方法，并配备一定的模板工具和量具进行整形，以最终达到对工艺品形态的塑造和把握。通常所说的雕塑，无论作为造型形式还是技法手段，都是一个综合的概念。作为立体造型的一种方式，有雕与塑之别，而作为技艺手段，也有两种基本方法：一是"雕"，或称"雕刻"；二是"塑"，即通常所说的"塑造"。由于习惯上的影响，有时往往容易不加区别地把"雕"同"塑"混淆起来。二者虽然都是对立体形象的表现形式和制作方法，可是运用与材料的技法和性质是大不相同的。

"雕"或"雕刻"，主要是指在非塑性的坚硬固体材料上，借助具有锋利的刃口的金属工具进行雕、凿、镂、刻，去除多余的材料，以求得所需要的立体对象，如石雕、木雕、牙雕、砖刻等。其中"雕"同"刻"也小有差异："雕"一般是对较大面积材料的切除，常指对整体性立体对象的雕制；而"刻"则多相对表层或浅层小面积材料的剔除，如扁体性的石刻、木雕等。但无论是"雕"还是"刻"，都是由大到小，由外向里，把材料逐步减去而求得的造型。

"塑"就不同了。"塑"的主要特点是利用柔韧的可塑性材料（易于塑造变形的性质），主要通过手和工具的直接操作，从无到有，从小到大，由里向外来完成对形体的塑造。用可塑性材料逐层添加的方法把立体对象的形体累积构筑起来，如泥塑、面塑。人们之所以不把它们称作"泥雕""面雕"，就是出于这个道理。试想，当用泥或其他软质材料捏小人或小动物的时候，总是从无到有，由小到大，一部分一部分地将材料捏成适合于所要塑造对象的立体形状，把这些形态彼此黏结起来，即先捏出躯干再粘头、粘上头、粘上四肢；还可以边捏边粘，也可以捏得差不多了再粘上去；也可以粘上之后再继续捏，直到捏出一个完整的形象。这就是最简单的"塑"。

一个较复杂的立体的塑造形象，其塑造过程自然也会是比较复杂的。无论如何，必须明白的是，"雕"与"塑"的基本概念具有本质的差别。可见，雕塑中"雕"与"塑"本质的不同是材料本身的不同性质所决定的。在一般情况下，对于"雕"与"塑"的概念在习惯上的某种笼统理解，大可不必追究。当涉及特定的技巧方法时，应能够明确地把握它们之间特定的内容、含义及差别。将"雕"与"塑"在此加以区别，主要的目的是在对下面内容的叙述中，以此便于了解塑造的技法、特点及其有关规律。

（二）黏土工艺品的材料与工具

制作泥工艺品的黏土材料，可以分为水性黏土及油性黏土两大类。黏土以其可塑性强，易于加工修改，常被应用于设计初期的研讨性工艺品。特别要强调的是：设计制作工艺品捏用的黏土是以油性黏土为主的。例如，软陶工艺品就属于油性黏土。采用缩小比例的泥塑研讨性工艺品，是为设计人员提供研究、修正、研讨之用的。由于泥工艺品的材料受气候、温度、湿度的变化影响会产生收缩和变形，所以，对尺寸精度有严格要求的设计，通常要求采用质量稳定、塑性较好的黏土作为工艺品的塑造材料。因此，黏土的品质是工艺品质量好坏的关键，选择质量好的泥塑材料有利于塑造过程的顺利进行。

1. 水性材料

水性黏土，按颜色大约可以分为三种：白色黏土、灰色黏土、棕褐色黏土。水性黏土是用水调和质地细腻的"生泥"经反复砸揉而成"熟泥"。其特点是黏合性强，使用时以柔软而不粘手、干湿度适中为宜。这种泥取材方便，可塑性大，从捏塑小泥稿到大型雕塑的泥塑创作都可以选用熟泥来塑造板型，泥土的颜色有多种，极适合创意工艺品的制作。

陶土，是由多种微细的矿物质组成的集合体。多呈粉状或块状，其矿物质成分复杂、颗粒大小不一，常含有粉砂、砂粒等。其含有有机杂质，因而颜色不纯，往往呈灰白、黄、褐红、灰绿、灰黑、黑色等。陶土具有吸水性和吸附性，所以加水揉和后具有较好的可塑性。

黏土，在自然界中分布广泛，种类繁多，储量丰富。其主要化学成分是氧化硅、氧化铝和少量的氧化钾，具有矿物质细粒，经破碎、筛选、研磨、淘洗、过滤和水掺和而成泥的坯料可用于雕塑及需要拉坯成型的工艺品，陶土、黏土工艺品的主要工具是手和手工塑造工具。由于陶土、黏土均属含水性材料、干后易裂，不便保存，一般多用于工艺品设计创意阶段的制作或翻制石膏工艺品之用。

由于水性黏土材料干燥后容易龟裂，塑造后的工艺品不易保存，往往将塑造后的工艺品，再翻制成石膏工艺品，以便于长期保存。当拌和泥时，免不了有时会把泥和得干燥不匀，因此也不能用于塑造工艺品。如果泥太稀黏性大而过软，会妨碍大型塑造，易黏附在手和工具上，同时随着泥土中水分的蒸发，泥土收缩性增大，工艺品表面全龟裂。如果塑造泥料过于湿软，可按所需的量取其一部分，进行反复揉炼。以加速泥内水分的挥发。也可以将湿泥放置于洁净而干燥的石膏板上，使之充分浸润，至适当湿度时再将泥料揉合均匀，或将泥分成薄块置放于背阴处，晾干一段时间，再敲打使用。不要把稀泥放在阳光下晒干，这样做会使表面干硬的泥块经敲打后混合在泥中，造成泥体的不均匀，使用时极不方便，应注意避免此类问题。

塑造中用过的泥料，或已干固的泥料，可敲碎放回泥池或泥缸。加水闷湿，反复使用。塑造时需注意泥的保洁，黏混杂质，保持泥体的润洁。在塑造过程中，如果工艺品模型表面的泥块湿度与里层泥块的湿度一致，泥与泥之间黏合力就强。若泥块的湿度表里不一，黏合力则会受到影响，即使黏合在一起，一旦遇水，表层的干泥便会脱落，特别是对工艺品的细节的塑造影响很大。塑造用的泥土的干湿软硬程度，是以手指轻捻即可变形，不裂又不黏手指为易。黏土过干会使塑性变小、变硬，塑造时上泥费力，不易"塑型"。黏合力小，容易剥裂。过湿则黏手，也不便于"塑型"，且承受力弱、易坍塌，收缩性及干裂的可能性较大，整个塑造过程中的用泥最好保持在相对接近的湿度状态。

综合对泥物理性质的了解，传统的泥塑技艺，泥塑的模制一般分为四步：制子儿、翻模、脱胎、着色。制子儿就是制出原型，找一块和好的泥，运用雕、塑、捏等手法，塑造好一个形象，经过修改、磨光、晾干后即可，有些地方还要用火烧一下，加强强度。翻模就是把泥土压在原形上印成模子，常见的翻模有单片模和双片模，也有多片模。脱胎就是用模子印压泥人坯胎，通常是先把和好的泥擀成片状，然后压进模子，再把两片压好泥的模子合拢压紧，再安一个"底"，即在泥人下部粘上一片泥，使泥人中空外严，在胎体上留一个孔，使胎体内外空气流通，以免胎内空气压力变化破坏泥胎。最后一道工序是着色，素有"三分塑，七分彩"之说。一般在着色之前先上一层底色，以保持泥胎表面光洁，便于吸收彩绘颜色，彩绘的颜料多用品色，调以水胶，以加强颜色附着力。例如，天津"泥人张"彩塑是清朝道光年间发展起来的，自张明山先生首创，流传至今已有180多年历史。泥人张彩塑具有鲜明的现实主义艺术特色，能真实地刻画出人物性格、体态；追求解剖结构，夸张合理，取舍得当；用色敷彩，典雅秀丽。泥人张彩塑适于室内陈设，一般尺寸不大，约40厘米，可放在案头或架上。它所用的材料是含沙量低无杂质的纯净胶泥，经风化、打浆、过滤、脱水，加以棉絮反复砸揉而成的"熟泥"。再经艺术家手工捏制成型，自然风干，再施以彩绘。

2. 油性材料

油性泥是一种人工制造的材料，比普通水性黏土强度高、黏性强。油泥是一种软硬可调、质地细腻均匀、附着力强、不易干裂变形的有色造型材料，主要成分由滑石粉、凡士林、石蜡、不饱和聚酯树脂等根据硬度要求按一定比例混合而成。在室温条件下的油泥硬固，附着力差，需经加热变软后才能使用。但是，如果加热温度过高则会使油泥中的油与蜡质丢失，造成油泥干涩，影响使用效果。油泥工艺品在一般气温变化中胀缩率小，且不会因空气干湿变化而龟裂，可塑性好、易挖补、颜色均匀，适于塑制创意工艺品及较精细的工作工艺品。油泥的缺点是不能用于拉坯成型。

油泥具有不易干裂的特点，常温下可以长时间地反复使用。在温度较低的情况下油泥则会变硬，在温度过高的情况下油泥则会变软。过硬或过软都会影响油泥的可塑性。所以，在冬季使用油泥时，室内最好要有取暖设施，将温度升高，并保持常温。若无取暖条件，也可以用热水温软油泥，使用时倒一盆温热水。将油泥分成块放入盆中隔水加热，待变软后取出使用。夏季天气炎热，环境温度高，油泥极易软化，塑造时，应避免阳光直射在工艺品上，应选择在阴凉通风处进行塑造作业。油泥黏性好，韧性强，不易碎裂，适合于塑造形态精细的工艺品。

油泥在反复使用过程中不要混入杂质，以免影响质量。不用时可用塑料袋套封保存，可长期反复使用。由于油泥材料的价格高于黏土材料，在制作较大的油泥工艺品时可以先用发泡塑料做内芯、骨架，使油泥的利用既经济又充分。塑造的辅助材料有木质、金属、塑料等材料。辅助材料是在塑造过程中为增强工艺品的牢固性且可以充当工艺品的骨架材料。木质材料有木板、木块等；金属材料有铁丝、薄铁板；塑料材料有塑料板、棒、管等都可以用来扎制工艺品的内骨架；综合材料有泡沫塑料等。在塑造中可用作"填充料"以增大工艺品的内部体积，减少表面加泥量，能够有效地减轻工艺品的自重。但对于体量不大的工艺品则没必要使用，对于大、中型工艺品尤为适用。严格地讲，油泥是有机物与无机物的混合体。油泥遇明火易熔融滴落，燃烧后会成为黑灰色灰烬。因其具有与水性雕塑泥相同的可塑性，故与黏土归为一类。油泥的可塑性好，稍加热后可以用刮板进行顺畅的加工造型。油泥类型有很多种，但应选择具有颜色均匀、颗粒细、随温度变化而膨胀收缩量小、易填补、具有良好外观品质的品种。

把加热后软硬合适的油泥铺包在填充料外部，往模型胎基表面上油泥，我们称为填敷（也有称为填墩、上泥）。填敷油泥就像做雕塑要先"上大泥"一样。但填敷油泥不能像做雕塑将泥土一坨一坨地按在支架上，然后要用棒使劲敲打压紧。填敷油泥的主要方法有"推"和"勾"。"推"是用大拇指和手掌边缘向前推进填敷；"勾"是用食指弯曲，用其内侧向后勾拉填敷，不要用其他手指。填敷油泥只能是一层接一层地敷贴，并且第一层油泥不要敷得太厚。应该是适当用力并尽量均匀地先填敷薄薄的一层。然后再照此方法一层一层地填敷较厚的油泥。但不要过厚，可以多填敷几次，保证油泥之间的贴合，直到填敷满整个胎基。之后便是粗刮和精刮，以得到完美的造型。

二、石膏工艺品的制作技法

（一）石膏工艺品概述

泥工艺品虽然采用湿布、喷水的方法来保持泥工艺品的水分和防止杂质的混入，但毕竟这种方法仅能保持短暂时间的不变形，时间一长，水分逐渐消失，仍然会导致工艺品的收缩变形和龟裂。为了使旅游工艺品的模型可以长久保存下去，人们通常采用将泥工艺品模型翻制成石膏工艺品的方法来保存作品，以便长久地保留所塑造的工艺品形态，同时也可以通过制作石膏模具的方法进行多次复制原形。

由于采用石膏模具的方法翻制旅游工艺品成本低，不需运用太多的工具，操作简单且占地面积小，所以一直被广泛地应用于艺术设计、工艺品制作的领域。在工艺品已成型的技法中，这是一种重要的、也是最常用的成型方式。石膏模具法是石膏成型技法中翻制工艺品惯用的一种方法。通常，石膏模只是在已塑造完成的黏土或油泥工艺品母体上，抹上一层脱模剂（通常使用肥皂水），在泥塑母体上浇注上一层具有一定厚度的石膏浆，当石膏浆完全凝固后，再取出泥塑的原型，形成中空的石膏模具。

石膏模具与原泥塑工艺品成为形态上正好相反的阴性模关系。这时泥塑原型已被破坏，而利用阴性的石膏模具来复制保留原来的作品。在阴性的石膏模具型中，浇注石膏浆，待石膏浆凝固成型之后，敲碎阴性的石膏模具，或分片、分部分地分开阴性石膏模具，就可以进行得到复制工艺品，即石膏的作品原型。

石膏工艺品能较好地保留设计者原创作品的形态。如果翻制完美，石膏材料能百分之百地复原出所设计工艺品的原型，很好地保留和传递作品的形态。石膏工艺品更有利于保存，假若石膏模具被分片、分部分地剥离，复制出来的石膏工艺品母体不被损坏，便可以多次复制，复制出多个相同的作品。

（二）石膏工艺品的材料与调制方法

生石膏即天然石膏，是一种天然的含水硫酸钙矿物，纯净的天然石膏常呈厚板状，是无色半透明的结晶体。由于它是含有两个结晶水的硫酸钙，故又称为二水石膏。将生石膏煅烧至120℃以上而不超过190℃时，生石膏中的水分约失去3/4而成为半水石膏。若再将温度提高至190℃以上时，半水石膏就开始分解，释放石膏中的全部结晶水而成为无水石膏，即无水硫酸钙。半水石膏与无水石膏统称为熟石膏。工艺品石膏主要是二次脱水的无水硫酸钙。呈白色粉末状，石膏粉与水混合调制成浆后，石膏与水的配比一般为1∶1或者1.35∶1。石膏的凝固时间与水的比例有关，如果水少则凝固时间较短，反之增长；另外，水的温度高，凝固时间快，反之变慢；与搅拌也有关系，搅拌愈多愈急剧，凝固越快，反之较慢；通过化学方法，如加入少量食盐，凝固速度变快，加入一些胶液，则减慢速度。初凝不早于4min；终凝不早于6min，不迟于20min。

熟石膏粉可以在化工商店购得，但常因质量各异，所以在使用前需做凝固试验，用熟石膏制作模具有以下优点：① 在不同的湿度、温度下，能保持工艺品尺寸的精确；② 安全性高；③ 可塑性好，可用于不规则及复杂形态的作品；④ 成本低，经济实惠；⑤ 使用方法简单；⑥ 复制性高；⑦ 表面光洁；⑧ 成型时间短。

熟石膏粉具有很强的吸水特性。通常熟石膏粉都是一包一包地用塑料袋密封包装，所以一袋熟石膏最好一次使用完，如果不能一次用完，必须把剩余的熟石膏料密封包装妥当，置放于干燥的地方，隔次使用间隔时间最好不要太长。熟石膏粉本身具有吸水性，制约了熟石膏的使用寿命，稍有潮湿就会影响它的硬化凝固性能，一旦熟石膏粉受了潮，就无法再次使用。

三、树脂工艺品的制作技法

（一）树脂工艺品概述

树脂工艺品是以树脂为主要原料，通过模具浇注成型，制成各种造型美观且形象逼真的人物、动物、山水等，并且可以制成各种仿真效果，如仿铜、仿金、仿银、仿水晶、仿玛瑙、仿大理石、仿汉白玉、仿红木等树脂工艺品。

树脂一般认为是植物组织的正常代谢产物或分泌物，常和挥发油并存于植物的分泌细胞、树脂道或导管中，尤其是多年生木本植物心材部位的导管中。由多种成分组成的混合物，通常为无定型固体，表面微有光泽，质硬而脆，少数为半固体；不溶于水，也不吸水膨胀，易溶于醇、乙醚、氯仿等大多数有机溶剂。加热软化，最后熔融，燃烧时有浓烟，并有特殊的香气或臭气。

树脂分为天然树脂和合成树脂两大类，天然树脂是指由自然界中动植物分泌物所得的无定形有机物质，如松香、琥珀、虫胶等。合成树脂是指由简单有机物经化学合成或某些天然产物经化学反应而得到的树脂产物，如酚醛树脂、聚氯乙烯树脂等。

（二）树脂与玻璃钢

由玻璃纤维及其织物（如玻璃纤维布、玻璃纤维丝、玻璃纤维带等）与合成树脂（环氧树脂、不饱和聚酯树脂、酚醛树脂等）复合而成的材料被称作玻璃纤维增强塑料（俗称玻璃钢），分为热塑性玻璃钢和热固性玻璃钢两种。这里应该明白复合材料的概念，复合材料是指一种材料不能满足使用要求，需要由两种或两种以上的材料复合在一起，组成另一种能满足人们要求的材料，即复合材料。例如，单一型玻璃纤维，虽然强度很高，但纤维间是松散的，只能承受拉力，不能承受弯曲、剪切和压应力，还不易做成固定的几何形状，是松软体。如果用合成树脂把它们黏合在一起，可以做成各种具有固定形状的坚硬制品，既能承受拉应力，又可以承受弯曲、压缩和剪切应力。这就组成了玻璃纤维增强的塑料基复合材料。由于其强度相当于钢材，又含有玻璃成分，也具有玻璃那样的色泽、形体、耐腐蚀、电绝缘、隔热等性能，像玻璃那样，历史上形成了这个通俗易懂的名称——玻璃钢。玻璃钢的含义就是指玻璃纤维做增强材料、合成树脂做黏结剂的增强塑料，国外称玻璃纤维增强塑料。随着我国玻璃钢事业的发展，作为塑料基的增强材料，已由玻璃纤维扩大到碳纤维、硼纤维、芳纶纤维、氧化铝纤维、碳化硅纤维等，这些新型纤维制成的增强塑料，是一些高性能的纤维增强复合材料，再用玻璃钢这个俗称就无法准确概括其特性了。考虑到历史的由来和发展，通常采用玻璃钢复合材料，这样一个名称就较全面了。

1. 热塑性玻璃钢

热塑性玻璃钢是以玻璃纤维为增强质和以热塑性树脂为黏结剂制成的复合材料。制作玻璃纤维的玻璃主要是二氧化硅和其他氧化物的熔体。玻璃纤维的比强度和比模量高，耐高温、化学稳定性好、电绝缘性能也较好。用作黏结材料的热塑性树脂有尼龙、聚碳酸酯、聚烯烃类、聚苯乙烯类、热塑性聚酯等，其中以尼龙的增强效果最为显著。

热塑性玻璃钢同热塑性塑料相比，强度和疲劳性能可以提高 2 ~ 3 倍以上，冲击韧性可以提高 2 ~ 4 倍（与脆性塑料比），蠕变抗力可以提高 2 ~ 5 倍，达到或超过了某些金属的强度。例如，40% 玻璃纤维增强尼龙的强度超过了铝合金而接近于镁合金的强度。因此，可以用来取代这些金属。

2. 热固性玻璃钢

热固性玻璃钢是以玻璃纤维为增强质和以热固性树脂为黏结剂制成的复合材料。通常将热固性玻璃简称玻璃钢。热固性树脂通常分为酚醛树脂、环氧树脂、不饱和聚酯树脂和有机硅树脂四种。酚醛树脂出现最早，环氧树脂性能较好，应用较普遍。

热固性玻璃钢主要有以下特点：① 有高的比强度；② 具有良好的电绝缘性和绝热性；③ 腐蚀件化学介质都具有稳定性；④ 根据需要可制成半透明或特别的保护色和辨别色；⑤ 能承受超高温的短时作用；⑥ 方便制成任意曲面形状、不同厚度和非常复杂的形状；⑦ 具有防磁、透过微波等特殊性能。

但玻璃钢的不足之处也较明显。其主要不足是弹性模量和比模量低，只有结构钢的 1.5 ~ 1.1。刚性较差。由于受有机树脂耐热性的限制，目前一般还只在 300℃ 以下使用。玻璃钢是用纤维或布作增强材料，所以它有明显的方向性，玻璃钢的层间强度较低，而沿玻璃钢经方向的强度高，在同一玻璃钢布的平面上，经向的强度高于纬向的强度，沿 45° 方向的强度最低。因此，玻璃钢是一种各向异性材料。此外，还有易老化、产生蠕变等缺点。

玻璃钢的重量轻，只相当于钢的 1/4 ~ 1/5，比金属铝材质还轻，机械强度是塑料中最高的，某些性能已达到普通钢的水平，这主要是由于合成树脂（如环氧树脂）对各种物质具有优异的黏结性能而形成的。

环氧树脂为热固性塑料。本身不能固化，必须加入固化剂（一般使用胺类固化剂）后才能形成关联结构的固化物。凝固后的环氧树脂具有较高的黏结强度，固化时收缩性小，其收缩率为 0.5% ~ 1.5%，且不易变形。不足之处是创作成本相对较高，某些固化剂有一定的毒性，难于修改、打磨、修整，制作工艺烦琐。树脂工艺品与石膏工艺品一样，也是作为模具制作与复制母体工艺品的一种常用方法和手段。树脂工艺品由于机械强度高、耐冲击、固化性能稳定、耐潮湿、防水，可以放置于室外，所以大多用来设计和制作定型的大型工艺品。例如，用树脂来翻制城市雕塑、制作汽车工艺品、建造船体。树脂也适合于制作精确的、小体量的工艺品。

四、木雕工艺品的制作技法

（一）木雕工艺品概述

木雕的种类还分工艺木雕和艺术木雕两大类。工艺木雕通常是指流传在民间，有着悠久的历史和强烈的民族传统色彩，讲究精雕细镂。工艺木雕又分纯观赏性和实用性两类。观赏性木雕是陈列或摆设于橱、窗、台、几、案、架之上，供人观赏的小型的、单独的艺术品。它是利用立体圆雕或半圆雕的工艺技术雕制，表现的题材、内容广泛，有花卉、飞禽、走兽、仕女、历史人物等，还有一些反映现实生活、有思想意义的作品。如温州黄杨木雕，其受清末文人画的造型风格和线条影响，刀法纯朴圆润、结构虚实相生，有诗情画意的特色。实用性木雕是指利用木雕工艺装饰的、实用与艺术相结合的艺术品。如宫灯、落地灯、屏风、镜架、笔架、镜框、钟座、首饰盒及建筑部件、家具雕饰等。还有专为其他工艺品配制装饰的几、案、座、架。还有像玉器、牙雕、花瓶、首饰、瓷器等，这些艺术品配以木雕装饰，烘托了主体，丰富了整体，并增加了艺术欣赏价值。

在木雕艺术中，工艺木雕虽然是根据某种装饰需要（它们大到传统建筑、古典家具、寺庙、神坛；小到生活用具、案头摆设），却是雕刻艺术中的精华部分。由于这种木雕需要量大，应用范围广，所以一般是由经验丰富、技艺精湛的老艺人或工艺美术师设计雕制，再由工艺娴熟的工人大量雕刻复制的。因此，在题材表现形式上就有一定的规范和程式，制作工序也很明确，分出坯、修细、打磨、上光、配置、底座等流水作业。

艺术木雕通常是指构思精巧，内涵深刻，有独创性，能反映作者的审美观、艺术方法和艺术技巧的作品。艺术木雕一般都是由作者一手设计制作完成的，所以他能始终贯穿并把握创作的意念与追求。艺术木雕的创作方法除了与其他雕塑材料一样是用形体来表现客观世界的人和物，或写实、或夸张、或抽象，还要结合利用木材的特性，从原始材料的形态属性中挖掘美的要素，以及充分体现木雕艺术的趣味和材质美。艺术木雕的题材内容及表现形式，一方面取决于作者的艺术素养及兴趣爱好，另一方面取决于木材的天然造型和自然纹理，也就是"因材施艺"。艺术木雕的表现手法丰富且不拘一格，有的大刀阔斧、粗犷有力；有的精雕细刻、线条流畅；有的简洁概括，巧用自然美。好的艺术木雕不仅是雕刻家心灵手巧的产物，而且也是装饰、美化环境、陶冶性情、令人赏心悦目的艺术品，故具有较高的收藏价值。

与所有的雕刻一样，木雕的形式大致可以分为两种：一种是"独立式"；另一种是"依附式"。前者是指可以用来自由放置，并且从任何方向、任何角度都能看见的所谓三维空间艺术的圆雕，通常被作为室内的陈设品或案头摆件。后者是指用于装饰建筑物室内墙面或门窗等固定空间的浮雕。这类浮雕通常采用高、低、镂、透、通等多种手法来表现。雕像略微突出的称作低浮雕；雕像在底面上十分突出的称作高浮雕；浮雕的周围被镂空使雕像如剪纸般显出清晰的影像效果的被称为镂空雕；雕像的构图层次多，一层一层雕进去，除了最后的背景，前面部分与底面没有关系的又被称为透通雕。透通雕的特点主要融合各种雕法在一个画面上，是表现多层次的作微俯立体型的全面镂空雕刻，作品有玲珑剔透的艺术效果，主要用于传统的古建筑木雕装饰上，如广东的金漆木雕就是把人物山水、翎毛花卉、走兽虫鱼和各种图案集中在一个画面上，并以"之"形与"S"形的径路来区分不同的情节和场面，镂通层次一般在二至六层，雕工细致已近于牙雕，层次丰富，立体感强，在狭小的体积上，表现出广阔的空间。也有一些浮雕本身就是独立的艺术品，可根据环境需要自由配置，亦属装饰性的壁挂或屏风等。

（二）木雕工艺品材料选择与创作方法

木材含水量的高低将直接影响到木雕工艺品的产品品质。木材的吸附性非常强，对于吸水来说，无论是气态还是液态的水分都很容易被木材吸收。水分含量过高有可能会发生木雕变形及开裂的问题，所以，一般在制作之前我们将对材质进行去除水分的工艺处理，使其达到制作木雕工艺品的含水标准。

木材密度影响木雕的精细度。所谓密度高低，通俗地说，就是制作木雕的原材料质地是否坚硬。通常我们选择硬木来制作产品，比如黄杨木雕所使用的黄杨木；制作高档木雕佛像时所使用的黄花梨；制作笔筒时所使用的小叶紫檀；制作屏风时所使用的红檀等。由于材质坚硬，适合于精雕及磨光，制作出的木雕成品非常细腻。

木雕的色彩主要分为深色和淡色两种，作为专业的木雕生产厂家，除特殊情况（如作品需要仿古处理或彩绘、上金）外，不建议在木雕制品表面上油漆，仅仅打层蜡即可。这样既环保又可显出木材的本色，体现出木雕工艺品的价值。

根据用途选择不同档次的木雕材质，才能买到称心如意、物超所值的宝贝。比如，自己收藏或馈赠贵宾的木雕小件，建议选用上等木材制作，而家庭或场地装饰的大件屏风、木雕摆件等，则建议选用一般材质。但不能太差，以免影响整体效果。如展会宴宾等临时使用，可以选用较软的低档木材。不过还需要能够适合消费者的雕刻要求。图形复杂，需要精雕效果的只能选用中等的硬木，太软无法则满足雕刻要求。

木雕的创作方法有以下三种。

第一种方法是面对一块比较普通，没有什么特殊形状的圆木、方木，或是有规格的板材时（即经过人为地去绺去脏，将木料加工成有规则的料形，如正方形、长方形、圆形等），我们可以比较自由地去选择雕刻的内容与主题，然后用大量地切削雕琢去实现最终的艺术效果。这种方法看似简单，但也会受到一定的约束，由于木材的结构是由纤维组成，它的易断易裂性要求我们在创作构图上强调整体性、牢固性。一般来讲，艺术木雕不讲究拼接，否则就失去了木雕的特征。要在一段原木上做文章，就得避免张牙舞爪的动势，就要舍弃支离破碎的细节。为了突出木材的肌理，表现美丽的木纹，造型体积就不宜太小太多，要做大块大面状，追求浑然一体的效果。

第二种方法是随形就像，既"顺其自然"地依据材料本身特有的天然形状或纹理方向，凭感觉和想象赋予这块材料以特定的形象，巧加雕琢后便使其形象释放出来。所谓"七分天成，三分雕刻"。这种方法也叫"巧雕"，其构思过程比实际雕刻的时间应更多，而其中的乐趣亦无穷。"巧雕"是一种适形造型，也就是它要适应某种条件，这种条件是一种限制或是约束，似乎也会给作者造成麻烦，然而往往受局限的东西反倒会成为形成其艺术特点的决定性因素，这种因素能予朽木以神奇。有的玉石雕刻之所以宝贵，就是体现在作者是以量形取材运用因材施艺的方法，创造了绝妙佳品。

自然给我们以许多启示，有的材料拥有一个不寻常的特征，对你的想象或灵感有直接启发；有的则不太明显，需要经过深思熟虑、苦思冥想；而多样的木纹又常常是影响作品艺术效果好或不好的因素；有些木料的"残片碎块"、不规则形状也能引发我们联想起某种形象的存在。因而许多雕刻家经常把一些"奇形怪状"的木头搜集起来长久地摆放在周围，时常琢磨和推敲，一旦考虑成熟便拿起刻刀，欲罢不能。

第三种方法是完全摆脱原始材料的形态属性，用人工或机械堆叠的方法，使大大小小的木块木片按设计意图拼制成大致的形状与厚度，然后再进行雕琢。这种方法的好处在于它能随意增加木头的体积，大大减少了切削木料的功夫，节省了大块原木。假如是用不同颜色的木料堆叠黏合起来，呈木头形状的"三明治"，其木材外表经过雕制，会显现出清晰美妙的装饰性木纹，使作品产生独特的艺术效果。有些雕刻家还经常在雕刻物的任何部位增加想要增加的木料，他们用组合黏结的方法，以期望扩大木雕的比例和形状。还有一些雕刻家在运用木材创作时更加别出心裁，他们把种在花园里的树木原地不动地雕刻成作品；有的还为它们加枝添叶，因势度形，创造出与自然同呼吸、共生存的木雕艺术品。

木头原本是有生命的物体，它给人类带来了数不尽的好处，而人类所能给予的回报应是将它们那种特别的温和与美丽，以及纯朴的品质尽量体现并保存下来，赋予其新的生命。

五、金属工艺品的制作技法

（一）金属工艺品概述

金属工艺也称金属装饰，简称金工，是针对金属材料进行造型设计，并将其加工制作成金属艺术品和日用工艺品。它既不是单纯的艺术，也不是单纯的技术，不同的金属通过不同的加工技巧、工艺程序，能产生出不同的视觉美感和触觉美感。金属工艺之美是材质美、工艺美、艺术美的结合。与其他传统工艺不同，各种金属的化学性质不同，因此有不同的制作程序，又由于金属工艺的发展非常迅速，不同时代产生了不同的金属材料，涉及面广，技巧繁多，故无法逐一记载。据现有的文献记载，金属工艺大概分为以下五类：打作与捶揲，鎏金与镀金，掐丝与金属珠焊缀，镂、錾刻和镂空，铸造、铆接、镶嵌和平脱。

（二）金属工艺制作工艺

传统的金属工艺强调材料本身的特性和自身价值。物以稀为贵，由于受到材料的限制，制作的器物大多具有鲜明的功能性。传统的金属工艺讲求技法，对技术的要求时时体现在作品中，传统金属工艺主要有以下五类。

1.打作与捶揲

"打作"泛指金属制作。"打作"一词在金属器皿刻铭中出现，是绝大多数器物成型前必须经过的工艺过程，目前常称作"捶揲"或"槌揲"。捶揲，即锻造、打制，其技术可以冷锻，也可以经过热处理，是利用金属的延展性，将自然或冶炼出的金属材料捶打成各种形状，供进一步加工使用。皿类中的碗、盘、碟、杯等大多数都是用捶揲技术制作的。用捶揲技术制作器皿，充分利用了金属质地较柔软的特点，逐渐捶击使金属片材料按设计延展，做成需要的形制。一些形体简单、较浅的器皿便可以直接捶制出来。较复杂的器物也可以分别捶制，然后再焊接在一起。捶揲技术能够追求优美写实的艺术表现，既可以制作器物的形体，也可以制作装饰花纹。捶揲器皿形制或纹样，有时需要衬以软硬适度、有伸缩性的衬底，古代用沥青、松香加毛草或砥石粉合拌松香制成。捶击金属片时底衬随之变形，达到成型目的。有的底衬为坚硬的底模，是事先预制的，金属片在捶制时按底模成型，也称为模冲。

2.鎏金与镀金

鎏金工艺历史悠久，汉代称为涂金、黄涂。鎏金，按现代说法又叫火镀金、烧金或汞镀金。鎏金工艺最大的特点是鎏金层极薄，而且紧密，看不出刻意装饰。西汉时期，鎏金工艺已经非常成熟，但大量运用于铜器上。鎏金工艺真正的兴盛在唐代。鎏金工艺分通体鎏金和局部鎏金。通体鎏金看上去和金器相同。局部鎏金在唐银器中最为常见，即在花纹部分鎏金，文献中叫"金花银器"，是把器物的质地与装饰结合在一起的称谓。局部鎏金有两种方法：一是刻好花纹再鎏金；二是鎏金后再刻花纹。前者主要流行于中唐前期，后者多见于中晚唐。

3.掐丝与金属珠焊缀

掐丝是一种精细、费时的艺术手法，艺术效果却是玲珑剔透。其工艺是将捶打成极薄的金属片剪成细条，慢慢扭搓而成，可以单股，也可以多股。另外还有拔丝，是通过拔丝板的锥形细孔，将金属挤压而入，从下面的小孔将丝抽出。较粗的丝也可以直接捶打而成。掐丝常和金属珠焊缀工艺同时使用。金属珠的制法是把金属片剪成丝，切成段，加热后熔聚成粒，颗粒较小时，自然浑圆。掐丝与金属珠焊缀结合的作品，广泛地运用于首饰和装饰类器物上。掐丝、金属珠常用焊接的方法依附在器物表面，故焊接成为必不可少的手段。

4.镂、錾刻和镂空

锲是用刀刻，镂是雕刻。"镂"也指雕刻纹样，现代也称为镌刻、錾刻、攒刻、镂刻、雕镂。最常见的称谓是錾刻，是在器物成型之后进一步加工，多用于花纹。錾刻工艺十分复杂，工具有几百种之多，根据需要随时制作出不同形状的錾头或錾刀。一类錾头不锋利，錾刻较圆润的纹样，不致把较薄的金属片刻裂，由一段段短线组成；另一类錾头锋利如凿子，錾出较细腻的纹样。在制作实施时又分为两种：一种线条为挤压出来的；另一种的线条为剔出来的。錾刻技术产生出丰富多彩的艺术效果，有时为平面雕刻，有时为花纹凹凸呈浮雕状，可在器物的表里同时使用。在金属器使用了捶揲技术之后，錾刻一直作为细部加工手段在使用，运用在铸造器物的表面刻画上，贴金、包金器物的纹样部分也采用此法。镂空，本来也是錾刻，要錾刻掉设计中不需要的部分，形成透空的纹样，称为镂空或透雕。

5.铸造、铆接、镶嵌和平脱

捶揲技术应用后，铸造方法便很少采用了。铸造技术很难制出薄胎器型。铆接、切削等工艺，主要运用于将接件和主体间凿出小孔，用钉钉牢，是器把、提梁常用的手法。金属平脱是唐代极为流行的工艺，主要出现在铜镜、漆木器上。平脱工艺主要是出现在盛唐及唐稍晚时期的作品。

第五章　旅游工艺品的市场开发策略

第一节　旅游商品市场开发策略

一、旅游商品市场营销的定义

（一）市场营销的定义

国内外关于市场营销的研究成果非常丰富，对市场营销的概念从不同角度给出了定义，其中较为经典的有以下两点。

著名市场学家菲利普·科特勒认为，市场营销是个人和集体通过创造并同别人交换商品和价值以获得其所需所欲之物的一种社会过程。

著名市场学家路易斯·布恩认为，市场营销是发展和有效分配商品或劳务目标市场的活动。

（二）旅游商品市场营销的定义

据市场营销定义分析，商品市场营销主要包含两个方面的含义。

一是商品买卖双方在一系列活动的作用之下实现供给与需求的对接。

二是商品或劳务在买卖双方之间的转移。

因此，我们给出旅游商品市场营销的定义是，旅游商品供给者通过一系列活动，实现旅游商品在旅游商品供给者与旅游者之间的供需分配的过程。

（三）旅游商品营销的观念转变

市场营销观念的形成是一个复杂的过程，在世界经济发展历程中，商品市场营销观念经历了多阶段的变化过程，简单来说，主要有生产导向阶段、商品导向阶段、推销导向阶段、消费者导向阶段、生态学市场导向阶段、社会市场营销导向阶段，以及大市场营销导向阶段。

在前三个市场营销观念发展阶段，市场营销主体的营销行为都是基于商品生产者的位置而进行的；在接下来的三个发展阶段中，市场营销主体的营销行为是基于商品消费者的位置而进行的。

而最后的大市场营销导向阶段，是一种强调运用政治工具、公共关系等手段影响企业外部环境、引导市场需求并进行满足的营销观念，这是对于"外部环境不可控制和改变"的一种巨大突破。

旅游商品市场营销的观念同样也经历了这样一个发展历程，在现代经济社会的形势变化中，我们也应该采用大旅游市场营销导向，进行对外部环境的影响和消费需求的引导，实现旅游业经济效益、社会效益和环保效益的共赢。

二、旅游商品的市场结构

（一）旅游景观商品的市场分析

1. 旅游景观商品的目标市场

杨振之（2007）提出，目标客源市场定位有四种类型，选择合适的细分市场通常要考虑以下几个因素：各细分市场的大小、增长率、变化趋势和竞争态势；各细分市场的进入门槛和收益状况；各细分市场间的相互联系和竞争；旅游吸引物的特色、规模和等级；目标吸引物及其他吸引物之间的空间联系和空间竞争等。

禹贡和胡丽芳（2005）提出景区在具体选择目标市场时，要考虑景区实力和竞争格局、产品特性及生命周期、市场营销环境三个因素。

2. 旅游景观商品的市场定位

（1）心理逆向定位是指打破消费者一般思维模式，以相反的内容和形式标新立异地塑造市场形象的定位方法。例如，秦皇岛野生动物园一改传统动物园将动物囚禁在笼中的做法，而是采取游客与动物对调的方式，人被囚禁在车中，而让动物在笼外宽阔的空间自由活动。这种模拟野生动物园第一个打破了我国消费者对动物园的惯性思维，从而赢得了市场的认可。

（2）比附定位是一种"借光"定位方法。它借用著名景区的市场影响来突出、抬高自己，如把苏州誉为"东方威尼斯"，把麦积山石窟誉为"东方雕塑馆"。采用这种定位方法的景区并不去占据比附对象的市场地位，与其发生正面冲突，而是以近、廉、新的比较优势去争取比附对象的潜在顾客群。

（3）顺风转舵定位里的"风"指的是影响景区旅游市场的不定因素，"舵"就是旅游景区针对变化的市场环境采取的行之有效的措施。顺风转舵定位主要针对那些已经变化的旅游市场或者根本就是一个易变的市场而言的。市场发生变化，景区的特色定位就要随之改变。比如，上海在改革开放的初期是以"改革开放窗口"为特色，吸引全国各地的游客前来参观学习，后来改革开放全面铺开，原有的特色影响力迅速衰退，于是赶快推出以人造景观为主的大型游乐主题公园，重拾快速发展的道路。

（4）狭缝市场定位是旅游景区不具有明显的特色优势，而利用被其他旅游景区遗忘旅游市场角落来塑造自己旅游产品的市场形象。比如，河南辉县有名的电影村郭亮，本来是一个普普通通的太行山村，自从著名导演谢晋在此拍过一次电影后，山村开始走旅游发展道路。这里有洁净的山泉水、清新的空气、干净卫生的住房条件，可以用比市场低得多的价格（包食宿每天 10 ~ 20 元）去占领附近城市的休闲旅游市场和美术院校校外写生市场。

3. 旅游景区市场的拓展模式

（1）内涵型发展模式指旅游景区在景区内开展多种经营，全方位满足目标顾客的需要，提升景区服务档次和扩大服务内容。旅游的六大要素——食、住、行、游、购、娱是游客的基本需要。随着旅游消费档次的提高，进而发展到健身、教育等需要。这些都是主流需要，此外还有诸多个性化的需要。

按照对市场营销理念的认识，需要就是市场，这么多的需要为景区服务提供了无限空间。旅游产品是综合性的，所有服务项目组合在一起才能发挥更大的乘数效应。服务的项目越多、越全面，就越能留住游客，越能刺激游客在景区消费。景区服务完善了，又会在很大程度上影响目标顾客群的口碑，吸引更多的游客前来游玩。

因此，旅游景区应在景区服务质量和服务项目上多做文章，多下功夫，以此为主线扩大经营，发展壮大企业。

（2）外延型发展模式指景区企业在景区以外发展经营活动。这种发展模式是根据企业的经营战略来实施的，一般可分为以下两种。

第一，主业延伸发展模式。这种发展模式也叫一体化发展模式，就是将景区业务向有联系的行业发展。面对旅游市场向前延伸到旅行社、旅游交通行业开展业务，向后延伸到餐饮业、旅游商品生产行业开展业务，横向则投资开辟新的景区。这种模式不管向哪个方向发展，都离不开景区原有的经营主业，都是以原先的主业为中心向外围逐步拓展的。这种市场发展模式需要景区投入资金，是一种投资发展模式，需要慎重对待。

第二，管理输出模式。这是一种经营效益出色的、有名的旅游景区（点）企业利用专业化管理技术，向同行业扩张的发展模式。这种模式一般不需要直接投资，是一种把无形资产效益化的发展模式。但有时也会以参股、抵押重组、保证金等形式部分投资。

这要视具体情况而定。它的业务类型有开业管理、培训管理和跨年度管理三种。这种发展模式需要景区拥有一批高素质经营管理专业人才队伍，并且母体景区经营效益良好。目前，我国景区经营从体制到管理还存在许多问题，需要接受专业化经营管理的景区很多，而能够向外输出管理的景区企业尚未见到。

（3）合作开发模式就是集中人力、物力、财力，联合开发风景旅游资源。协作集团要站在宏观的高度，根据风景旅游资源的配置，联合开发特色产品和拳头产品，以减少开发中的盲目性，避免因重复建设而浪费大量的人力、物力和财力。合作模式包括两种：一种是"相邻型合作"模式；另一种是"远距型合作"模式。

"相邻型合作"模式指若干个彼此紧密相邻的区域景区之间所进行的旅游市场经营合作。从我国各区域景区来分析，宜采取这种合作模式的基本条件大体上有三种情况，或者这三种情况兼而有之。

第一种情况是几个彼此相邻的区域各有一种（处）或若干种（处）比较独特的、难以被其相邻区域旅游资源所替代的资源。按照比较优势理论，这几个相邻的区域景区宜以资源比较优势为基础进行区域景区旅游市场经营合作，合作的意义主要是在这几个区域景区之间形成旅游优势互补、彼此辐射的作用。

第二种情况是几个彼此相邻的县域共同拥有同一单体规模巨大的旅游资源，就这一单体规模巨大的旅游资源为基础进行区域景区旅游市场经营合作，合作的意义主要是对该旅游资源进行整体性开发。

第三种情况是几个彼此相邻的区域景区都拥有相似性较大的同一种或若干种单体数量较多、分布较零散的旅游资源，但这些旅游资源之间在诸如历史、文化等方面有着密切联系。

"远距型合作"模式就是指若干个相距较远的区域景区之间所进行的旅游市场经营合作。我国有些区域虽然相距较远，但各区域的主要景区旅游资源在历史、文化等方面有密切联系，各景区在旅游宣传促销、旅游市场拓展等方面也有共同的需求。如湖南的宁远县和东安县，两地虽相距较远，但宁远九嶷山是舜帝的陵寝之地，东安舜皇山是舜帝南巡驻跸之地，都需要就虞舜文化游进行宣传促销，都需要在海内外大力开拓虞舜文化旅游市场。所以，我们必须打破非相邻区域景区不可进行密切的旅游市场经营合作的常规，以旅游资源开发、旅游宣传促销、旅游市场拓展等为合作内容，采取一些行之有效的措施，推动这些相距较远的区域景区之间的市场经营合作。

（二）旅游纪念品的市场分析

旅游纪念品是旅游商品的重要组成部分，其发展的快慢将直接影响旅游业经济效益的高低，影响我国世界旅游强国目标的实现。目前，我国旅游纪念品市场发展与旅游业的发展步伐并不协调，尚且存在一些问题，可以概括为两个方面。

一方面是产品质价差及其阴影效应，主要是指目前旅游纪念品市场上充斥着大量的粗制滥造或伪制仿造的旅游纪念品，在一些经营理念落后、效益短视的销售商的"宰客"行为下，给区域旅游消费形象造成的负面影响。

另一方面是旅游纪念品的市场空间格局混乱，缺乏产品与市场地域范围相对应的层次体系。旅游纪念品的生产与销售忽视了旅游纪念品作为一种特殊商品所具有的价值特性，主要表现为两种现象。

第一种现象是一定区域内真正有地方特色的旅游纪念品，由于投入少、宣传力度小等原因，未能打造成品牌，销售范围过小，无法实现其潜在价值。

第二种现象是某些区域尚无优秀的旅游纪念品，从区域外引进知名度较大的、经营较成功的产品销售。此举虽然扩大了该纪念品的销售范围，但同时也造成了许多不良影响。

一是该产品的"象征价值"及"纪念价值"在其他区域内无法实现，逐渐导致销售不良。

二是产品特色与旅游地的地方性错位造成旅游者对旅游地的印象混乱，无法实现旅游纪念品对旅游地的宣传功能。

三是大范围、无限制地销售淡化了一种旅游纪念品"物以稀为贵"的优势，削弱了该产品原有的地方特色，给人普通常见的感觉。

上述第一方面的问题在社会各界的重视下，已经有了合理的解决途径和方法，正在日益完善的过程中。如开发理念上重视产品质量，各地政府机构强调旅游纪念品的开发要以市场为导向，注重消费者的需求；在加工工艺上深入挖掘藏在民间的传统加工工艺，并与现代化科技手段结合；在生产销售上注重品牌开发，规模经营等。

但另一方面，市场地域空间界定的问题尚未得到足够重视，该问题的解决尚缺少必要的理论研究支持。

1.旅游纪念品的市场空间并非无限

旅游纪念品与一般商品相比，具有独特的价值特性，这是由它作为旅游地及旅游历程的双重忆象承载体所体现的存在价值决定的。旅游纪念品不同于一般商品，具有某一方面物质意义的使用价值，且可以随供给和需求的发展随意扩展市场。旅游纪念品的市场空间是应该有区域限制的，这主要有以下两方面原因。

一方面，旅游纪念品的市场行为（包括设计、生产、销售、购买等行为）是旅游行为的衍生动作，在旅游业产生之前，根本没有旅游纪念品的存在。旅游行为发生在常住地以外的一定区域内，由其衍生的旅游纪念品的市场行为也必然受到该区域范围的限制。

虽然随着旅游纪念品市场的发展和变化，一些旅游纪念品的前期设计和生产加工等行为有跨区域完成的现象，但主要的销售和购买过程还是紧紧附庸在旅游行为下在一定区域内实现的。

另一方面，旅游纪念品缺乏一般商品具有的物质意义的使用价值，它的商品价值在更大程度上是由精神意义层次的价值支撑的，包括它提供给旅游者其所属旅游地的地方文化特征和旅游经历的记忆享受，这些价值的实现同样也受自然区域范围的限制。

因此，旅游纪念品的市场空间是有一定界限的，并非可以随其他条件的发展而无限扩展，它主要受旅游纪念品的价值特性所影响和决定，具有一定的层次体系。

旅游者购买旅游纪念品所追求的并非完全是它的实用价值，更多意义上是一种精神享受，这是旅游纪念品能够作为一种商品进行交换而又区别于一般商品的价值特性所在。它的价值特性主要包含两个层面。

第一，供给层面上的旅游纪念品对旅游目的地的象征价值，即从供给的角度而言，旅游纪念品是由某旅游地所提供的，并且集聚了该旅游地的某些自然或文化特色，是旅游地的象征载体。

第二，需求层面上的旅游纪念品对旅游者的纪念价值，即从需求的角度而言，旅游者为了满足自身对某旅游地及旅游历程的记忆需求，购买旅游纪念品作为旅游的纪念物。这两个层面的价值特性共同构成了旅游纪念品商品价值的支撑框架。

（1）旅游纪念品的象征价值对市场空间的限制

旅游纪念品是集聚了一定空间范围内的自然和环境等资源要素，融合了该地区的民风、历史文化等人文要素，具有特殊结构市场的旅游商品，是某一旅游景点或旅游目的地的象征性物质载体。它依托区域资源诞生，象征价值由现实环境的映照得以体现，是地方文化特色的某一方面甚至多方面的缩影。旅游纪念品的象征价值需要旅游者在接触产品后与旅游地的现实环境相映照，并得到认可后才能实现，因此，它的市场地域空间受其象征地域范围的限制。假设旅游纪念品的市场空间突破了这一限制，施行跨区域销售，旅游者在接触产品时无法与象征地的现实环境相映照，不能产生对地方文化的深刻感受，也就无法形成主观情感与客观环境的共鸣，不能给予购买行为足够的决策支持。因此，跨区域销售的结果是市场空间扩大但市场份额可能并未增加，甚至产生淡化旅游纪念品原有象征价值的阴影效应。

　　但是，旅游纪念品也不应该完全否定跨区域销售。旅游纪念品的购买还受到其他许多因素的影响，如旅游者的行程安排、旅游目的地的宏观经济水平、旅游目的地的微观购物环境等。跨区域销售在不同地域因不同因素的影响客观存在且势在必行，但也是有一定规律可循的。下面将对这一问题进行详细探讨。

　　（2）旅游纪念品的纪念价值对市场空间的适度扩展

　　旅游纪念品在作为一个旅游地的象征物的同时，被旅游者购买收藏作纪念，成为旅游者旅游经历的承载物。当旅游者在旅游行为结束后的时间里欣赏旅游纪念品时，仍然会实现旅游地特色文化及旅游历程的二次消费，即回忆享受，从而实现旅游纪念品的纪念价值。因此，旅游者在旅游过程中都会购买极具纪念价值的旅游纪念品作为收藏。

　　然而，并非所有的景区或旅游地都具备良好的购物环境，能够吸引旅游者进行消费；并非所有的旅游者都不受时间和资金限制，在行程计划中的每一个旅游地都作购物安排；并非一个旅游计划会选择一定区域内的所有旅游景点，但未选旅游景点的旅游纪念品又与本次旅游经历紧密相关，具有极大的纪念性。

　　受这些不固定因素的影响，旅游者大多选择有较好购物环境的景区或区域旅游接待中心城市进行旅游购物，并且希望旅游纪念品种类足够丰富，其纪念价值能覆盖遗漏或错过的旅游行程节点。因此，那些行政级别较低、购物环境较差的旅游地及景区的旅游纪念品应该有计划、有方向地向区域旅游接待中心城市集聚，使旅游者在旅游行程的核心地可以购买到附近其他行程节点或非行程节点旅游地的旅游纪念品，以实现整个旅游历程的纪念完整性。

　　2.旅游吸引物之间的联系对旅游纪念品市场空间的影响

　　旅游纪念品的市场空间不仅受上述两方面的决定，还受其他因素的影响，如旅游吸引物之间的联系等。旅游吸引物在客观世界中的存在受人类主观活动的影响，互相之间以不同的关联性发生着紧密的联系，由某种趋同要素为其引线，以构建成旅游吸引物体系。例如，江南三大名楼、佛教四大名山、五岳大山等。其中一些吸引物体系由于主题鲜明、历史悠久、文化底蕴深厚等原因而声名远播，有力地提升了这一旅游地的知名度和吸引力。例如，位于辽宁的盛京三陵（永陵、昭陵、福陵），也称东北三陵，是开创清朝皇室基业的祖先陵墓。在苏州举行的第28届世界遗产大会上，我国申报的明清皇家陵寝拓展项目——盛京三陵通过评审，被正式列入世界遗产名录。盛京三陵加上已列入世界遗产名录的清东陵、清西陵，构成了一组清朝帝陵体系，浓缩了清朝的历史，具有极其独特的历史文化魅力。所以人们游罢昭陵，依然能兴致勃勃地继游福陵、永陵等其他陵墓，而且不会产生雷同感。

用系统论的观点来看，旅游吸引物体系组合的关联效应对外界的旅游需求产生了强于单体旅游吸引物的吸引力，并且淡化甚至消除了同体系内单体旅游吸引物之间作为同类旅游资源的排斥性，反而在互相之间产生扩大市场的宣传推荐力。因此，旅游者在接触到某旅游吸引物体系中的一个单体时，会因为对整个体系的兴趣而产生额外的旅游动机甚至实施旅游行为。为了宣传旅游吸引物体系的关联性及纪念旅游者的主题系列旅游经历，客观上要求将单体旅游吸引物的纪念品进行整合，打造和体系形象相对应的旅游纪念品系列，在各单体旅游地范围内同时销售，这样就实现了原有单种旅游纪念品的跨区域销售，甚至远距离的"飞地销售"，极大地扩展了旅游纪念品的市场地域空间。

由上述部分的分析研究，我们可以得出旅游纪念品市场空间有以下特点。

（1）旅游纪念品的市场空间有一定界限。旅游纪念品不可以像普通商品一样，在相关条件允许下可以无限制扩展市场。它的市场行为在旅游行为发生后而发生，因此带有区域性，而且旅游纪念品的商品价值只有在特定的地域内才能得到完全体现。因此，科学合理的旅游纪念品的市场地域空间是有界限的。

（2）与旅游纪念品的象征性相对应的象征地域空间是旅游纪念品市场地域空间的最大范围。旅游纪念品因浓缩特定地域范围内的地方性要素而显现象征价值，吸引旅游者进行消费。对这种象征价值的最佳体验及其存留是旅游纪念品实现销售的前提条件。实现这一前提条件的根本途径是使旅游者、旅游纪念品和纪念品象征要素同时空出现，使旅游者得以映照象征载体与象征对象并发现二者之间的联系。因此旅游纪念品的象征地域空间是其市场地域空间的最大界限。

（3）受旅游者主观行为的影响，在一定条件下旅游纪念品可以跨区域销售，有限制地扩展市场地域空间。

旅游者通过对旅游纪念品纪念价值的占有来实现旅游经历的忆象留存。受以下原因影响：旅游者对购物环境的挑剔、闲暇时间及资金的限制、旅游行程安排的限制、旅游者兴趣的突变等，常使旅游者对旅游纪念品的消费行为异地化，趋向于附近的位于旅游行程中的区域旅游接待中心城市。因此，这种旅游纪念品市场地域空间的扩展具有方向性、向心性。

（4）对应旅游吸引物的关联体系所开发的系列旅游纪念品可以跨区域销售，甚至远距离"飞地销售"，但必须限制在该关联体系中的单体旅游吸引物的地域影响范围内。

三、旅游者的消费心理

（一）旅游者的消费动机和心理

旅游者的消费动机和心理是指旅游者在旅游商品购买准备直至成交过程中发生的一系列极其复杂、极其微妙的心理活动。一般而言，旅游者进行旅游商品消费，具有以下几种动机和心理。

1. 求奇心理

这是旅游者特别是特殊旅游活动（如探险旅游）消费者普遍存在的心理动机。他们进行旅游商品选购时，首先要求商品必须具备异于其常住环境、常见事物的奇特特性，以此满足他们基本的消费需求。

2. 求新心理

这是追求旅游商品超时和新颖为主要目的的心理动机，他们购买旅游商品时，重视"时髦"和"奇特"，好赶"潮流"。例如，来中国旅游的一对瑞士夫妇，穿着奇特，显得与众不同，当推销员向他们介绍古戏装时，他们非常高兴，当即购买了两套，并说明回国后要在举行生日宴会时穿出来，让所有的宾客都感到惊奇。

3. 求美心理

审美是旅游活动过程必然存在的消费需求，是旅游者的一种普遍要求。旅游景观商品的美学价值是旅游者求美心理的核心取向，旅游设施商品的美学价值是旅游者求美心理的重要辅助补充，旅游购物商品的美学价值是旅游者求美心理的印象升华。

4. 求名心理

这是以一种显示自己的地位和威望为主要目的的购买心理。旅游者以旅游商品消费后的一种感觉，如我曾到过哪个地方、吃过哪种食品、见过哪种奇物、买过哪种纪念品等，以此来"炫耀自己"。具有这种心理的旅游者，普遍存在于社会各阶层。

5. 求利心理

这是一种"少花钱多受利"的消费心理动机。其核心是"廉价"。有求利心理的旅游者，在选购旅游商品时，往往要对同类商品之间的差价仔细进行比较，还喜欢选购优惠活动商品。

6. 偏好心理

这是一种以满足旅游者个人特殊爱好和情趣为目的的旅游商品购买心理，在信息经济飞速发展的现代社会，越来越多的旅游者开始突显并明示个人消费偏好心理，力求购买到最适合个人偏好的旅游商品。偏好性购买心理动机往往也比较理智，指向也比较稳定，具有经常性和持续性的特点。

7. 自尊心理

有这种心理的旅游者，在购买旅游商品时，既追求旅游商品的一般特性，又追求精神方面的高雅。他们在实施购买行动之前，就希望他的购买行为受到他人的关注和赞赏。

8. 仿效心理

这是一种从众式的购买心理动机，其核心是不甘落后或"胜过他人"，他们对社会风气和周围环境非常敏感，总想跟着潮流走。有这种心理的旅游者，购买某种旅游商品，往往不是由于个人兴趣的取向，而是为了赶上他人，或超过他人，借以求得心理上的满足。

9. 隐秘性心理

有这种心理的人，购买旅游商品时不愿被他人所知，常常采取"秘密行动"。他们一旦选中某旅游商品，便迅速成交。

10. 疑虑心理

这是一种思前顾后的购物心理动机，其核心是怕"上当""吃亏"。他们在购买旅游商品的过程中，对商品的信息持怀疑态度，怕上当受骗，满脑子疑虑。因此反复询问，仔细比对，直到心中的疑虑解除后，才肯掏钱购买。

11. 安全心理

有这种心理的人，他们对整个旅游过程持警惕性，包括景区设施的安全性、目的地治安的稳定性、旅游食品的卫生性、纪念品的保真性等，都必须经过事前怀疑审慎、过程小心谨慎、事后确定放心的整个心理过程。

（二）旅游者消费心理特点

（1）需求的综合性。旅游者因为受时间限制，期望在较短的时间和较小经济支出内获得尽量多的收益。同时，由于旅游业的不断发展，人们的旅游行为越来越普及，使得人们的旅游选择也更趋于理性，对旅游项目的期待也越来越高，希望能享受集知识性、娱乐性、参与性于一体的旅游商品。

（2）消费的集中性。具体表现为时间和地域的集中，法定节假日和双休日是旅游最为集中的时间，此外，寒暑假也显示出日益明显的消费效应。较快的城市化进程，单调的工作、紧张的生活和拥挤的城市环境使人们对节假日格外珍惜，希望能到风景名胜区寻求身心的放松。

（3）消费主体的大众性。随着经济收入的不断提高和闲暇时间的增多，普通大众的旅游意识日益增强，节假日全家一起外出旅游、休闲的现象较为普遍，旅游支出明显高于平时，整个消费容量在不断提升。

（4）消费的非节气性。旅游在时间的选择上大多是双休日和其他法定节假日，而这些时间段全年分布较为均匀。同时，旅游活动一般不太受节气气候的限制和影响，各种活动可以根据节气的不同而进行交替，因此，旅游市场在消费上节气性不强。

（5）客流的双向性。为了消除平时紧张的状态或缓解压力，旅游者需要到与平时环境完全不同的目的地去感受休闲的轻松和惬意，这就使得消费者在不同城镇间相互流动。大城市的居民可以到小城镇欣赏保存较好的传统文化和优美环境，而小城镇的居民也可以到大城市体验现代都市气息。

（三）旅游者消费心理表现分析

1.消费要求更高

由于是异地消费，旅游者对信息畅通的要求在不断提升，对于旅游消费的要求会更加理性。

2.消费形式不断提升

具体表现在文化性消费和回归自然趋向不断增强，而且出于休养的目的，休闲旅游的复游率也是较高的。随着消费观念的改变，越来越多的居民更关注体验丰富多彩的文化生活。进书店、展览馆或博物馆，到公园等地进行具有文化特色的游园活动成了休闲的新方式。同时，从自然景观中感受到的美与享受，使游客能够放松身心，因此重游的机会较大。

3. 更重视安全和市场规范的程度

大部分旅游者出游更注重当地的环境、交通、服务、安全等因素。旅游事故虽然在逐年递减，但每年仍有发生，旅游接待服务也在利益的驱使下呈现出良莠不齐的局面，这与旅游者的初衷是完全背道而驰的。

（四）旅游者的消费行为模式

旅游者的旅游消费行为在消费心理的支配下发生，并随着消费心理的发展变化而变化的过程。同其他消费行为一样，旅游消费行为有其自身的特点和规律。从消费心理学的角度对消费行为的实际观察表明，消费者的行为具有习惯性、不可逆性、模仿性、复杂性等特性。

刘纯（1986）认为，旅游消费行为的实质是旅游消费者对旅游产品和服务的购买决策和购买行动过程，并根据消费心理学的理论设计了一个旅游消费者购买行为的综合模式。这一模式涉及了旅游者消费行为的各个方面，如信息加工、环境影响、比较、选择、购买过程及其产品评价等，它不仅包括了消费者心理学的所有方面，还为调查研究的一些特定变量提供了一个总的结构关系。

国外正统的、主流的经济学家主张从经济学的角度研究消费者的行为，并对模式进行定量分析，如边际效用分析法和无差异曲线分析法。

但是许多专门研究消费者行为的学者却反对这种做法，他们认为传统经济学中关于消费者行为的模式只涉及消费者购买"什么"的问题，而没有回答"为什么"采取那种方式购买的问题。因此，一些学者如尼科西亚、恩格尔、科莱特、布莱克韦尔、瓦特尔等依据社会学和心理学的理论分析消费者行为，引入了大量的变数，建构了各种模式。这些模式从多方面解释了消费者的行为，认为其消费行为完全符合所购买商品或产品的效用最大化原则。

旅游者的消费行为模式依据对一般消费者行为模式的研究思路和因素分析结果，可以分为静态旅游消费行为模式和动态旅游消费行为模式两种（图5-1、5-2）。

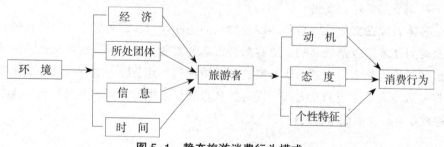

图5-1　静态旅游消费行为模式

图 5-2　动态旅游消费行为模式

四、营销方式

（一）旅游商品的网络营销

在当今网络技术飞速发展的时代，网络传播因为其快捷，不受时间、空间限制等特点成为不可忽视的传播手段和营销潮流，在各地的门户网站或旅游专业网站加载特定旅游商品的链接，使潜在游客在出游前收集信息阶段能够快捷、全面地了解旅游商品的相关情况，将使企业在激烈的旅游市场竞争中取得一定的优势。

中国的旅游网络营销发展虽然起步较晚，旅游网站的建设开始于 1996 年，但发展却非常迅速。据统计，到 2001 年，我国各类涉及旅游业的网站已经达到了5000 个；到 2008 年，具有一定旅游资讯能力的网站已达到 6000 多家，目前网站数量已经破万。其中发展尤为迅速的是携程旅行网，自 1999 年开办以来，其市场份额不断增加，根据 2019 年携程发布的财报显示，其 2018 年交易额达到了 7250亿元，营业收入达到 310 亿元人民币，成为中国旅游电子商务高速增长的代表。

但是，我国旅游网络营销还远远落后于欧美发达国家，这不仅主要受制于我国目前网络基础设施建设水平及电子商务发展水平，还受到旅游网站功能不健全、网上交易安全性差等问题的影响。

根据不同的旅游网站所能提供的主要信息和服务功能来进行分类，可以将目前中国旅游网站划分为以下七类（表 5-1），在这个表中可以对中国目前旅游网站开展网络营销的状况有一个整体的认识和了解。

表 5-1　中国旅游网络营销网站分类及功能一览表

序号	类别	代表网站	信息资源	主要服务内容预订服务	个性化服务
1	综合性旅游网	携程旅行网、E 龙商务旅行网等	实用旅游信息查询	产品预订、中介服务	无

续　表

序号	类别	代表网站	信息资源	主要服务内容 预订服务	个性化 服务
2	旅游行业网	中国旅游网、各级旅游行政网、旅游协会网等	行业信息、统计数据、研究成果等	部分产品销售链接	无
3	旅游目的地资讯网	地方旅游网,如云南旅游信息网、海南旅游信息网等	本地旅游信息、图片、旅游服务链接等	部分产品预订链接	无
4	单项旅游产业网	驴妈妈景区门票分销网、航空等相关产品网站	各类相关产品信息	产品销售、预订链接	无
5	旅行社网站	广之旅、春秋旅游网、青旅在线等	旅游企业宣传、网上业务查询	网上旅游业务预订	自由行设计、查询及咨询
6	旅游酒店网站	假日酒店网、香格里拉酒店集团网等	酒店形象推广、促销信息发布	网上预订	无
7	其他旅游网站	中华分时度假网、信天游等	旅游信息服务	旅游产品预订、主营某类旅游产品(观光或度假)	无

一般来说,旅游网站提供的主要服务功能包括:旅游信息的汇集、传播和交流;旅游信息的检索和导航;旅游产品和服务(包括票务、饭店、餐饮、汽车及旅游团等)的在线销售及个性化服务。

从上表看,我国旅游网站主要用于提供基本旅游信息、机票和旅店的预订服务,但却无法有效满足消费者的个性化需求。大部分网站运作方式、目标市场、经营模式和服务内容存在很大雷同,难以形成独特的优势。网站缺乏旅游主营业务的支撑,线下服务得不到实施和保证。

虽然近年来也出现了特色较为明显的个例,如新崛起的"驴妈妈景区门票分销网",立足于中国旅游市场的独特个性,为自助出行的游客提供系统的旅游电子商务解决方案,但从整体来看,中国旅游网络营销的发展仍然需要走一段很远的路程。

（二）旅游商品的广告营销

旅游广告宣传基本上可以分为媒体广告和路牌广告两类。国内旅游商品在媒体广告上的投放目前还处在起步阶段，与国外一些国家比较，无论在数量上还是质量上都存在一定的差距。以马来西亚为例，其每年在旅游广告宣传上的投入就达到了 2 亿美元，以宣传马来西亚多元文化、热带风光、美食为主题的广告经常可以在中央电视台旅游广告栏目中见到，这已经成为吸引我国游客到马来西亚旅游的重要宣传和促销手段。

（三）旅游商品的公关活动营销

广告营销是以媒体作为基础的，而公关活动营销是以影响或游说目标群体为目的的，旅游业的多数公关工作往往是以获得媒体的关注为目标。其典型的形式包括新闻稿、新闻发布会、招待会、名人会、商品展等。例如，参加上海、杭州举办的旅交会就是通过与参会的旅行社和旅行商的交流以达到拓展营销渠道、增加游客量、传播品牌的公关活动。

（四）旅游商品的口碑营销

旅游口碑是游客在完成一项旅游商品消费后，对旅游商品综合评价并向他人进行传播的过程。据调查，口碑是大多数出游者获得旅游信息的主要途径，因此，良好的口碑对任何旅游商品都尤为重要。要得到良好的口碑就应该从涉及游客旅游六要素着手，努力创造令游客满意的条件。另外，商品核心吸引力的打造、娱乐化、互动体验式的游憩方式、良好周到的服务等，同样是创造游客良好口碑的重要条件。

五、旅游商品的宣传促销方法

在旅游市场营销活动中，最常用的促销方法可归纳为营业推广、人员推销、直接营销和印刷品促销等方式。

（一）营业推广

旅游营业推广是指企业在短期内对中间商或消费者进行刺激，鼓励其销售或购买企业的某种旅游商品的一种经济活动。它是一种临时或短期的带有馈赠性质或奖励性质的促销方法，如赠券、竞赛、抽奖等。其优势是信息传播快，能得到顾客参与，增加吸引力，在短期内能提高销量，能临时改变顾客的购买习惯等。其劣势是有效期短，难以确立忠诚顾客，组织工作量大等。

旅游企业在某一特定时间与空间范围内，如旅游淡季，通过降低商品价格和增加商品价值等短期刺激诱因，激励中间商及消费者尽量购买其产品和服务，这种促销形式是行之有效的。

营业推广的沟通目标包括消费者、中间商等。对于不同的营销对象，企业要选用不同的营业推广方式，其最终目的还是在旅游商品的销售上。

营业推广实施过程包括策划营业推广方案、实施和控制方案、评价该方案的实施效果。

（二）人员推销

旅游人员推销是指旅游企业在商品的营销活动中，由企业派推销人员与可能的购买者面对面地接触和争取订单的一种经济活动。这是人类社会自有商品交换以来最古老的一种促销手段，也是现在旅游企业采用频率较高的一种促销方式。其优势是人与人能面对面地接触，灵活的个人行动针对性强，有利于人际关系培养，易引发顾客的反应和反馈，易强化购买动机促成交易等。劣势是费时费钱、传播面有限等。

现代社会可以说是一个推销社会。所谓推销，就是说服，是人的基本行为，人人都在推销自我。通过销售人员深入到中间商或消费者中进行宣传介绍企业产品和服务的促销活动，实质上是在展示推销人员必备的素质、知识和才华，是在展现企业的文化层面，是在顾客心目中树立企业形象的绝佳时机。

优秀的推销员就像优秀的运动员一样，他们非常自信，对自己推销的产品深信不疑。他们能够遵循企业的营销目标来制订详细周密且具有创造力的计划，并坚决执行，勤奋工作。他们认定自己决策非常正确，十分渴望做成交易。他们不畏惧失败，直到最后一刻也不会放弃努力。他们能够站在顾客的立场上，用客户的眼光看问题，能全神贯注和心领神会地理解客户的需求。他们有耐心，思考周到，反应迅速，能听进不同意见，对人诚信。他们对公司知识、产品知识、顾客知识、行业知识和竞争者知识了如指掌。他们还应具备自我发展的内在动力和懂得尊重他人等素质。

（三）直接营销

旅游直接营销是指企业使用邮寄、信函、电信、因特网等非人员接触工具来沟通消费者并有反馈的一种经济活动。这种促销形式，特别是由因特网发展起来的网上订购旅游产品，已被越来越多的企业所采用。它的优势是非人员推销，可为顾客个性定制所需，信息反馈及时，交互反应等。其劣势是受技术条件的限制。

（四）印刷品促销

旅游印刷品促销是旅游促销中最常用的一种手段，在促进旅游商品的销售中发挥了很大的作用。它是由旅游企业或政府旅游机构制作的供消费者、中间商和其他任何人阅读的文字资料或图文并茂的企业及其产品说明书。它的优势是表现力强，有助于销售，方便消费者获取信息，可与消费者直接沟通等。其劣势是若印刷精美则成本上升，游客常不看就丢弃。

一般情况下，旅游促销主体常将营业推广、人员推销、直接营销和印刷品促销等各种旅游促销方法，进行有目的、有计划地配合起来综合使用，即为促销组合。针对不同的目标市场，采用不同的促销组合，即为促销组合策略。

旅游促销组合策略包括推式策略、拉式策略、锥形辐射策略和创造需求策略等。

推式策略，也称从上而下式策略。以人员推销为主，辅之营业推广和公共关系。该策略是要说服中间商和消费者购买企业的商品，通过逐层推进的方式，将旅游商品推向市场终端。

拉式策略，又称从下而上式策略。重点采用广告和营业推广为主的促销手段，辅之公共关系。这种策略的目的在于促使消费者向零售商、零售商向批发商、批发商向商品生产商产生购买需求，从下往上层层拉动购买。

锥形辐射策略，是指旅游企业将自身的多种旅游商品排成锥形阵容，然后分梯级阶段连带层层推出丰富多样的旅游商品。这是一种很奏效的非均衡快速突破策略，主要以人员推销和营业推广为主，以广告为辅。

创造需求策略主要用于旅游淡季或不太知名的旅游景区，如举办独具特色的文化节、艺术节等活动来吸引游客。可以采用以广告为主，辅以人员推销的促销组合。

第二节　旅游工艺品设计与市场

旅游工艺品设计创新离不开市场的杠杆作用，旅游工艺品设计作为市场消费品，在市场流通，就要捕捉民众的需要和审美趣味，确保自己的产品能够成为人们乐于接受的消费对象，而商品消费的自由机制又可以体现人们对旅游工艺品设计的消费需要，并将旅游工艺品设计的风格、样式的要求作用于工艺师，适应市场的供需要求。

从市场化的角度讲，旅游工艺品设计创新就是要引起消费者的注意，注意是购买的初始。没有对某一物品的注意，就谈不上购买。能够引起消费者的注意，激起他们购买欲望的产品，往往是"似曾相识"的。一方面，消费者对旅游工艺品设计已经具有艺术审美经验和购买经验，有他们喜欢的某一类风格的作品；另一方面，作品能够向消费者提供某种新的东西，表现形式上有新意、有个性，也就是既有保留传统的形态，又有创新的元素，只有这样，消费者才会加以注意。

下面从消费群体、市场价位、市场影响力、市场运作策略几个方面阐述旅游工艺品设计与市场的关系。

一、市场消费是旅游工艺品设计的前提

消费是人们为了满足个人需要的一种市场行为，是保证旅游工艺品设计不断进行的前提，是旅游工艺品设计生产全过程的终点。

纵观当今旅游工艺品的消费行为，大体有四种：内行购买和非内行购买，即兴购买和计划购买。艺术爱好者或者艺术家的消费行为属于内行购买，旅游工艺品除了功能外，还有艺术性。有些门类的旅游工艺品具有赏玩性和收藏价值。普通市民的消费行为是非内行购买，普通市民购买目的多为实用和消遣。游客的消费行为是即兴购买。会务礼品的消费行为属于计划购买。

二、旅游工艺品设计与制作的质量决定其市场价位

按照艺术市场学的描述，通过各种努力，为自己及自己经营的旅游工艺品在景区或其他市场中谋取并确定一个醒目的、富有竞争力的、符合相应艺术消费者群体需要的地位，就叫作市场定位。有了市场定位，才有其市场价位。所谓价位是指产品在市场上相对稳定的价格幅度或价格定位。旅游工艺品设计就是某个作品某一时期在某个市场上相对稳定的价格幅度或价格定位，实际上是旅游工艺品的价位所呈现的市场价位有高低不同，档次也有雅俗之别，旅游工艺品设计制作的质量决定了其市场价位，具体有以下因素：一是工艺品的质量，这是最主要的品相，材质、风格、艺术水准的趋向决定了其价位；二是旅游工艺品设计者的因素，包括设计者的知名度和社会地位，一般来说，有定论的、已故的工艺师的作品定价高，在世的工艺师尚未定论；三是顾客方面的因素，顾客的生活消费水平、经济购买能力和对工艺品的投资观念态度也影响着价格；四是经济环境与市场竞争环境的因素，经济环境是指经济大形势作用于当地工艺品市场，从而影响工艺品的价格和消费者的购买力。

三、旅游工艺品设计与市场消费互相依存

旅游工艺品设计与市场消费群体之间存在着互相渗透、互相依存和互相转化的辩证关系。

第一，互相渗透。旅游工艺品设计与生产本身就是消费，旅游工艺品的设计过程中包含着设计者的心智、体力的消耗和旅游工艺品生产资料的消费。一件旅游工艺品的设计创新，不但消耗了作者的心血智慧、劳动力，同时也消耗了物质材料。旅游工艺品的购买者和欣赏者，在选购和欣赏过程中发挥的审美想象产生了更高层次的创造力。产品的成交，又会产生购买、欣赏、纪念、收藏的欲望。

第二，互相依存。旅游工艺品设计离不开市场消费，消费是设计创新的成品生产得以最后完成。消费改变旅游工艺品设计的观念，创造更多能够满足消费者品位的旅游工艺品。市场消费离不开设计创新，没有吸引顾客的旅游工艺品设计，也就不存在购买行为，无人购买，旅游工艺品市场就难以生存。

第三，互相转化。一件设计新颖的旅游工艺品没有受众就不能成为现实的产品。生产和消费双方在实现自己目标的同时也成就了对方。

旅游工艺品的价值需要市场体现，连接制作者与最终受众的一个通道是市场，商业文化不可忽视，景点卖区、商品推介、博览会，都是商业文化的表现形式。对作品的认知，普通消费者一般进行日用审美；而更多的游客需要实用性与艺术性的结合，艺术消费和艺术收藏的根源在于人们对美的需求，而对美的追求是无止境的。旅游工艺品设计生产的市场化不仅激发了创造美、生产美的活力，也为其本身带来了大量的资金投入和资金积累，市场的生产、流通、传播、消费的结构性演变所包括的重构性力量，使旅游工艺品的设计创新逐渐有了丰厚的经济基础和广阔的发展空间。

四、市场作用影响旅游工艺品设计创新

第一，法规保障市场运作。

第二，市场管理机构健全。

第三，宣传交流活动频繁。

第四，市场营销渠道多样。

第五，市场评价体系健全。

五、旅游工艺品设计的市场运作策略

通过对旅游工艺品市场的调查认为，旅游工艺品设计创新要有效地进行市场运作，要遵循艺术品市场的一些基本原则，确保自身发展的最优化，市场运作的策略有以下几个方面。

第一，信息化原则。旅游工艺品经营者在市场，要尽可能及时、广泛、全面、准确地收集旅游工艺品市场所需要的信息，作为市场营销的重要依据。这些信息主要来源于两个方面：一是来源于旅游工艺品设计者、生产方的信息，就是市场预测；二是来源于旅游工艺品设计内部，旅游工艺品设计自身主客观条件的分析。

第二，多样化原则。旅游工艺品经销根据不同的条件，不同的经营环境，提出不同的经销方式。批发、零售、网购、团购、看样定做定价，顾客设计定做定价、灵活多样的经销方式，满足消费者的需要。

第三，适时性原则。一方面，旅游工艺品的营销要适时，抓住旅游旺季、展销会、博览会等时机，宣传推介；另一方面，旅游工艺品设计创新要适时，抓住重大活动和有实质题材的事件搞创作。适时，就是顺应天时和地气，这是造物的一个原则，只有在这个前提下，天工和人工融为一体才能造出精良的器物。这种设计观念在旅游工艺品设计创新上同样适用。天时，狭义地讲是指季节、时间条件，要随季节的变化来合理安排造物，不违背自然。深层次地讲，可以理解为时代感，任何造物设计都要保持活力，要随着社会发展变化的思路寻求最适合时代特征的设计方式。地气和天时是密切联系的，地气是指环境综合因素，可以广义地理解为一个地区的民俗风情和生活习惯，造物应该首先考虑结合这些地域性的因素，体现当地人的生活习俗和品位。《考工记》中所提出的要造物要顺应自然的天时地气的观点和壶型设计创新与适时性的原理是完全一致的。

第四，互惠性原则。旅游工艺品生产者和市场是相互依存，互为前提的。艺术消费离不开生产，反过来，没有消费也就没有艺术生产。没有人购买旅游工艺品，旅游工艺品的生产和经营也就难以为继。旅游工艺品的买卖，使旅游工艺品由设计变为现实，消费创造出设计创新。

工艺品的设计、制造、销售这三个环节实际上构成了工艺品的一条价值链，理论上价值链这一概念，是哈佛大学商学院教授迈克尔·波特于1985年提出的。波特认为每一个企业都是在设计、生产、销售、发送和辅助其产品的过程中进行种种活动的集合体。所有这些活动可以用一个价值链来表明。企业的价值创造是

通过一系列活动构成的，这些活动可以分为基本活动和辅助活动两类：基本活动包括内部后勤、生产作业、外部后勤、市场和销售、服务等；而辅助活动则包括采购、技术开发、人力资源管理、企业基础设施等。这些互不相同但又相互关联的生产经营活动，构成了一个创造价值的动态过程，即价值链。从该定义出发，可以把工艺品的流通分为设计、制造和销售这三个主要环节，针对这三个环节各自不同的特点，分别实施相应的对策。

（一）旅游工艺品设计环节

旅游工艺品的设计主要体现的是原创性文化，对原创层要尽可能进行保护性开发，着重体现旅游工艺品的收藏功能及审美功能，在开发中应维持原貌、题材、纹样、色彩、图案、材料、工艺等各要素。

1. 设计管理

从沃尔沃汽车、IBM 电脑、飞利浦电器、Swatch 手表这些企业成功的背后，人们终于发现：以杰出的设计管理为企业塑造鲜明的设计形象，让其得到消费者的认同，是这些企业制胜的法宝。

20 世纪 70 年代，伦敦商学院的管理研究人员提出了设计管理的概念，经过30 年的实践演化，越来越受到重视。对设计管理概念的界定从不同角度有不同的认识，归纳起来，可以对设计管理做这样的概括认识：设计管理是企业发展策略和经营思想计划的实现，是视觉形象与技术高度统一的载体；设计管理是一个研究领域，它把设计管理作为一个管理的战略工具，研究管理者、设计师和专家的知识结构，用以实现组织目标并创造有生命力的产品；设计管理旨在有组织地联合创造性及合理性去完成组织战略，并最终为促进环境文化发展做出贡献。

可见，设计管理是一个系统的过程，在这个过程中，企业的各种设计活动，如产品开发设计、广告宣传、展览、包装、建筑、企业识别系统及企业经营的其他项目等，被协调化和组织化。只有这样，才便于企业用设计手段建立企业完整的视觉形象，形成有机的整体，确立其在市场中的地位并扩大其影响的机会。

因此，设计管理所要解决的是设计的统一性问题。无论是在产品设计的外观、风格上做到统一，还是在产品包装的视觉传达方面，抑或是产品展示的环境布置方面，都要实现统一。使消费者在视觉上形成牢固的印象，在头脑中形成鲜明的企业形象，从而形成设计的延续性，使产品获得长久的生命力，同时也便于消费者在短时间内进行识别。

设计战略管理是企业根据自身情况作出的针对设计工作的长期规划和方法策略，是设计的准则和方向性要求。因此，对于长期处在开发滞后、产品雷同、缺乏特色的旅游工艺品市场更应该注重设计战略的管理。首先，要准确把握旅游活动的新特点、新时尚、发展的新趋势及旅游地文化取向，从大局上把握市场方向。其次，认真研究旅游者不断变化的购物需求特点，针对来自不同的国家、地区，年龄、阶层，拥有不同文化层次、审美爱好，以及不同需要的旅游者进行设计、开发。才能不断创新。再次，在对市场进行调研和细分之后，才能选择适合自己的目标市场，定位相应的旅游工艺品，做到有的放矢，避免开发的盲目性，开发出多样化的旅游工艺品。最后，将旅游工艺品推出市场后，也要与景点、景区销售点及其他的销售点及时沟通，反馈有关的市场信息，以便在投资发展战略上作出最合理的决策和调整。通过设计战略管理，有利于旅游工艺品开发能力的提高，增强其市场竞争力及持久力，提升旅游地的总体性形象。

2. 产品设计管理

旅游工艺品的产品设计管理是指在产品设计战略的指导下，对工艺品的功能、结构、造型、材料、色彩、加工工艺等进行系统的设计，并加之以包装、展示等视觉设计，最终形成风格统一的工艺品产品形象，以起到提升、塑造和传播旅游地形象的作用。而这种统一风格的产品形象以群体的方式出现，则更加有利于其保持自己在旅游工艺品领域的地位。

（1）产品。对于旅游工艺品的产品开发要在体现当地特色文化的基础上，遵循产品的"集群"设计、塑造"性格鲜明"的设计形象、突出"家族化"的特征。但还需要强调的是，旅游工艺品要形成风格统一的群体产品形象是一个长期的过程。在这个过程中，一方面，随着外部环境的变化而随之变化；另一方面这种变化又必须是在原先基础上有一定的延续性。只有创新才能跟上时代变化的需求，也只有延续才能在市场中形成稳定的概念，树立明确的形象。因此，这种旅游工艺品产品形象设计可以理解为：推向市场的各种旅游工艺品在保持其系统的延续性的基础上进行创新，从而在市场与消费者心目中建立起特色鲜明、风格统一的群体形象。

（2）包装。物品包装的功能主要是对其本身提供必要的保护及为游客携带提供便利。而旅游工艺品的包装，其作用已超出了它最初的存在意义。它处在整个设计系统中的产品流通系统部分，在无形中体现着旅游工艺品的文化内涵。因此，包装设计非常重要。但是，现在市场上的旅游工艺品包装却都存在着问题：普通工艺品处于无包装状态，一般是赤裸陈列和销售；中档工艺品无个性包装盒，毫无个性和美感可言；高档民间工艺品则没有相匹配的包装。在开发设计中，一个重要的课题就是研究如何在包装上融入特定的文化信息。因为包装是体现旅游工艺品纪念性和地域性的重要载体，所以，包装的图案、文字、色彩和材料及所组成的整体效果都需要传达特定的文化信息。

（3）图案。通常作为旅游工艺品包装的主体部分，可以以充满地域格调和个性特征的图腾纹样作为切入点，提取设计元素进行提炼概括，运用夸张、象征等表现方法，体现旅游工艺品的神韵、情趣及鲜明的地域特色，激发旅游者的购买欲望。

（4）文字。可根据不同的产品特性来选用不同的文字。如较为传统的旅游工艺品可运用稳重秀丽的隶书、端庄大方的楷书、流畅洒脱的行书等书法字体。但是在选择上，必须遵循易于辨认、识别、阅读的基本原则。

（5）色彩。在视觉设计中，色彩是影响视觉吸引力和记忆强度最活跃的因素。因此，在旅游工艺品包装色彩的运用上，首先，要体现旅游工艺品的内容信息和商品特色。其次，要考虑旅游购物者的心理需求，同时注意色彩的禁忌。

（6）材料。包装盒要在考虑其运输、展示和开启的基础上进行设计。采用科学合理的结构，尽量减小包装的体积，这样既可以节省包装材料，也可以增加旅游者携带的方便性。旅游工艺品包装材料的选择上，可以用如纸、竹、木、藤、陶土等天然的材料为主，因地制宜、量材施用的设计制作各种包装物品。既体现质朴的东方美学观念，又选材方便，成本低廉。

（7）展示。旅游者对于购物环境普遍不太满意：不是那种给游客留下商品档次较低印象的地摊式销售方式，就是单纯地以功利性销售为目的的旅游工艺品商店。这些都无法使旅游者在购物过程中获得物质和精神上的双重满足。因此，可以在展示上下功夫。展示设计以传达与沟通为主要机能，是一种有目的、有计划的形象宣传和形象设计。它通过对展示空间环境的创造和组织安排，采用一定的视觉传达手段和照明方式，借助一定的道具设备，将文字、照片、图表、图画等资料和实物展品，展现于公众面前，对公众进行引导并向其传达某种信息。旅游者会被旅游工艺品展示的环境所感染，对其更为了解，并产生一段"难忘的刺激"和"兴奋的经历"。

对于旅游工艺品的展示设计可从以下几个方面进行考虑。

第一，鲜明的主题。旅游工艺品的展示设计可以围绕其生产制作过程、主要功能、产地、特色，或是关于工艺品来由、传说、神话及相关的美丽故事进行。通过展示策划、展览空间、文字、展品、影像等各个环节，以及声、光、电等各种手段来渲染展示氛围，突出主题。

第二，情境化的氛围。游客在展示空间中处于参观选购的运动状态，这就要求合理安排展示空间。可以以模拟的环境、叙事的方式来引导游客进入其中，使其亲身感受甚至进入角色，以至于发生情绪变化，从而达到润物细无声的认同效果，真正接受你所呈现的旅游工艺品。

第三，合理的布置。旅游工艺品作为展示空间的主角，应以最有效的场所位置向观众呈现。这就需要将空间问题与展示的内容结合起来进行考虑，逻辑性地设计展位的秩序、合理编排展示的内容、充分考虑展览的路线，最终形成最佳的展示效果。对于旅游工艺品设计项目的各个方面应该以一种"平行"的方式来发展。这就需要有一种贯穿始终的总体思想，在项目开始时就应对产品、包装、展示等各方面的工作通盘考虑，最终齐头并进地发展。

3.品牌管理

品牌是一种名称、术语、标记、符号和图案，或是他们相互组合，用以识别某个消费者或某群消费者的产品或服务，并使之与竞争对手的产品或服务相区别。品牌是商品的象征和标志，是区别于其他同类型产品、确立市场形象的重要因素。而这对于旅游工艺品而言也尤为重要。目前，由于旅游工艺品生产企业缺乏品牌意识，导致我国旅游工艺品品牌较少。形成旅游工艺品品牌不仅是企业提高经济效益的重要手段，还有利于消除信息不对称的问题，增加旅游者的购买信心，同时也是宣传旅游地形象的重要举措。对于老牌的旅游工艺品企业，要加强品牌保护，通过技术革新和管理创新使其优良品质和信誉不断焕发活力；对于新生的旅游工艺品企业，要通过产品创新及有力的营销手段，创立其品牌知名度、美誉度和信誉度。当然，无论是老牌的旅游工艺品企业还是新生的旅游工艺品企业，都需要在工艺品的设计、包装、展示、营销等各个方面塑造品牌，依靠品牌增加产品附加值，并推动消费。

4.知识产权管理

随着知识经济时代的到来，一方面，知识产权的价值越来越受到人们的重视，人们对知识产权的保护意识逐渐增强，制度的制定与运用也日渐完善；另一方面，在现实生活中有意无意地侵占和模仿现象也十分严重。世界知识产权组织的研究结果表明：全世界最新的发明创造信息，90%以上首先是通过专利文献反映出来的。

因此，对于旅游工艺品的生产企业，应当注意各种信息资料特别是专利文献的收集，在设计开发的各阶段对设计项目进行审核，避免出现模仿、雷同、类似的情况。同时，可以充分运用现有的专利文献，来提高开发创新的起点，节约开发经费及创新时间，并在设计完成后应及时申报专利，以保护自己的权益。针对不同层次的产品特点适用于不同的法律体系：对于品牌旅游工艺品可以用《中华人民共和国商标法》来保护其品牌不受侵害；对于不断推陈出新的旅游工艺品可以用《中华人民共和国专利法》来进行保护，使专利技术和产品外观不至于流失；对于那些通过作者的独立思考、运用一定的技巧，并借助一定的材料表达作者情感的、具有艺术性特色的旅游工艺品还可以利用《中华人民共和国著作权法》对其进行保护。当然，这三者有时在法律关系上又是相互交叉的，可以采取综合保护、综合治理的方法，打击制假贩假的盗版侵权行为，从根本上净化旅游工艺品市场，整顿秩序，维护权利人的合法权益。

工艺品应及时注册商标，在注册商标以后还要防止他人假冒。新修订的《中华人民共和国商标法》对反向假冒做了专门规定，即将未经商标注册人同意，更换其注册商标并将该更换商标的商品又投入市场的列为侵犯注册商标专用权的行为。企业在创立自己的品牌的过程中，就要注意防止别人的反向假冒。

工艺品完成初始设计以后可以通过外观设计专利和著作权两个方面来保护。工艺品都可以申请外观设计专利。根据《中华人民共和国专利法》第五十六条，外观设计的保护范围以表示在图片或者照片中的该外观设计专利产品为准。《中华人民共和国专利法》同时规定，外观设计专利的申请实行初步审查制度，经初步审查没有发现驳回理由的，由国务院专利行政部门作出授予外观设计专利权的决定，发给相应的专利证书，同时予以登记和公告。外观设计自公告之日起生效（第四十条）。初步审查比起发明专利的实质审查无疑大大缩短了时间，但对于更新换代如此之快的工艺品而言，仍然是耗日时久的。而且，通过外观设计专利进行保护，对于那些稍加改动的模仿者，确认侵权不易。因此，在大多数情况下，申请外观设计专利对工艺品生产企业而言意义不大。但外观设计经申请后保护期可达10年，还可以在国外申请保护，因此，对于重大的设计成果仍是有意义的。

（二）旅游工艺品制造环节

对于工艺品生产企业来说，一方面，要有效运用知识产权保护的规则和制度来维护自身的合法权益；另一方面，则要在原有技术的基础上不断进行技术创新，不断获取专利权，以谋求知识产权战略的制高点，在企业竞争中获取绝对的竞争优势，最终获取最佳的经济利益。

工艺品在制造的过程中，其工艺极易被泄露、被剽窃，从设计完成，到第一次制作出样品，再到第一次批量生产，都应留下相应的可以作为证据的记录。值得注意的是，根据《中华人民共和国著作权法》，设计者个人和企业都可能享有设计作品的版权。因此，最好提前做好相关的约定，以避免不应有的纠纷。企业内部的管理还应注意包括技术信息在内的商业秘密的保护。实践中因为内部员工的问题，导致知识产权被泄露的情况并不少见。《中华人民共和国劳动法》第二十二条规定，劳动合同当事人可以在劳动合同中约定保守用人单位秘密的有关事项。因此，建议应在与员工的劳动合同中明确约定对知识产权的保护，同时，在日常管理中明确属于商业秘密的范围，并采取相应措施来尽可能防范内部员工因为不慎或者有意泄露企业的设计成果或技术信息，以及在发现泄密时有相应的证据和依据可以追究相关责任方的责任。

（三）旅游工艺品销售环节

在销售过程中的知识产权保护从开始做广告、参加展销会、寄出样品或相片或与客户接洽时就开始了。在实践中，工艺品生产企业往往也是通过上述几种方式获取订单的，但如果不加注意，知识产权信息可能就此泄露，而生意也不一定能做成。例如，某工艺品生产商向某客户寄出样品后未获得订单，却在不久后的广交会上看到该客户堂而皇之地摆出同样的样品，并声称为自己所设计。所以，无论是作产品广告，还是寄出样品，或者有客户到公司洽谈，都最好留下相应可以作为证据的记录，以在必要时可以证明自己曾给出过相关的设计成果。在签订销售合同时，一定要作出版权声明，同时约定相应的违约条款，以便在知识产权被侵犯时可以较好地寻求法律救助。

树立工艺品的品牌，是提高工艺品知名度和单位附加值的重要途径。一个没有品牌的产业不会拥有长久的生命，不可能形成坚实的基础和强大的生命力，产生强劲的带动力、辐射力、竞争力和吸引力，同时，品牌也是提高产品市场份额的有力保证。工艺品很多都有着上百年的历史，在具体实施上不仅需要政府的支持，也需要企业的努力。最重要的是企业的战略性眼光，企业不仅要着眼于国内市场，更要通过知识产权战略树立起企业光辉形象，进入国际市场进行竞争。

旅游工艺品原产地名称也是一种品牌。地理标志的概念最早产生于欧洲，很多国际公约都接受这个概念。中国加入 TRIPS 协议后，根据协定的相关原则修改了商标法，并将地理标志纳入管理规范。地理标志是指标示某商品来源于某地区，且该商品的特定质量、信誉或其他特征主要由该地区的自然因素或人文因素所决定的标志。这些特色商品的特殊品质与其产地的水、土、气候等地理环境有紧密联系。

目前，我国主要是一些农产品运用地理标志来对农产品进行保护，以福建省安溪县的安溪铁观音为例，该地理标志证明商标登记注册后，出口单价比全国茶叶平均价格高出80%，市场已经从东南亚逐步扩大到日本、欧美等1000多个国家和地区，每年出口茶叶7000多吨，创汇3000多万元。又如山东章丘的大葱，注册成地理商标后农民增收3～5倍，种植面积扩大了2/3。

未公开信息不仅作为知识产权，更是营销中的无形品牌。如设计方法、原料、配制、彩绘方法、烧制方法中的种种诀窍等。TRIPS协议第三十九条第二款要求受保护的商业秘密具备三个条件：第一，属于秘密；第二，因其属于秘密而具有商业价值；第三，合法控制该信息之人，为保密已经根据有关情况采取了合理措施，并规定自然人和法人应尽可能防止其合法控制的信息在未经其同意的情况下，以违反诚实商业行为的方式向他人披露或被他人取得或使用。我国法律中关于商业秘密的规定与此相对应。《中华人民共和国反不正当竞争法》第十条规定，本法所称的商业秘密，是指不为公众所知悉，能为权利人带来经济利益，具有实用性并经权利人采取保密措施的技术信息和经营信息。与专利不同的是，商业秘密无须经过申请，也无须公开技术内容，这对于一些企业内部的、不愿为外人所知的技术诀窍的保护，具有特殊的意义。但企业内部必须采取足够的保护措施，并且在必要时向有关部门提供充分的数据和证据，才能得到保护。

此外，通过培育工艺品中介、行业协会组织，加强行业自律也有利于销售活动的展开。美国的《经济学百科全书》中说，行业协会是一些为达到共同目标而自愿组织起来的同行或商人的团体。行业协会是社会中介组织，它的产生和发展是社会分工和市场竞争日益加剧的结果，反映了各行业的企业自我服务、自我协调、自我监督、自我保护的意识和要求。

具体说来，行业协会的形成及其作用应该包含以下内容：一是必须以同行业的企业为主体；二是必须建立在自愿原则的基础上；三是必须以谋取和增进全体会员企业的共同利益为宗旨；四是一种具有法人资格的经济社团。

建立工艺品行业协会对工艺品产业的健康发展有着极其重要的作用。工艺品行业协会在知识产权工作中将发挥自律作用，特别是在具体的知识产权案中，行业协会可以推荐专家提供准确的技术鉴定意见，便于具体细节的客观公正。同时，工艺品行业协会作为工艺品行业管理组织，对于行业内部实现行业自律，保护会员的合法权益，维护本行业和企业的利益，避免恶性竞争，维护本行业持续健康的发展，都具有积极作用。在国外经济发达国家，行业协会组织广泛地存在，它们的存在对于维护本行业的利益，促进自身行业的发展起到了巨大的作用。行业协会的运行管理，要在行业内部充分讨论后，尊重自愿原则，自由入会，自觉遵守协会章程，相互监督，共同管理。

第三节　旅游工艺品现代市场营销方式

一、市场细分依据

市场细分是由美国著名市场营销学家温德尔·斯密在 20 世纪 50 年代中期提出的。市场细分是指企业根据消费者群之间需求的差异性，把一个整体市场划分为若干个分市场，从中选择自己的目标市场的方法。由于旅游者的性别、年龄、收入、兴趣、偏好、价值观等各不相同，从而形成对旅游工艺品的需求差异性很大。然而，我们也应看到，旅游者群体内也有十分相似的消费特点。旅游工艺品生产企业可通过辨明具有不同需求的旅游者群，将整体旅游工艺品市场划分为具有不同特点的细分市场。常见的市场细分依据主要有地理细分、人口细分、心理细分和行为细分四大类。

第一，地理细分。根据地理因素来细分市场，是一种传统的、普遍使用的细分方法。旅游企业必须了解旅游者的地理分布，因为不同国家和地区的旅游者，他们的地理文化也不同，而在不同文化下的旅游者对某种商品的需求往往有很大的差别。

第二，人口细分。所谓人口细分，就是按照不同的人口结构因素，如年龄、性别、收入、职业、受教育水平、家庭结构、家庭生命周期阶段、社会阶层、种族和国籍等标志来进行市场细分。人口结构因素的不同会导致旅游者的需求和爱好不同，不同的旅游者对旅游工艺品的质量、价格、款式、题材、功能等的要求均有所不同。

第三，心理细分。旅游者的社会阶层、生活方式、个性特征等方面的心理变量不同，则会产生不同的心理需求类型。心理细分就是按照旅游者不同的心理需求类型来进行市场细分。不同心理需求类型的旅游者，追求的吸引物不同，对同样的旅游工艺品的感受也是各不相同的。因此，在细分市场时应该考虑旅游者的心理因素。

第四，行为细分。行为细分是企业按照旅游者购买某种旅游工艺品所追求的利益、使用者的情况、旅游者对品牌的忠诚度、旅游者购买过程对产品的态度等因素来进行市场细分。这些购买行为的不同是因为旅游者在收入水平、受教育程度、社会阶层、个性特点等方面的不同所导致的。

任何一个旅游工艺品生产企业的资源都是有限的，要想提供旅游市场上所需要的一切产品，满足所有旅游者的各种需求，这是不可能也不现实的。因此，旅游工艺品的生产企业为了能在激烈的市场竞争中求得生存和发展，只能进行市场细分，以保证其在特定的细分市场内取得市场竞争优势。在细分市场前我们必须知道，每个旅游者的购买目的都是不同的，所以，他们要求旅游工艺品所具备的功能属性也不同。根据旅游者对旅游工艺品的具体需求，将旅游工艺品市场进行细分并确定目标市场。

第一，低端市场。该目标市场的旅游者来旅游时，会选择购买一些极具地域文化特征的旅游工艺品来纪念旅游经历。这类旅游者购买旅游工艺品主要是为了用来纪念，他们要求旅游工艺品主要能体现地方特色，对材料、工艺的要求不是很高，要求旅游工艺品的价位要低。所以，针对低端市场的需求，旅游工艺品在设计时应尽可能将自然风光、人文景观通过复制、缩小等方式体现在旅游工艺品上，使旅游工艺品更具装饰、观赏的功能。

第二，中端市场。中端市场的旅游者对旅游工艺品的要求要更高一些，他们要求旅游工艺品不仅仅用来观赏装饰，同时还要求其具有日用功能。该目标市场的旅游者愿意接受较高价位的旅游工艺品，但他们对旅游工艺品的用料、工艺、质量及艺术性的要求都是比较高的，要求其能集实用性及欣赏性于一体。这类目标市场的人数越来越多，应引起旅游工艺品生产企业的高度重视。在设计旅游工艺品时，除了要体现传统文化特色外，更要结合现代人的审美心理，运用一些现代科技来使旅游工艺品更加适应旅游者的新需求。

第三，高端市场。该目标市场主要是由一些旅游收藏爱好者们组成的。他们会投资、收藏一些旅游工艺精品、古玩字画、仿古制品等，因此，对旅游工艺品的文化含量、艺术性、用料、工艺及产品出自何人之手等方面的要求都是极高的。针对该类旅游者的投资、收藏需求，旅游工艺精品要尽可能地体现浓厚的历史文化底蕴和艺术价值，制作工艺要细中求细，用料要精细考究，使其更具备投资和收藏的价值。

二、旅游工艺品市场定位

"定位"一词最先来源于广告学，是由美国著名的广告专家艾里斯和杰克·居劳特率先提出的，随后被引入市场营销学中。根据科特勒的定义，定位是指公司设计出自己的产品和形象，从而在目标顾客心中确定与众不同的、有价值的地位。市场定位是企业在市场细分和确立目标市场后所采取的勾画自身形象和产品、服务为顾客所提供价值的行为过程，目的在于塑造企业和产品、服务的鲜明个性，以便让这一目标市场上的顾客更好地识别。

（一）市场定位与地方文化

按照文化的观点，市场定位就是确立产品特色、品牌特色和企业文化特色与特定文化系统相适应的观念文化，从而使特定的产品与特定的文化系统高度适应。所以，旅游工艺品市场定位就是给旅游工艺品、品牌及生产企业都赋予深层次的观念文化，以强化其文化特色。一件旅游工艺品，无论质量好坏，如果它能与文化相适应，就意味着它能融入文化系统中，从而能够为特定的旅游者广泛接受，因此它在市场上就有生存的空间；反之，旅游工艺品若不能与文化相适应，就意味着它被文化所排斥，这就决定了这种旅游工艺品没有市场空间。正因如此，旅游工艺品的市场定位就是通过赋予旅游工艺品及品牌、生产企业厚重璀璨的文化，来改变旅游者对它们的看法。

（二）旅游工艺品定位分析

旅游工艺品市场定位就是通过旅游工艺品生产企业设计出自己独具特色和形象的旅游工艺品，从而在目标顾客心目中确定与众不同的价值地位，寻求到最佳的市场位置。而这种特色和形象，既可以从旅游工艺品产品本身表现出来，如形状、材料、工艺、性能等，也可以从价格水平、产品档次上体现出来，还可以从旅游者的心理需求上反映出来，如欣赏、实用、纪念、收藏等。长期以来，对旅游工艺品的市场定位，在总体上突出地方特色，具体定位为大众旅游工艺品和高档旅游工艺品两大类。这种定位不但不能突显旅游工艺品的文化优势，而且还使市场出现两头大的趋势，一头是大量粗制滥造的低档产品，另一头是价格高昂的高档产品，中档产品的品种十分缺乏、市场份额很小。通过上述分析，旅游工艺品的市场定位，在总体上应突显地域文化特色，充分挖掘、利用自身的文化优势，提高旅游工艺品的文化附加值，提升竞争力。具体应依据旅游者的心理需求，对旅游工艺品的不同功能进行定位，可以具体定位为纪念类旅游工艺品、实用类旅游工艺品和投资收藏类旅游工艺品。

（三）旅游工艺品类别的定位构想

正如上面所述，我们对旅游工艺品的不同功能进行具体定位，分为纪念类、实用类和投资收藏类三类旅游工艺品。下面对不同类别的旅游工艺品分别进行具体的定位。

1.纪念类旅游工艺品的定位构想

纪念类旅游工艺品要能体现出纪念功能和审美功能，并且价格相对较为便宜，这样才能吸引大众旅游者。

2.实用类旅游工艺品的定位构想

实用类旅游工艺品既要体现装饰功能，又要体现观赏功能；产品在设计上，既要重视工艺质量，又要体现地方特色、文化含量，这样才能满足旅游者的审美和实用需求。

3.投资收藏类旅游工艺品的定位构想

投资收藏类旅游工艺品由于有升值的空间，所以才具备投资价值和收藏价值。为了保证投资收藏价值，每件旅游工艺品都应配备一套相应的收藏文件，包括原物照片、作者资历证明、国家相关机构的评估和认证报告等。

以上是对不同功能的旅游工艺品分类市场定位的初步构想，对旅游工艺品的功能、主题、文化内涵、材料、工艺、造型、价格、档次等作一定分析。除此之外，还应考虑到包装问题和携带方便与否的问题。由于市场是多变的，旅游工艺品的具体市场定位还应作出不断地调整和变动。

三、旅游工艺品购买

旅游购买行为分析是了解市场的重要内容，是制定营销策略的基础。因此，为了更深层次地了解旅游工艺品市场，为了进一步获得有关的营销信息，我们必须通过各种调研方法来获得有关旅游者购买行为的数据，理解和分析旅游工艺品购买者的需求、动机和行为，这样才能成功地制定市场开发策略。

（一）旅游工艺品需求动机

1.旅游工艺品购买需求

旅游工艺品属于文化含量密集的旅游商品。为了更好地分析对旅游工艺品的需求，笔者总结了以下几个方面。

（1）探新求异需求。人们总是有追新求异的心理，游客在旅游过程中，喜欢购买一些具有地域文化特色的旅游工艺品，想体验一下不同地区的消费方式和消费环境，以满足自己的好奇心和自身对新事物的渴望。一般而言，求新、求奇、求特是旅游者的共同心理，所以，旅游工艺品在功能和效用上要体现出新的使用价值，才会引起旅游者的购买欲望。如果是不具备新使用价值的旅游工艺品，一定要在用材和外形上有独特之处，与其他地方的旅游工艺品相比，越独特就越能激发旅游者的购买欲望。

（2）文化品位需求。旅游工艺品能体现出浓厚的文化底蕴，很多旅游者都是冲着旅游工艺品的文化内涵而购买的。旅游者在购买过程中不仅可以加深对地域文化的了解和学习，而且还可以通过购买的旅游工艺品来体现自己的文化品位。

（3）纪念、收藏需求。旅游者对具有浓郁地方特色的旅游工艺品的购买欲望是很强烈的。购买过后，可以通过物化的形式来纪念美好的旅行回忆。除了纪念意义外，旅游工艺品的用材考究，制作工艺精湛，其本身就具有很大的升值空间，旅游者购买后还可以用来收藏。

（4）社交需求。除了纪念、收藏意义外，还有相当一部分旅游者是为了社交需求而购买旅游工艺品的。旅游者在旅游过后会将自己的旅游感受与自己的亲朋好友进行沟通，并购买旅游工艺品赠送给亲朋好友以共同体验文化，这样除了共同分享喜悦外，还可以加深亲友间的友谊。

2. 旅游工艺品购买者动机

对旅游工艺品购买的具体动机有很多，学者提出的动机中有求新动机、求美动机、求奇动机、求趣动机、收藏动机、纪念动机、馈赠动机、炫耀动机等。在不同心理、文化因素的影响下，旅游者的购买动机很多是相互交叉重叠的，所有的购买动机归根结底可以归纳成自己使用和馈赠他人两种。

（1）自己使用。旅游者购买旅游工艺品自己使用，一则是为了在今后的生活中通过物化的形式来回忆自己旅游的美好经历；二则购买文化底蕴深厚、独具地方特色的旅游工艺品具有很强的纪念意义；三则古玩字画和旅游工艺品质量和艺术性都很高，购买之后具有很高的收藏价值。总而言之，自己使用的动机可以涵盖旅游者求新求异、纪念、收藏的目的。

（2）馈赠他人。中国是礼仪之邦，购买礼物赠予亲友已经成为一种习俗。旅游者旅游，购买旅游工艺品回去赠送给自己的亲朋好友，分享旅游体验，这体现了对亲情和友情的重视。除此之外，旅游工艺品本身具有收藏价值，因为其用材考究、制作工艺精湛、艺术价值极高，旅游者购买赠予他人还能满足其在社交方面的目的。

（二）旅游工艺品购买因素

1.社会因素

任何一名旅游者都是存在于特定社会中的购买者，每个旅游者在发生购买行为时都会受到各种社会因素的影响。旅游者在发生购买行为时会受到导游人员、团队成员及亲朋好友的影响。旅游者在旅游过程中由于人生地不熟，对当地旅游工艺品的感知主要是通过导游人员得知的，导游人员对旅游工艺品的介绍会影响旅游者的态度。另外，由于受到团队成员的影响，旅游者可能出现从众的购买行为。亲朋好友是旅游者信任的重要信息来源。

2.文化因素

文化是影响和调节人们社会行为的有利因素。文化因素对旅游者的购物行为有很大的影响。

（1）文化差异对购买行为的影响。不同国家、不同民族和不同的区域，旅游者的文化背景、价值观念、生活方式是不同的。这种文化差异又吸引着不同国度、不同地域的旅游者。当不同国度、不同地域的旅游者购买旅游工艺品时，就是在体验文化内涵。所以，在经营旅游工艺品市场的过程中，要考虑这种文化差异，将当地的文化特色结合旅游工艺品呈现在旅游者面前，激发旅游者的购买兴趣，使不同的文化得到交流。

（2）旅游者的文化水平对购买行为的影响。旅游者的文化水平不同会影响到旅游者对旅游工艺品的选择。文化水平较高的旅游者，选购旅游工艺品的标准是艺术性和实用性相结合，古典与时尚相结合，并注重旅游工艺品的款式和包装的精美程度，对旅游工艺品的整体协调性要求比较高。高档旅游工艺品、国画、古玩字画、仿古模型正是他们比较感兴趣的购买对象。而文化程度较低的旅游者在购买旅游工艺品时，比较注重旅游工艺品的功能和效用，注重性价比。

3.个人因素

旅游购买行为除了受社会、文化等外部因素的影响外，还直接受旅游者个人因素的影响。

（1）年龄对购买行为的影响。年龄的不同意味着心理状况、收入及旅游购买经验的不同。因此，不同年龄的旅游者会表现出不同的旅游购买行为。从购买行为来看，年轻的旅游者经济能力有限，他们在购买旅游工艺品时比较注重价位，购物地点比较随意，喜欢造型奇特的旅游工艺品。中老年旅游者，有稳定的收入和一定的社会地位，他们在购买旅游工艺品时比较注重地方特色和工艺质量这两方面，喜欢文化内涵丰富的旅游工艺品。老年旅游者一般都有积蓄，他们在购买旅游工艺品时比较注重地方特色、文化内涵，他们喜欢选购一些艺术价值较高的旅游工艺品和文物复制品，同时要求购买的旅游工艺品要便于携带。

（2）性别对购买行为的影响。性别对旅游购买行为的影响大多产生于传统文化所赋予的性别角色行为，以及不同性别在社会结构中所处的地位和由此带来的就业、收入差别两个方面。男性购买旅游工艺品馈赠他人的动机比较明显，他们注重旅游工艺品的艺术性。而女性购买旅游工艺品注重实用性，她们对旅游工艺品的质量、特色、价格等细节都会很关注。

（3）居住地对购买行为的影响。居住地对旅游者的购买行为也会产生影响。旅游者居住地的地理位置与目的地的距离越远，则产生的吸引力越大。居住地较远的旅游者对具有地方特色、体现地方文化内涵的旅游工艺品越感兴趣。另外，居住地越远的旅游者越会关注旅游工艺品携带起来是否方便。

4.信息因素

旅游工艺品体现的文化性、地方性决定了一般旅游者对其了解程度比较低。特别是对于收藏及艺术价值较直观的旅游工艺品，其真实价值难以估计。再加上旅游者来自异国他乡，导致旅游工艺品在市场交易中信息不对称的程度比一般消费品的更大。旅游者对旅游工艺品信息的了解程度又会影响到其购买行为。一般来讲，首先，旅游者的购物经验和亲朋好友间相互传达的信息对购买行为的影响最大，此类信息往往是旅游者亲身体验得到的结果，对旅游者而言是最可靠的信息。其次，旅游工艺品生产企业通过广告宣传、网络传播、销售人员的推销，以及旅游工艺品包装来传达的信息。该类信息对旅游者的购买行为也存在一定的影响作用。再次，权威机构（如政府部门）发布的有关旅游工艺品的研究报告等，这类信息对旅游者的购买行为具有一定的指导意义，但因为旅游购物具有随意性的特点，很少有旅游者在购物之前会详细阅读有关旅游工艺品的权威报告，故这类信息比前两类信息的影响要小一些。最后，类似旅行社等中介机构传达的信息，此类信息主要是通过导游人员来传达的。因为，导游人员和旅游者对旅游工艺品的信息的了解程度是不对称的，所以，旅游者不是很相信导游人员所传达的信息。故该类信息对旅游购买行为的影响相对较小。

174

（三）旅游工艺品购买决策

在了解影响旅游购买的各因素以后，就可以从总体上考察旅游者购买的全过程。旅游者的购买过程按阶段可以分为：问题识别、信息搜集、可选方案评估、购买行为及购后感受。

1. 问题识别

旅游者的购买过程从问题识别开始。问题识别的过程也就是需要认识的过程。旅游者由于自身的生理、心理状况有所变化，或是受到外部的刺激，从而产生需要。需要品上升到一定程度就成为驱使人们行动的力量。旅游者对旅游工艺品的需求以体现文化内涵为主，体现悠久历史和自然风光次之。可见，旅游者选择旅游工艺品是因为有追求文化品位、探秘悠久历史、向往自然风光的需求，其中具有追求文化品位这项需求的旅游者最多。

从旅游者构成来看，受教育程度不同，游客偏爱旅游工艺品的种类也有所不同，而且对旅游工艺品的需求也有所不同。受教育程度不同的旅游者追求文化品位的需求最多，而且随着学历越高，对文化品位的需求也就越大。具有初中学历的旅游者比较喜欢古玩字画，高中学历的旅游者比较喜欢玉器、仿古复制品、古玩字画等，本科、大专学历的旅游者比较喜欢玉器、仿古复制品、古玩字画、国画、漆器、刺绣等，硕士学历的旅游者比较喜欢玉器、仿古复制品、玩具、古玩字画、剪刻纸等。古玩字画之类的旅游工艺品是不同旅游者都喜欢的种类，古玩字画中体现的文化内涵也是最丰富的，这与旅游者追求文化品位的需求相吻合。另外，随着受教育程度越高，旅游者的知识面越宽，选择的旅游工艺品种类也就越丰富，所以本科、硕士学历的旅游者喜欢的旅游工艺品种类相对也比较丰富。

2. 信息搜集

当旅游需求产生后，旅游者开始寻找有关旅游工艺品的信息。从信息的来源可以分为内部信息和外部信息。内部信息就是旅游者根据过去的经验和知识对旅游工艺品的认识，这种信息是不全面的、静止的，不会随时间的推移而变动。外部信息是有关旅游工艺品的广告、亲朋好友之间的交流、导游的宣传介绍等。旅游工艺品不像一般的旅游商品那么普及，所以靠常识来了解旅游工艺品的旅游者还是占少数的。通过报纸杂志了解旅游工艺品的人最多，其次是通过亲友介绍，然后是通过导游和电视媒体的介绍。通过网络了解旅游工艺品所占的比例相对较小，可见旅游工艺品在网络方面的传播销售工作做得还很不到位。

3. 可选方案评估

一般而言，旅游者不可能将旅游工艺品的全部相关信息都搜集到，但是他们会在搜集到的信息中，根据自己认为最重要的因素对旅游工艺品进行评价比较。从旅游者构成情况分析，从年龄来看，24 岁以下的旅游者可能由于经济实力不强，主要会考虑购买的价格，25 ~ 44 岁的旅游者更多考虑的是地方特色，45 岁以上的旅游者则会兼并考虑工艺质量和地方特色。从性别来看，男性比较注重工艺质量和地方特色，而女性则更注重购买价格和地方特色。另外，随着收入的不同，旅游者对价位的接受程度也是不同的。

4. 购买行为

通过对可选方案的评估后，旅游者已经初步产生购买意图。购买意图则导致购买行为的产生。旅游者购买旅游工艺品的意图产生后，则会开始选择购物地点进行购买行为。由于行程的安排不同，不是每个旅游者都能去参观旅游商品集散中心、展销馆等地。所以，旅游景区成为多数旅游者购物的必选地点。例如，除了旅游景区外，学生、工人和离退休人员会在纪念品商店购物，文教科技人员和销售服务人员一般在纪念品商店、展销馆购物，而公务员、管理人员则会去专门的展销馆和旅游商品集散中心这些比较上档次的购物地点购物。从年龄来分析，25 岁以下的旅游者主要在专门的展销馆购物，25 ~ 65 岁的旅游者主要在纪念品商店购物，65 岁以上的旅游者主要在旅游景区购物。

5. 购后感受

旅游者在完成购买行为之后，一般会体验到三种感觉：满意、不满意及疑虑。这些购后感受又会影响到该旅游者的下次购买行为及他人的购买决策。如果旅游者在购买旅游工艺品后感到满意，那么在下一次购买中，该旅游者就倾向于继续购买旅游工艺品。更为重要的是，获得了满足感的旅游购买者，会倾向于在日常生活中向相关群体中的各个成员称赞某地旅游工艺品，而这种口碑效应对相关群体成员的购买决策将产生巨大的积极影响。除此之外，旅游者对旅游工艺品的意见还有：要求观赏性和功能性相结合，要求开发更多的高档次、时尚化的旅游工艺品，要求仿古复制品制作更精细等。针对旅游者不满意的地方，旅游工艺品生产企业应该给予足够的重视，以免旅游者对旅游工艺品产生不良印象。

上述对旅游者购买行为的分析，将有利于旅游工艺品市场的细分及目标市场的确定，结合考虑影响旅游者购买行为的各因素，将有助于旅游工艺品市场营销策略的制定，为更好地开发旅游工艺品市场提供正确分析。

四、旅游工艺品营销策略

旅游工艺品市场营销策略包括产品策略、价格策略、销售渠道策略和促销策略。

（一）产品策略

市场营销中一个最基本的要素是产品。产品不仅包括实体的物质属性，还包括产品的包装、品牌、式样、售后服务等无形的特性。产品策略是市场营销中一个最基本的策略。旅游工艺品的产品策略具体应包括以下几个方面。

1.多层次、全方面地开发新产品

要充分根据旅游者的需求，多层次、全方位地研发新产品。根据上面的分析，旅游工艺品市场"两头大，中间小"。一直以来，旅游工艺品生产企业着重对纯观赏类旅游工艺品和收藏类旅游工艺精品进行开发，但是对实用类旅游工艺品开发的重视程度不够。具有实用功能的日用旅游工艺品适应当代人们的日常生活消费的需要，较之单纯欣赏性的旅游工艺品，更容易为旅游者所青睐，其市场潜力是巨大的。在开发实用类旅游工艺品时，应当注意两点：第一，在注重实用质量的同时，还要注意其观赏性和文化内涵，使其成为集实用、观赏、文化于一体的旅游工艺品；第二，因为是实用类旅游工艺品，一定要充分了解旅游者的审美观念，使其造型和格调一定要与现代的居室氛围相匹配。只有考虑到以上两点，开发出来的实用类旅游工艺品才能找到市场。

2.凸显文化优势，提升产品竞争力

随着旅游工艺品出现同质化现象日益严重，金融危机也对旅游业产生影响，要使旅游工艺品能在激烈的竞争中生存下来，在艰难的经济大环境下谋求、拓展生存空间，就必须利用其文化优势，提升产品的竞争力。因此，在开发旅游工艺品的过程中，要充分利用当地的工艺美术资源，深入挖掘其无形的精神内涵，充分突出地方特色和文化内涵，提高旅游工艺品的文化附加值，这样才能使旅游工艺品更具有吸引力、生命力和竞争力。

3.运用创新科技，提高生产效率

引入先进的生产技术和生产方式，对提高旅游工艺品的质量和生产效率都有着十分重要的意义。旅游者对加工工艺的品质和旅游工艺品的艺术性都有着越来越高的要求，借助创新科技，可以提高加工工艺的精细程度。一些仿古复制品，如浑天仪、地动仪等金银摆件对工艺要求是极高的，工艺越精细，仿古复制品的品质就越高，其欣赏价值和收藏价值也就越高。除了提高旅游工艺品的质量，创新科技的运用还能大大提高旅游工艺品的生产效益。许多旅游工艺品是纯手工制造，如剪纸、刺绣、琢玉、雕刻等，生产力低下，引入先进的科学技术可以大大提高这些手工制作品的生产效率，进而提高企业的竞争力。

4.改进旅游工艺品的包装

包装刚开始只起到容器和保护产品的作用，但随着产品本身的发展和社会选择的多样化，包装已突破了其原有功能，趋向于向顾客传递一些有关形象、文化等方面的信息，现代包装蕴含了丰富的文化观念。在改进包装时，应注意：首先，包装要体现实用性。实用性是一切包装设计的出发点和基础，一件包装若设计出来不能达到容器或包扎物的作用，那么这件包装的设计就是失败的，即使它有丰富的文化内涵和强大的价值感染力，也最多只能称为另外一件产品，而不是包装。因此，对于包装而言，实用性是其最基本的特性；其次，现代包装要突出表现艺术审美的特性。包装的造型、图案、颜色、标志等有机地整合为一体，要以艺术审美的形式向旅游者传达旅游工艺品的生产企业、品牌和产品的形象；最后，良好的包装有助于向旅游者传递价值和信息，在旅游者头脑中树立牢固的公司和品牌形象。当旅游者面对众多选择时，这将有助于旅游工艺品脱颖而出。

5.强化宣传力度，形成品牌效应

品牌策略是产品策略的一个重要组成部分。若干旅游工艺品都有可能形成强势品牌。可利用"中华老字号"打响品牌。可通过申报国家非物质文化遗产带动品牌的塑造。先通过这些强势品牌的塑造，扩大旅游工艺品的影响力，再带动整体旅游工艺品大品牌的塑造。提高品牌的知名度，强化品牌效应，应做到：首先，旅游工艺品生产经营企业可以通过电视、报纸、杂志等媒介宣传旅游工艺品的品牌，也可以通过国际互联网向海外宣传旅游工艺品的品牌，强调品牌的识别性；其次，也可以在各种旅游工艺品博览会中宣传、赠送品牌商品，强化旅游者对工艺品的认知程度；最后，可以结合招商活动，推出提高旅游工艺品的品牌知名度。

（二）价格策略

价格是营销组合中唯一能创造收入的因素，也是市场营销组合中最灵活的因素之一，能适应市场需求的变化进行迅速的改变。在制定价格时，不能太注重成本，应依据市场变化及时地经常地加以修改。根据不同的产品项目、细分市场和购买动机作出灵活的价格变动。

1.影响产品定价的因素

旅游工艺品的价格是由旅游工艺品所包含的社会必要劳动时间的耗费，即价值量的大小决定的。在很大程度上，市场需求为旅游工艺品确定了价格上限，而生产成本则确定了旅游工艺品价格的下限。旅游工艺品的市场需求情况在很大程度上影响着旅游工艺品价格的高低。一般来说，旅游工艺品的价格不会超过该产品的旅游需求价格。消费者都会根据其自身的价值观念和消费经验形成一个认知价值。如果旅游工艺品的价格超过了这一认知价值所反映的价格，那么就会遏制需求。旅游工艺品生产经营是要以旅游者的购买需求为导向的，潜在市场的价值认知对旅游工艺品价格的最终形成产生了重要影响。产品成本是价格的重要决定因素，只有当价格超过单位成本时，企业才能获取利润。生产旅游工艺品的成本除包括生产成本、销售成本之外，还应考虑其他因素引发的变动成本，它是旅游工艺品定价的最低限度。旅游工艺品价格不仅包含着产品成本部分，还应包含旅游工艺品生产企业的盈利部分。一般而言，旅游工艺品的成本影响其价格，而价格又会影响旅游工艺品的市场需求。因此，旅游工艺品生产企业应努力降低生产成本，形成具有竞争力的价格，来巩固产品在市场中的地位。

2.价格的制定和调整策略

我们要确定以旅游者需求为主导的定价策略思想，即在制定旅游工艺品的价格过程中都要以旅游者的需求为中心。在制定旅游工艺品的价格前，首先要估算其成本。估算成本的方法有很多，但是从旅游者需求的角度出发，选择预算目标成本的方法较为合适。首先，了解旅游工艺品市场需求情况，确定旅游工艺品的功能，然后在给定产品的吸引力和竞争对手价格的情况下确定旅游工艺品的定价，再从售价中减去预期的毛利润，其余的就是预期达到的目标成本。接下来，旅游工艺品生产企业要分析好每一种成本要素，如设计、策划、制造、销售等方面的成本，然后将它们再细分成更小的组成部分，最后，企业要考虑重新组合各部分的方法，尽量降低旅游工艺品的生产成本。总之，整个过程的目标就是将最终的成本方案限定在目标成本的范围以内。在定价时应选择以需求为中心的定价策略，以需求为中心的定价策略强调价格应依据消费者对产品价值的认知和对产品的需求来确定价格，而不是以生产成本为中心来制定价格。旅游工艺品定价的关键是旅游者对其价值的认知，而不是旅游工艺品经营者的销售成本。旅游工艺品生产企业和经营商应充分利用市场营销组合中的非价格变量，在不同的目标市场中树立不同的旅游工艺品形象，要突出旅游工艺品的品种档次、文化含量、工艺质量、地方特色、造型功能、艺术价值等方面与其他地区旅游工艺品的差别，这样旅游者在购买旅游工艺品时，基于产品的广告、宣传信息和自身对旅游工艺品的想象，才会对旅游工艺品有较高的认知价值。

为了更好地适应市场环境和旅游者需求的变化，我们需要在不改变旅游工艺品基本价格的基础上对原价格进行适当的调整。价格调整策略有：旅游工艺品生产经营企业应根据旅游者所处的不同地区和国家来对旅游工艺品进行价格调整。例如，若来自外国的旅游者或较远地区的国内旅游者在购买了旅游工艺品后要求托运，那么旅游工艺品生产经营企业应该适当地提高这些远距离旅游者的购买价格，以弥补较高的运输成本，以及在运输途中旅游工艺品损坏的风险。旅游工艺品生产经营企业对于旅游者大批量购买、淡季购买等行为，应调低其价格来回报旅游者。数量折扣是向大量购买旅游工艺品的旅游者提供的一种减价行为。数量折扣应向所有的旅游者提供，但不能超过大批量销售所节省的管理成本。这些节约的成本包括销售、库存和运输费用的降低。数量折扣可以在非累积购买行为的基础上提供，也可以在累积购买行为的基础上提供。季节折扣是针对淡季来旅游购买旅游工艺品的游客，旅游工艺品生产经营企业为鼓励这种淡季购买行为而提供的行为。组合产品价格策略对旅游工艺品以组合形式推出时，因为各种旅游工艺品之间存在需求和成本的相互联系，会带来不同程度的竞争，因此，应研究一系列价格，使整个产品组合的利润实现最大化。组合产品的价格应当低于单独购买其中每一件旅游工艺品的费用总和，才能推动旅游者购买。

在制定完价格策略时，旅游工艺品生产经营企业还要考虑其他方面对已定价格的反应，分销商和经销商是否满意？竞争对手对价格会作出如何反应？除此之外，还应了解有关价格方面的法律，确保定价策略无懈可击。

（三）销售渠道策略

旅游工艺品的销售渠道既包括旅游工艺品生产企业在其生产地点的现场销售，也包括通过其他方式在旅游工艺品生产企业生产现场以外的其他地方直接或间接地向最终旅游消费者出售其产品。正确的销售渠道策略有利于提高产品的市场覆盖率，降低渠道成本，以及能更好地满足旅游者的购买需求。旅游工艺品的本地市场和外地市场应采取不同的销售渠道策略。

1.本地市场销售渠道策略

旅游工艺品本地市场中的销售渠道过窄。旅游者能够购买旅游工艺品的地点只有旅游景区和工艺美术店，其中大部分旅游者由于旅游线路的限制，没有机会去艺术馆购物。旅游工艺品在本地市场中，应采用销售渠道拓宽策略。

销售渠道的拓宽是指延伸旅游工艺品生产企业具体销售渠道及产品销售网点的

数目和分布格局。其中既涉及经销或代理销售其产品的中间商的数目，同时也涉及本企业和中间商面向市场所设销售网点的数目及其分布的合理程度。因此，在本地市场的销售渠道系统中，应该有足够数量的直接经销和代销旅游工艺品的中间商，同时企业和中间商在各目标市场区域内应根据方便旅游者购买的原则设置足够数量的销售点。为了解决旅游工艺品本地市场销售渠道过窄的问题，更好地满足旅游者购买需求的多样化，应该逐步形成市区旅游工艺品购物区、区域性旅游工艺品购物区、旅游工艺品商业街、旅游工艺品销售点、旅游工艺品市场网点体系，使旅游工艺品销售网点在空间上有聚有分、互相联系、合理布局、各尽其能，极大地丰富了旅游工艺品市场的内涵和形式，使旅游休闲、购物有机地结合在一起。

区域性旅游工艺品购物区可以选择具有代表性的自然风景旅游区和大型人文景观周围或入口处建立，这样方便了旅游者的购物需求。在建设时要注意，这种区域性旅游工艺品购物区本身也是一个较大的景观建筑群，应与风景旅游区和人文景区在建筑风格上保持一致。

旅游工艺品商业街的建立可以满足专门的服务和产品，尤其针对那些具有投资收藏需求的旅游购买者。旅游工艺品商业街可以依托玉器厂、漆器厂、工艺美术馆，将其拓展成旅游工艺品一条街，内设展销馆、特色专卖店等。另外，一些历史的商业街区，本身就是内涵丰富的旅游文化资源，对旅游者有相当大的吸引力，可以以旅游业带动旅游购物活动，进而复兴一些旅游历史街区，营造特色购物环境。

旅游工艺品销售点在旅游景点、交通干线旁、旅游者停留点，如车站、码头、饭店、餐厅等地可以建立配套的旅游工艺品销售点，以服务过路旅游者为主。还可以根据市场需求，灵活配置工艺品购物车、工艺品购物船等流动销售网点。

2. 外地市场销售渠道策略

为了开拓旅游工艺品的外地市场，我们应采用旅游中间商选择策略。这是旅游工艺品生产企业在采用间接销售渠道的情况下所采用的策略。这一销售渠道要能够在恰当的时间和地点将旅游工艺品生产企业的产品信息传递给有关的目标市场，而且要能够为外地的旅游消费者提供方便的购买地点。目前可考虑采用连锁经营的方式，认真核查中间商的质量，对合格的中间商采取共同进货或授权等方式，实现规模经营，使店名、店貌、商品、服务的标准化，经营决策的专业化和管理规范的统一化，实现规模效应。另外值得一提的是，在外地市场实行旅游工艺品的连锁化经营，其前景十分好，因为连锁化经营能够保证旅游工艺品的质量和价格，这样可以避免外地市场上漫天要价、冒充本地旅游工艺品等现象的发生。另外，旅游工艺品的外地市场还应充分利用网络销售渠道，建立网络交易平台。一个好的网络交易平台可以为旅游工艺品生产企业在全球的网络市场树立良好的形象。网络销售渠道一定要突出旅游工艺品生产企业的直销形式，以减少中间环节的成本。除了交易，网络交易平台还应具备一些基本功能，如导购功能，介绍自己产品的特点、工艺、材料、历史典故、文化内涵等，总之要突出自己产品的优势所在。

（四）促销策略

促销的目的就是通过与旅游工艺品市场进行信息沟通，来赢得旅游者的注意、了解和购买兴趣，树立旅游工艺品生产企业及其产品的良好形象，从而促进销售。促销的过程就是信息沟通的过程。

1.重视广告宣传工作

广告是非常大众化的信息沟通方式，广告宣传也是促销的基本策略。而这正是旅游工艺品促销方面的盲点。目前，旅游工艺品几乎没有以电视广告形式进行宣传，以报纸广告进行宣传的形式也比较少。而广告的影响力是巨大的，广告为增强旅游工艺品生产企业及产品的宣传效果提供了机会。作为旅游者对旅游工艺品的了解主要依赖于导游。所以，为了能使地域品牌的强势崛起，旅游工艺品生产企业有必要将投放电视、报纸广告的费用纳入预算中，应在电视、报纸、杂志等各种媒体上进行宣传。旅游者倾向于广告，相信做大量广告的品牌一定会为其提供良好的价值。另外，旅游工艺品的广告宣传可以在旅游景点、旅游线路上设置宣传牌、灯箱、招贴画等，这样的广告宣传方式效果也比较理想。

2.充分利用会展宣传

除了广告外，还可以通过举办、参与一系列的旅游工艺品设计大赛、旅游工艺品博览会、旅游购物节、旅游交易推荐会等活动来扩大宣传力度。旅游工艺品生产企业可以制作一些宣传印刷品，这些印刷品纸张要精良，图文并茂，精美大方，或装订成册，或折页，能长期保留并随时提供信息支持。利用交易会、展览会或博览会，参加或举办各种展览的时机，将这些精美的宣传印刷品发给旅游者，来帮助旅游者认识与了解旅游工艺品，树立旅游工艺品地域品牌形象，提高旅游工艺品的知名度和美誉度，激发旅游者的购买兴趣。

3.确保宣传真正到位

旅游工艺品应当编印成册为不同语言版本的导购指南，并通过渠道将这些导购指南递送到旅游工艺品中间商和各个旅游工艺品客户的手中。导购指南应对各旅游工艺品生产企业进行汇总，介绍旅游工艺品产业的发展概况，特色产品，文化优势，特别要综合对比不同企业在中国旅游工艺品行业所处的地位。这样才能使旅游工艺品真正打入国际市场，获得更多的国际市场份额。

第六章　旅游工艺品开发实例——洪江古商城产品设计

第一节　洪江古商城文化解析

一、洪江古商城商道文化的由来

根据《洪江市志》记载"洪江，夏属古荆之地，周归于楚，秦设黔中郡，汉为武陵郡谭成县。自古以来，洪江就成了内地承接贵、川、滇三省的水上交通枢纽。宋熙宁五年设洪江铺，后因商务流通口盛，定名'洪江寨'。至明清，洪江商务更火"。

作为洪江古商城商道文化传播的条件，它的环境客观存在并发挥着对洪江古商城商道文化的维护、保证、影响和制约的作用。洪江古商城商道文化的形成和传播，从地理环境上分析则是各地相互影响、交错融合的结果。洪江古商城因水路而形成，洪江地处湘、黔、桂交界地区，地处沅江上游与巫水的交汇处，洪江的木船、木排可以进入湖北、上海、江苏等地，因此，洪江古商城桐油木材业开始兴起并形成规模。商业城市的兴起，各地商人商行所形成和建立起来的行业行规、所总结的经商哲理等，经过融合变迁、日积月累形成了具有地方特色的洪江古商城商道文化。

二、洪江古商城商道文化的内涵

两千多年前，中华大地上出现了与诸子百家并立的商家，这些商家的经营思想成就了中国商业文明的厚重历史。明清时期崛起的洪江古商城，当中的商道理念造就了无数商业奇迹，成就了无数商业巨子。

（一）洪江古商城商道文化的内容

对于洪江古商城商道文化，专家对其的定义有：

廖开顺（2013）认为，"洪商文化是在洪江商帮中产生，具有商帮的地域性、商业性、较长的时间性和跨省范围的影响性等特点。洪商文化以西方契约精神和儒家伦理文化为指导，以儒家伦理文化对契约文化进行补充"。

刘嘉弘（2007）认为，其商城商道文化特色的主要构成元素大致体现在"水、形、街、市、物、史"六个方面。首先是洪江古商城是因水而兴起，洪江古商城坐落在巫水、沅水的交汇处，水运交通便利，从而形成洪江古商城。在洪江古商城的空间体系上，表现为建筑群落的地理分布与周边的山水、园林、地形结合巧妙，体现了"天人合一"的传统思想，构成了立体轮廓之美。

李建华（2011）在《体验经济视角下洪江古商城商道文化旅游产品开发研究》中概括了洪江古商城商道文化的内涵：第一，对天勿欺，可贵的诚信意识；第二，吃亏是福，难得的让利意识；第三，义方恪守，遵守商规的经商意识；第四，鱼龙变化，强烈的竞争意识；第五，里仁为美，追求合作共赢的经营理念。

吴卫，向静雯（2018）从洪江古商城的墙体福字入手，探讨了洪江古商城的福文化符号；重点介绍了墙体福字纹造型的寓意及由来。同时，洪江古商城的福文化通过积极地心理暗示为当地商业的发展形成庇佑，以此反作用于商业的发展。

基于上述学者对洪江古商城商道文化的分析，本书认为洪江古商城是以商业为基础而形成的古城，古城居民的一系列商业行为，以商为纽带的各种文化元素交织融合汇聚成了洪江古商城商道文化，内容上包括了商业道德、道法、艺术、信仰、习俗等。洪江古商城商道文化是洪江古商城商人的哲学思辨，而又在历史沉淀中成为一种历史现象，洪江商人经商的行为规范、思维方式、价值观念都被传承下来。具体而言，洪江古商城商道文化的内容有以下方面。

在物质文化方面：洪江古商城中的建筑害子屋，以其特有的建筑风格、建筑功能彰显了洪江古商城商道文化。例如，害子屋进门的门墙呈"八"字形状，由宽变窄，具有引导顾客的作用，并且也蕴含着招财进宝之意。洪江古商城在明清时期发展达到鼎盛，这时的洪江古商城商道文化对传统封建文化也形成了冲击。害子屋没有严格的封建尊卑秩序，以追求实用性为主，这也反映了当时洪江古商城中资本主义观念开始渗入。因此，洪江古商城建筑害子屋作为洪江古商城商道文化中物质文化方面的代表，其从建筑特点、建筑功能上来说蕴含了丰富的洪江古商城商道文化内涵。

在制度文化方面：如商业道德规范。洪江古商城的商人多是迁移而来，因而在洪江古商城经商中仍旧保留了各自的风俗习惯，秉持自家的经商理念。例如，初入洪江的晋商保持了俭朴勤奋、严禁奢靡之风等优良的传统习惯。各行各地商人的商业道德规范融会贯通，成了洪江古商城商道文化当中的底蕴。

（二）洪江古商城商道文化的特点

洪江古商城商道文化所具有的特点是与其地理位置、城市文化分不开的。而民众商业行为活动所衍化形成的商道文化也带有商业性质。

首先，洪江古商城是一座依靠迁徙而来的城市，商道文化在各地会馆商帮中诞生，因此，具有商帮的地域性特点。

其次，诚信重义。洪江古商城商道文化里道德规范在文化中占有一席之地，以诚信立市，上不欺天，下不欺人，按市场原则进行商贸活动。洪江古商城中的店铺皆悬挂"货真价实，童叟无欺"的标牌。

最后，吃亏是福。"吃亏是福"是郑板桥给予家中远亲郑煊的一则题词，其中蕴含着丰富的商业哲学，也成了洪江古商城商道文化中的标志性文化风景线。如"富不过三代，本地无财主""子孙强似我，要钱做什么"等，这些充满智慧的商业哲学都是经历了几代人的经营所得到的知识财富，也体现了洪江古商城商道文化里饱含商道哲学。

三、洪江古商城商道文化的流变

根据洪江古商城演变的历史，对于洪江古商城商道文化以明清时期、民国时期、抗日战争时期、中华人民共和国成立后为划分时间段进行分析。

（一）明清时期

"明代万历年间洪江犁头嘴成为洪江最早的港口商埠，明清时期更是成为湘西南扼守湘、滇、黔、桂、鄂物资集散通道的商贸重镇。"❶洪江商道文化在来洪江成立的商帮中正式确立，是蕴含在洪江地域文化中的精神文化，这段时间洪江古商城商道文化的传播，随着外来商人的乔迁与当地洪江本土文化融合，而又随着商品的流通传播到各地。

（二）民国时期

在民国十四年（1925）前后，洪江古商城迅猛发展，成为从古代走入近代仍

---

❶ 余翰武，隆万容.洪江古商镇发展动因探析 [J].建筑科学，2008（03）：134-137.

旧发达的商贸巨镇。民国时期，民族资本主义曲折发展，西洋文化进入中国，也渗透到内陆地区。洪江古商城中的商人大力从事慈善公益事业，这逐渐形成了商城自身的人文精神，在商业的发展中形成洪江人诚信为本、仁者爱人等等特质。抗日战争时期，大量人口转移至战时的后方洪江。很多政治、军事、文化机构也随即迁入洪江。抗日战争时期新民主主义精神在洪江发扬光辉，洪江古商城中的商界人士、知识分子积极支持抗日。抗战胜利以后，因战乱转移至洪江的外地人口返回原籍离开洪江，洪江经济遭遇退缩，商道文化也面临新的挑战。

（三）中华人民共和国成立后

此时因战争而来到洪江避难的外地人离开洪江返回原籍。人口的递减、战后的土匪横行导致洪江经济急速下滑。水运而兴起的洪江古商城，因湘黔、枝柳等铁路的运行，洪江古商城中工商业者经营困难。改革开放后，"旧城改造"中的洪江古商城古建筑群也遭遇了一定程度上的损坏。现如今，洪江古商城商道文化在政府、企业等各方的努力正在规划完善，既保留了历史文化古韵又带有现代商业社会的演变特征。

第二节　洪江古商城旅游工艺品实例

一、基于洪江古商城特色旅游工艺品设计——《一念之间·茶具设计》（作者：葛京津，指导老师：杨丰齐）

（一）设计背景

在洪江旅游过程中，人们无法获得太多的精神文化体验和感受。所见所闻的东西静态多于动态，文化的内涵挖掘不够、文化的表现力不足、文化项目缺乏足够的互动与交流。旅游中体验与参与的文化项目偏少，让游客觉得仅仅是到此一游，而没能获得一种心境上的轻松与愉悦，一种精神上的启迪与升华。旅游的总体品位与水平不高，留不住游客的问题始终困扰着业内人士。而文创产品作为一种文化的载体在现今越来越受到关注，反观洪商文化在这方面却一直不温不火。如何将洪商文化与产品很好地结合在一起，这是一个值得深思的问题。

此次的设计通过对洪江商道文化进行深入的研究与探索，以商道文化产品开发为重点，将商道文化元素融入现代产品中，使得该产品能够承载着历史和文化的意义与价值。

（二）设计定位

通过调研分析及总结，对洪商古商城特色产品目前存在着单一性、无地方特色、无纪念意义等诸多问题提出了一个可行性的设计方案。

以洪商文化元素为前提，结合当今现有的文创产品作为参考对象，从洪商文化的图形、色彩、图腾、典故、象征等文化元素找到一个契合点，将这些形态色彩与现代产品结合到一起，产生一种"功能"与"形式"的结合又有着浓郁的洪山古商城文化的产品。

在产品造型方面，需要将洪山古商城中的经商之道及为官之道等具有代表性的元素运用到产品造型当中，同时可以将洪山古商城的名人典故运用到产品当中；在产品实用性方面，首先就是保证产品的易用性，然后再在功能上做些改变，但不能违背使人正常使用的定律。

（三）设计方案

将洪江商道文化中的"智圆行方"的经商之道与"对天勿欺"的为官之道做了巧妙结合。杯子形似官帽，且有圆有方，二者缺一不可。茶壶四面类似于古代拱形门，头顶清代官吏暖帽，侧面看又像元宝，具有聚宝的寓意（图6-1）。

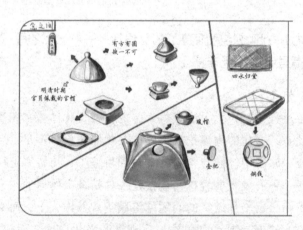

图6-1 设计草图

（四）设计效果图（图6-2至图6-8）

图6-2　效果图

图6-3　茶壶和茶杯五视图

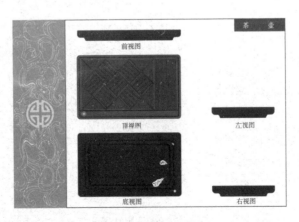

图6-4　茶盘五视图

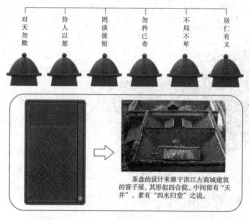

茶盘的设计来源于洪江古商城建筑的窨子屋，其形似四合院，中间留有"天井"，素有"四水归堂"之说。

将明清时期官吏佩戴的凉帽与暖帽的造型元素运用到茶具的设计当中。

图 6-5　细节展示图

图 6-6　产品展示图

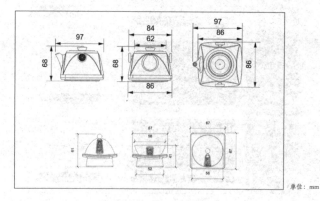

单位：mm

图 6-7　产品尺寸图一

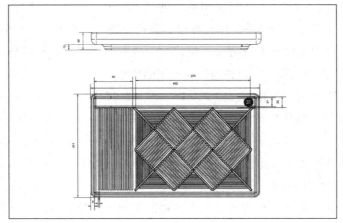

单位：mm

图 6-8　产品尺寸图二

（五）设计说明

洪江古商城，素有"中国商业原典""中国商道文化的百科全书"的美称。历代商帮秉承着诚信经营、义方恪守、里仁为美、吃亏是福的经商之道与诸多官吏本着"对天勿欺，罔谈彼短，待人以恕，毋矜己奇，不拘不卑，居仁由义"的为官之道创造出一代又一代的辉煌历程。

洪江商道文化精神中的"智圆行方"在茶杯的设计中体现得淋漓尽致，茶杯分为杯子与杯托两部分，杯子的整体造型为圆形，而杯托的整体造型为方形，这便有了"方圆说"，有圆有方，它告诉我们，一个人若想取得事业上的成功和辉煌，就要做事灵活，做人方正，两者不可分离。

二、基于洪江古商城特色旅游工艺品设计——《福泽绵延》（作者：谢金哥，指导老师：杨丰齐）

（一）设计背景

古时闻香与品茗、插花、桂画并称为"四般闲事"，是古人怡情养性的优雅生活。而如今，与我们隔海相望的日本，书道、茶道、花道已成为日本的国粹，香道这门纯粹、高雅的中国传统文化也在日本遍地开花。我国用香、品香的历史悠久，可以说香肇始于远古，萌发于先秦，初成于秦汉，成长于六朝，完备于隋唐，鼎盛于宋元，广行于明清。两千多年来的中国上层社会、文人骚客也始终以香为伴，对香推崇备至。它不仅限于祭祀用香，更广泛应用于日常生活用香，古人的衣帽要熏香，琴棋书画时也燃香，还有香疗、香食、香药、香茶等。在中医方面，对沉香、檀香的药用价值也非常肯定。宋代时，中医发展的一大贡献是"芳香理气"，以香治病，以香入药，可以说是中药外用的典型。

到盛唐时，随着当时的社会、经济发展，熏香已经十分流行及普遍了。进入宋代，由于士大夫对物质生活的高标准严要求，又从精神层面着力倡导和提升，熏香成了一门艺术，达官贵人和文人墨客经常相聚闻香，并制定了最初的仪式。而今天，国人说到熏香第一想到的却是佛寺禅院里的上香了，然而究其实质早已没有了那种文化沉淀与精髓。

与海之隔的日本相比，在香道文化发源地的中国，到晚清时，由于西方文化的涌入及战乱频发，香道的仪式及琴、棋、书、画、诗、词、舞等古人传承下来的纯粹的艺术形式也日渐式微，随着国势的衰退及社会的动荡渐渐地退出了国人的视界，传承了几千年的香道文化至清末时，终于在风雨飘摇中火尽灰冷了。

在上述文化背景下，结合洪江古商城的商道文化，本次设计以香炉为基础，通过对洪江古商城的商道文化做进一步研究，设计体现商道文化特色的旅游文创产品，从而突出洪江古商城的特色，展现洪江古商城商道文化所带给的独特的味道，以商道文化产品开发为重点，将商道文化元素融入到现代产品中，使得该产品能够承载着历史和文化的意义和价值。

（二）设计定位

本设计对洪江古商城特色产品目前存在着单一性、无地方特色、无纪念意义等诸多问题提出了一个可行性的设计方案。

以洪商文化元素为前提，结合当今现有的文创产品作为参考对象，从洪商文化的图形、色彩、图腾、典故、象征等文化元素中找到一个契合点，将这些形态色彩与现代产品结合到一起，产生一种"功能"与"形式"完美结合，又有着浓郁洪商文化的产品。

在产品造型方面，需要将洪江古商城中的经商之道及为官哲理等具有代表性的元素运用到产品造型当中，同时，可以将洪江古商城的名人典故运用到产品的设计理念当中；在色彩方面，根据产品的需要，同时结合商道文化的典型色彩，把其运用到产品当中；在产品实用性方面，首先就要保证产品易用性，然后在功能上可以适当稍作改变，但是不能违背使人正常使用的定律。

（三）设计方案

设计灵感来源于洪商文化中"洪福齐天"的思想理念。古时的洪江古商城朝气蓬勃，活力四射，当时百姓安居乐业，同时商业异常发达，整个城镇充满了生机，他们的福气简直可以与天相比，回到设计中，顶部一个"福"字寓意着"福运当头"，而腰部一个一个钱币串联成一圈，当香烟往上飘时沾染着钱币的财气伴随着顶部"福运当头"的"福气"消散在空气中，寓意着洪商人有福同享且福气齐天的美好愿景（图6-9）。

图6-9　设计草图

（四）设计效果图（图6-10至图6-16）

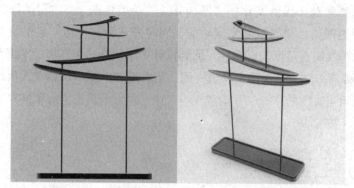

图6-10　效果图一

图6-11　效果图二

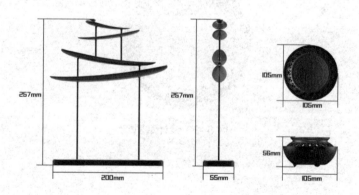

图6-12　产品尺寸图

图 6-13　细节图一

图 6-14　细节图二

图 6-15　细节图三

图 6-16　产品效果图

（五）设计说明

　　商道文化旅游文创产品，富有浓厚的地域性商道特色和文化特色，即刻着一次旅行的记忆。在新时代下，对旅游文创产品推陈出新，传承旧工艺，提出设计新理念，开发新种类，设计出具有浓郁地域文化特色的新时代旅游文创产品，对完善中国旅游市场、宣扬地域文化特色、拉动旅游业经济发展都有积极的意义。旅游文创产品设计，作为承载了特色功能和意义的商品，其设计首先应考虑它的纪念性功能，要以人为本，从消费者的需要出发，充分体现人性化设计理念。同时，要与地域文化内涵紧密联系在一起，切实把握好人、设计、文化三者之间的关系。实现传统文化与现代设计的相通和互补，二者结合更可以使现代产品设计的文化层面全面提升，实现设计的真正可持续性。

　　通过对洪江古商城旅游文创产品进行剖析，在产品设计的创作中起到了沟通和启发的作用，使洪江古商城元素更好地融入产品中。此次设计，最终设计为香炉。在该设计中，体现出洪江古商城商道文化，此设计的意义在于体现产品的商道文化的运用及怎么融入产品当中。在现代社会，旅游文创产品虽然很多，但是各个景区之间产品单一、缺乏地域特色、没有将当地文化融入产品当中等问题，使之纪念性大大减少。所以，商道文化特色的旅游文创产品，对于当今社会来说，是一个巨大的商机。该设计采用了洪江古商城建筑、典故、特色等，对洪江古商城商道文化进行了诠释，直观地体现出洪江商道文化，加入了现代元素，使其朴实又简洁。倒香炉设计与洪江古商城建筑相结合，加入洪江古商城入口处牌匾的造型；盘香炉的设计则结合了洪江古商城中商道文化的代表"洪元商宝"钱币，对于这样的设计将更直接地体现出洪江古商城的特色。

参考文献

[1] 吴必虎. 旅游规划原理 [M]. 北京：中国旅游出版社，2010.

[2] 熊彼特. 经济发展理论 [M]. 北京：商务印书馆，1997.

[3] 钟志平，王秀娟. 购物类旅游资源的分类及开发探讨 [J]. 湖南财经高等专科学校学报，2007 (1).

[4] 方海川. 景观及旅游景观特征探讨 [J]. 乐山师范学院学报，2002 (3).

[5] 帅立功. 旅游纪念品设计 [M]. 北京：高等教育出版社，2007.

[6] 杨瑞洪. 旅游工艺品设计与制作基础 [M]. 沈阳：北方联合出版传媒 (集团) 股份有限公司，辽宁美术出版社，2009.

[7] 陈筱，张梅. 旅游心理学 [M]. 武汉：武汉大学出版社，2003.

[8] [美] 鲁·阿恩海姆. 艺术与视知觉 [M]. 成都：四川人民出版社，1998.

[9] [美] 罗伯特·麦基. 故事——材质、结构、风格和银幕剧作的原理 [M]. 北京：中国电影出版社，2001.

[10] 张道一. 《考工记》注译 [M]. 西安：陕西人民美术出版社，2004.

[11] 郑建启，刘杰成. 设计材料工艺学 [M]. 北京：高等教育出版社，2007.

[12] 张道一. 设计大讲堂：设计在谋 [M]. 重庆：重庆大学出版社，2007.

[13] 诸葛铠. 设计大讲堂：裂变中的传承 [M]. 重庆：重庆大学出版社，2007.

[14] 杭间. 设计道——中国设计的基本问题 [M]. 重庆：重庆大学出版社，2009.

[15] 廖瑜. 设计概论 [M]. 北京：中国民族摄影艺术出版社，2013.

[16] B. 约瑟夫·派恩，詹姆斯. 体验经济 [C]. 夏业良，鲁炜，译. 北京：机械工业出版社，2002.

[17] 张广瑞，刘德谦，魏小安. 2004～2006 年中国旅游发展：分析与预测 [M]. 北京：社会科学文献出版社，2004.

[18] 钟志平. 旅游商品学 [M]. 北京：中国旅行出版社，2005.

[19] 高丰. 中国器物艺术论 [M]. 太原：山西教育出版社，2001.

[20] [日] 柳宗悦著. 工艺文化 [M]. 徐艺乙，译. 桂林：广西师范大学出版社，2006.

[21] 王繆彩. 巧夺天工的造物：工艺美术之旅 [M]. 郑州：郑州大学出版社，2006.

[22] 杭间,郭秋惠.中国传统工艺 [M].北京:五洲传播出版社,2006.

[23] 钟志平.旅游购物理论与开发实务 [M].北京:中国市场出版社,2005.

[24] 国家信息中心中国经济信息网.中国行业发展报告——旅游业 [C].北京:中国经济出版社,2004.

[25] 张广瑞,刘德谦,魏小安.2001～2003 年中国旅游发展:分析与预测 [M].北京:社会科学文献出版社,2002.

[26] 赵黎明,黄安民.旅游规划教程 [M].北京:科学出版社,2005.

[27] 曾玉琴.洪江古商城商道文化传播策略研究 [D].成都:成都理工大学,2016.

[28] 李昕.湘西苗绣及其传承发展现状研究 [D].北京:北京服装学院,2017.

[29] 林平.当创意工业改变世界 [M].广州:南方日报出版社,2005.

[30] 柳冠中.工业设计概论 [M].北京:中国科学技术出版社,1994.

[31] 尹定邦.设计学概论 [M].长沙:湖南科学技术出版社,2000.

[32] 李亮之.世界工业设计史潮 [M].北京:中国轻工业出版社,2001.

[33] 潘鲁生,李砚祖.工艺美术概论 [M].济南:山东教育出版社,2002.

[34] Donalda Norman.情感化设计 [M].北京:电子工业出版社,2005.

[35] 齐斯.马克思主义美学基础 [M].北京:中国文联出版公司,1985.

[36] 陈放.品牌学 [M].北京:时事出版社,2002.

[37] 叶朗.美感的分析 [M].北京:北京大学出版社,2009.

[38] 尹定邦.设计学概论 [M].长沙:湖南科学技术出版社,2003.

[39] 李泽厚.华夏美学 [M].天津:天津社会科学出版社,2002.